어휘력 비타민 · · · 개정판

손에 잡히는 어휘

손에 잡히는 어휘 · 개정판

발행일 I 1998년 6월 29일 초판 발행
　　　　　2015년 4월 10일 개정판 1쇄 발행
　　　　　2024년 12월 27일 개정판 6쇄 발행
저자 I 황웅
발행자 I 박흥주
발행처 I 도서출판 푸른솔
편집부 I 715-2493
영업부 I 704-2571~2
팩스 I 3273-4649
디자인 I 여백 커뮤니케이션
주소 I 서울시 마포구 삼개로 20 근신빌딩 별관 302
등록번호 I 제 1-825
ⓒ 황웅 1998, 2015

값 / 11,000원
ISBN 978-89-93596-53-3 (53710)

손에 잡히는 어휘 100

황웅 지음

푸른솔

당부의 말씀

많은 시간을 공부하면서도 성적이 오르지 않는 학생이 있는가 하면,
적은 시간을 공부하고도 좋은 성적을 내는 학생이 있습니다.
두 학생의 차이는 독해력에 있습니다.
언어와 문자를 읽어서 이해하는 능력,
즉 독해력이 좋으면 높은 학습 성과를 낼 수 있습니다.
독해력의 바탕은 어휘력이며, 어휘력을 높여야 독해력을 높일 수 있습니다.
어휘력 향상을 위해서는 평소에 꾸준히 어휘 공부를 해야 합니다.
특히 대입수능시험 국어영역을 대비하려면 시간을 내서 공부해야 합니다.

하지만 막상 공부하자니 엄두가 나지 않지요.
영어 수학을 공부하느라고 시간이 부족한데
두꺼운 고사성어집 · 속담집을 소화하기란 도저히 불가합니다.
『손에 잡히는 어휘』로 시작하십시오.
수능의 기출문제를 분석하여 필요한 어휘만을 엄선하였습니다.

이 책의 공부 방법은 간단합니다.
하루 공부할 양을 정하여 10분 정도 꾸준히 투자하십시오.
손에 들고 다니면서 전철이나 화장실에서 자투리 시간을 이용하십시오.
외우려고 애쓰지 말고 가볍게 읽어 나갑시다.
여러분의 어휘력이 껑충 향상될 것입니다.

황웅

기출문제 유형 소개

국어영역에서 가장 많이 틀리는 유형 중 하나가 바로 어휘력 평가 문제입니다.
조사한 결과, 어휘 문제의 정답을 맞추는 비율이 50% 이하에 불과합니다.
국어영역에서 어휘 문제가 매년 7~8문제 출제되는 비중을 감안한다면
소홀히 할 수 없습니다.
상대를 알면 백전백승(百戰百勝), 먼저 어떻게 출제되는가 문제 경향을 살펴봅시다.

한자성어 기출문제

오늘날 수령들은 옛날의 제후와 같아서 궁실과 수레, 의복과 음식, 좌우의
시종을 거느린 것이 마침 임금과 비길 만하다. 백성들이 찾아가 판결을 구하면
번거로워 하면서 "왜 이렇게 시끄러우냐?" 하고, 굶어죽은 사람이 있으면 "제
스스로 죽은 것일 뿐이다." 하고 곡식과 옷감을 바쳐서 섬기지 않으면 곤장을
치고 몽둥이질을 하여 피가 흘러서야 그친다. 날마다 거둬들인 돈 꾸러미를
헤아려 낱낱이 기록하고, 돈과 옷감을 부과하여 전답과 주택을 장만하며, 권세
있는 재상가에 뇌물을 보내 뒷 날의 이익을 기다린다.

1. 윗글에 나타난 수령의 행태와 가장 가까운 것은?
   ① 가렴주구(苛斂誅求) ② 환골탈태(換骨奪胎)
   ③ 자중지란(自中之亂) ④ 부화뇌동(附和雷同)
   ⑤ 자승자박(自繩自縛)

   정답 ① 19세기 이후 지방 수령들은 온갖 명목을 붙여 세금을 거두고
   불법적인 약탈행위를 자행했는데 이를 가렴주구라고 한다.

┌ 손에 잡히는 어휘에는

이런 유형의 한자성어 문제는 해마다 한두 개 이상 출제된다. 대개 지문의 내용과 관련된 한자
성어를 찾는 형태이다. 여러분이 상식적인 수준에서 알아야 할 한자성어는 200개이고, 완벽한
시험대비를 위해 필요한 것은 400개이다. 이 책에는 어원을 달아준 한자성어 200개와 뜻풀이
와 용례만을 달아준 한자성어 200개. 그래서 도합 400개의 한자성어를 엄선하였다.

계층적 명분관은 근대로 내려오면서 신분 제도가 동요하고 붕괴됨에 따라
점차 타당성을 잃게 되었다. 그러나 아직도 우리 사회에는 ㉠(자신의 분수를
지키는 것을 미덕으로 여기면서, 도전과 모험의 진취적 태도를 부정하는
의식)의 흔적이 도처에 남아 있음을 볼 수 있다.

2. ㉠을 가장 잘 나타내고 있는 것은?

① 제 버릇 남 줄까.

② 핑계 없는 무덤 없다.

③ 송충이가 갈잎을 먹으면 죽는다.

④ 양반은 얼어 죽어도 겻불은 안 쬔다.

⑤ 콩 심은 데 콩 나고 팥 심은데 팥 난다.

정답 ③ 속담은 서민들에 의해 생성된 짤막한 말들로서 삶의 지혜와 교훈을 담고
있다. '송충이가 갈잎을 먹으면 죽는다'는 속담은 자기의 타고난 분수를
지키며 욕심을 버리고 살라는 말이다.
흔히 '송충이는 솔잎을 먹고살아야 한다'는 속담과 통한다.

┌───
│ **손에 잡히는 어휘에는**
│
│ 속담 문제는 해마다 한두 개 이상 반드시 출제된다. 대개 지문의 내용과 관련되는 속담을 찾는
│ 형태이다. 속담집에 수록된 숫자는 무려 수천 개 이상 되므로, 여러분이 그것을 모두 공부하기
│ 란 불가능하다. 이 책에서는 '티끌모아 태산', '세살 버릇 여든까지 간다'와 같이 뜻이 뻔한 속
│ 담을 생략하고, 교과수업, 기출문제 등에서 자주 사용되는 것으로 200개 엄선하였다.
└───

어사또 목이 메여 춘향 손을 ㉠부여잡더니 눈물이 듣거니 맺거니 "네가 이것이
웬일이냐. 부드럽고 곱던 손길이 피골(皮骨)이 상연(相連) 쿠나."

"나는 이게 내 죄요마는 서방님은 웬일이오?"

"나도 역시 팔자로다"

"서방님을 잠시라도 뵈오니, 이제 죽어 한이 없나이다. 내일 본관 사또 생신 잔치 끝에 나를 올려 죽인다니, 서방님은 먼 데 가지 말고 옥문 밖에 서겼다가, 날 올리라 영(令)이 내리거든 ⓛ칼머리나 들어주오. 나를 죽여 내어 놓거든 다른 사람 손대기 전에 싹군인체 달려들어 나를 업고 물러나와 우리 둘이 인연 맺던 부용당(芙蓉堂)에 나를 누이고 서방님 속옷 벗어 입혀 주고 나를 묻어 주되, 신산(新山) 구산(舊山) 다 버리고 서울로 올라가서, 선대감(先大監) 제절하(除節下)에 ⓒ은근히 묻어 주고, 정조(正朝) 한식(寒食) 단오 추석 선대감 시제(時祭) 잡순 후, 주과포혜(酒果脯醯) 따로 차려 놓고 술 한 잔 부어 들고, 나의 무덤 우에 올라서서 발 툭툭 세 번 구르고 '춘향아' 부르시고, 청초(靑草)는 우거진디 앉었느냐 누었느냐? 내가 와 주는 술이니 ⓔ퇴(退)치 말고 많이 먹어라. 그 말씀만 하여 주오. 그 말밖에 할 말이 없오.
어사또 목이 메여 눈물이 ⓜ듣거니 맺거니, "오냐, 춘향아. 우지 마라. 우지 말라. 우지를 말어라. 이애 춘향아, 우지마라. 상여(喪輿)를 탈지 가마를 탈지 그것이야 누가 알겠느냐마는, 천붕우출(天崩牛出)이라 하였으니 솟아날 굼기가 있느니라. 오늘밤만 죽지를 말고 내일 날로 상봉하자."

---

3. ㉠~㉤의 뜻풀이로 바르지 않은 것은?

① ㉠-붙들어 잡더니
② ㉡-무거운 형틀을 들어주오
③ ㉢-남몰래 묻어 주고
④ ㉣-물러서지 말고
⑤ ㉤-떨어지거니 맺히거니

정답 ④ 退는 '물리치다'. 따라서 '퇴치 말고'는 '물리치지 말고' 이다.

도가(道家)의 생각으로는 길이란 형식적이고 웅장할 필요가 없다. 좋은 길이란 물이 높은 곳에서 낮은 곳을 찾아 흐르듯 자연스러워야 하며 자연 법칙에 ( ) 굴곡이 있는 길이어야 한다.

4. 윗글의 ( )안에 들어갈 가장 알맞은 단어는?

① 순응(順應)하는

② 순종(順從)하는

③ 적용(適用)하는

④ 동화(同化)하는

⑤ 복종(服從)하는

정답 ① 순응(順應)과 순종(順從)은 모두 '순순히 잘 따른다'는 뜻이지만, 順應은 주로 자연의 법칙, 세상의 이치, 환경, 조건에 따르는 것이며, 순종은 웃어른이나 상관의 명령 또는 요구에 따르는 것이다.

손에 잡히는 어휘에는

한자말 문제는 해마다 2~3개 이상씩 출제된다. 주어진 지문의 내용에 맞는 한자말 찾기, 한자말의 뜻 알기, ( )안에 알맞은 한자말 넣기가 단골 유형이다. 평소 사전 찾아보기를 습관화해야 하며, 뜻이 비슷하여 혼동하기 쉬운 말들을 유념해서 알아두어야 한다. 이 책에는 꼭 알아야 할 한자말 200개를 엄선하였다. 또한 반의어, 혼동하기 쉬운 한자말, 대립어를 한 쪽씩 실었으며, 국어영역에서 자주 사용되는 말꼴인 적(的), ~성(性), ~주의(主義)가 들어간 말들을 각각 한 쪽씩 실었다.

다의어 문제

19세기 중엽에 탄생된 여러 계통의 사회과학(社會科學)을 보면, 우리들의
생활이 급속도(急速度)로 사회 중심 체제로 변한 것을 실감케 한다. 그러므로
옛날에는 개인이 중심이고 사회가 부수적(附隨的)인 현상같이 느껴졌으나,
오늘에 이르러서는 사회가 중심이 되고 개인은 그 사회의 부분들인 것으로
생각되기에 이르렀다. 특히, 사회가 그 시대의 사람들을 만든다는 주장이
대두되면서부터 그 성격이 점차 굳어졌다.

5. 밑줄 친 '굳어지다'와 같은 뜻으로 쓰인 것은?
    ① 비 온 뒤에 땅이 굳어지는 법이다.
    ② 한번 굳어진 인상은 좀처럼 바뀌지 않는다.
    ③ 내가 협조를 거절하자 그의 표정이 굳어졌다.
    ④ 너무 당황하니까 혀가 굳어져 말이 안 나온다.
    ⑤ 오랫동안 책을 읽지 않아서 머리가 굳어진 것 같다.

정답 ② 다의어란 두 가지 이상의 뜻을 갖고 다양하게 사용되는 단어이다.
    '굳어지다'의 다양한 뜻을 정확히 알고 있는가를 평가하는 문제이다.
    성격, 인상, 생각 등이 굳어지다라는 뜻의 말을 찾으면 된다.

┌ 손에 잡히는 어휘에는

다의어의 사용에 관한 문제는 다의어의 다양한 뜻을 정확하게 알고 있는가를 평가하는 것인
데 앞으로도 출제 가능성이 있는 유형이다. 이 책에서는 꼭 알아야 할 다의어를 엄선하여 그
각각의 풀이와 용례를 달았다.

여러분이 눈으로 확인한 것처럼 어휘력 평가 문제는 한자성어, 속담,
순우리말 · 관용구, 한자어, 다의어에 관한 것입니다. 앞으로도 어휘력 평가
문제는 해마다 6문제에서 10문제까지 출제될 것이 확실합니다. 비록 문제의
방식을 달리하더라도 어휘력만 갖추고 있으면 답을 쉽게 찾을 수 있습니다.
지금부터 이 책을 꾸준히 공부한다면 여러분의 어휘력은 껑충 높아질
것입니다. 출발합시다.

손에 어휘
잡히는
100

date 1 ___/___
date 2 ___/___
date 3 ___/___

○ 傾國之色 _ 경국지색

나라를(國) 기울게(傾) 할 정도의(之) 미모(色).

傾은 기울다. 기울게 하다.

傾國은 한 나라를 기울게 하다.

色은 얼굴, 생김새, 모양.

한(漢)나라의 이연년(李延年)이 자기 누이동생의 미모를

자랑하여 노래하기를

"한 번 돌아보면 성을 기울게 하고(傾城)

두 번 돌아보면 나라를 기울게 하네(傾國)."

傾國之色은 이 노래에서 유래한 말이다.

| 傾 기울일 경
| 國 나라 국
| 之 ~한 지
| 色 미모 색

○ 同價紅裳 _ 동가홍상

같은(同) 값이면(價) 다홍(紅) 치마(裳).

같은 조건이면 품질이 좋은 것을 고름.

속담인 '같은 값이면 다홍치마'를 한역한 것이 同價紅裳,

같은 조건이라면 품질이 더 좋은 것을 고른다는 뜻이다.

紅裳이란 다홍색의 비단치마로서 가장 고은 빛깔의 치마로

여겨졌다. 때문에 같은 값이면 다홍치마를 고르는 것이다.

비슷한 속담으로는 '이왕이면 창덕궁', '같은 값이면 과부 집

머슴살이' 등이 있다.

| 同 같을 동
| 價 값 가
| 紅 붉을 홍
| 裳 치마 상

○ 四分五裂 _ 사분오열

넷으로(四) 나뉘고(分) 다섯으로(五) 찢어짐(裂).

"수 세기에 걸쳐 위세를 떨치던 원나라는 四分五裂되어 결국

파국을 맞았다."

| 分 나눌 분
| 裂 찢을 열

o 白眼視 _ 백안시
업신여기거나 냉대하여 흰(白) 자위로(眼) 흘겨 봄(視).
"그는 성품이 강직하여, 권력에 아첨하는 무리를 白眼視
하였다."

白 흰 백
眼 눈 안
視 볼 시

o 도랑 치고 가재 잡다
하나의 일을 하여 두 개의 이익을 얻다. 일의 순서가 뒤바뀌다.
비슷한 속담으로 '마당 쓸고 돈 줍기', '임도 보고 뽕도 딴다',
'배 먹고 이 닦기' 등이 있다.
"도랑 치고 가재 잡는다고, 그는 이번 사업으로 돈도 벌고 명성도
얻었다."

o 가는 날이 장날이다
우연히 갔다가 뜻하지 않은 일을 만나다.
"가는 날이 장날이라고, 우연히 백화점에 들렀더니 할인판매를 하지
뭐예요."

o 해쓱하다
얼굴에 핏기가 없다.
"오랜만에 만난 그녀의 얼굴은 몹시 해쓱하였다."

o 파리하다
몸이 여위거나 핏기가 없고 해쓱하다.
"귀순자는 기근과 노동에 지쳐 파리한 모습이었다."

o 명제 _ 命題
의견이나 주장을 하나의 문장 형식으로 나타낸 것.
"한글은 우리 민족의 얼이 담긴 글이다." – 사실 명제
"한글은 과학적으로 우수한 언어이다." – 가치 명제
"한글은 우수한 언어이므로 길이 보전해야 한다." – 당위 명제

命 명할 명
題 제목 제

o 알력 _ 軋轢
수레의 바퀴가 맞지 않아 삐걱거림.
서로 의견이 맞지 않아 삐걱거림.
"정치인들 간의 軋轢이 심하여 정국이 혼란하였다."

軋 삐걱거릴 알
轢 삐걱거릴 력

date 1 ___ / ___
date 2 ___ / ___
date 3 ___ / ___

○ 斷腸 _ 단장

창자가(腸) 끊어질(斷) 듯한 슬픔.
1956년에 발표된 노래 〈단장의 미아리 고개〉
"미아리 눈물 고개, 임이 넘던 이별 고개~ ♬"
6·25사변 때 인민군의 포로가 되어 미아리 고개를 넘어 북으로
끌려가던 분들의 처절한 모습을 담아낸 노래이다.
진(晉)나라 사람 환온(桓溫)이 양자강 중류의 협곡인
삼협(三峽)을 지날 때, 그의 하인이 원숭이 새끼를 잡아 배로
돌아오자 어미 원숭이가 배를 따라오며 울었다. 백 리를 더
가서 강기슭에 배를 대자 어미가 배로 뛰어들더니 죽었다.
그 배를 갈라보니 매우 슬퍼한 나머지 창자가 토막토막
잘려 있었다. 이로 인해 창자(腸)가 끊어질 듯한(斷) 슬픔을
斷腸이라고 하였다.

斷 끊을 단
腸 창자 장

○ 甲男乙女 _ 갑남을녀

갑이라는(甲) 남자와(男) 을이라는(乙) 여자(女).
보통의 평범한 남녀.
甲과 乙은 천간(天干)의 '甲(갑)·乙(을)·丙(병)·丁(정)…'에서
따온 것이다.
甲男乙女는 甲이라는 남자와 乙이라는 여자이니, 비유하자면
A군 B양과 같은 표현으로, 특별하지 않고 그저 평범한 남녀를
가리키는 말이다.
보통사람이라는 뜻의 다른 말로는 匹夫匹婦(필부필부),
張三李四(장삼이사), 善男善女(선남선녀)가 있다.

甲 첫째 갑
男 사내 남
乙 둘째 을
女 계집 녀

○ 百年偕老 _ 백년해로

부부가 오래도록(百年) 함께(偕) 늙음(老).
"이제 부부가 된 두 사람은 검은 머리 파뿌리 되도록

百 일백 백
年 해 년
偕 함께 해
老 늙을 로

百年偕老하기 바랍니다."

o 氷山一角 _ 빙산일각
빙산의(氷山)의 한(一) 모서리(角).
커다란 전체 중 드러난 매우 작은 부분.
"이번 수사로 드러난 비자금의 액수는 氷山一角에 불과합니다."

氷 얼음 빙
角 모서리 각

o 가난 구제는 나라도 못한다
가난은 나라에서도 어쩔 수 없는 숙명적인 것이다.
"가난 구제는 나라도 못한다고, 잘살고 못사는 건 팔자소관이지."

o 노는 입에 염불하기
하는 일 없이 노는 것보다는 무엇이라도 하는 것이 나음.
"노는 입에 염불한다고, 빈둥빈둥 놀지 말고 무엇이든 해봐요."

o 초개草芥와 같이~하다
草芥는 지푸라기나 티끌. 매우 하찮은 것.
"애국열사들은 국난을 당하여 목숨을 초개와 같이 버리신
분들이다."

草 풀 초
芥 티끌 개

o 야기惹起하다
사건을 일으키다.
"독일과 일본의 광란적 제국주의가 2차대전을
야기하였다."

惹 일으킬 야
起 일어날 기

o 아류 _ 亞流
뛰어난 분의 뒤를 따르고 모방하는(亞) 무리(流).
"내가 가장 듣기 싫어하는 말은 '누구의 亞流'라는
평가입니다."

亞 버금 아
流 무리 류

o 망라 _ 網羅
그물을(網) 치듯(羅) 모조리 휘몰아 들임.
"『손에 잡히는 어휘』는 어휘력 향상에 필요한 어휘들을
網羅하였다."

網 그물 망
羅 그물질할 라

15

o 結者解之 _ 결자해지

묶은(結) 사람이(者) 그것을(之) 풀어야 함(解).
일을 벌여 놓은 사람이 해결해야 함.
조선 인조 때의 학자 홍만종이 지은 수필집 순오지(旬五志)에
수록된 말로, 속담 '맺은 놈이 풀지'를 한역해 실은 것이다.
結은 맺다, 묶다 ↔ 解는 풀다, 해결하다
結者解之는 일을 벌인 당사자가 그 일을 해결해야 한다는
뜻이다.

| 結 묶을 결
| 者 사람 자
| 解 풀 해
| 之 그것 지

o 矛盾 _ 모순

말이나 행동의 앞뒤가 서로 어긋나 맞지 아니함.
초(楚)나라에 矛와 盾을 팔던 사람이 있었다.
먼저 矛를 들어 선전하기를,
"이 矛는 천하에 꿰뚫지 못할 것이 없소."
이어서 盾을 보이면서 선전하기를,
"이 盾은 천하에 막지 못할 것이 없소."
듣고 있던 행인이 曰,
"그러면 당신의 矛로 당신의 盾을 찌르면 어찌 되오?"
그는 아무 말도 하지 못했다. 이에서 유래한 矛盾은
말이나 행동의 앞뒤가 서로 맞지 않음을 뜻한다.

| 矛 창 모
| 盾 방패 순

o 非一非再 _ 비일비재

한 번(一) 두 번이(再) 아니고(非) 여러 번임.
"고을 수령이 온갖 명목을 붙여서 세금을 뜯어내는 일이
非一非再합니다."

| 非 아닐 비
| 再 둘 재

o 街談巷說 _ 가담항설
거리나(街) 마을에(巷) 떠도는 근거 없는 말들(談·說).
"소설은 街談巷說에 기원을 두고 있다고 하지요."

街 거리 가
談 말씀 담
巷 마을 항
說 말씀 설

o 눈 감으면 코 베어갈 세상
인심이 몹시 험하고 각박한 세상.
"방금 전 여기 놓아둔 짐이 없어지다니, 눈 감으면 코 베어갈
세상이구먼."

o 하나만 알고 둘은 모른다
융통성이 없어 사물의 한 쪽만 보고 두루 보지 못하다.
비슷한 속담으로 '감출 줄은 모르고 훔칠 줄만 안다'가 있다.
"자네는 하나만 알고 둘은 모르는구먼. 그쪽에서 당하고만 있겠나?"

o 하염없다
시름에 싸여 아무 하는 일이나 생각이 없다.
"하염없는 이 슬픔~, 차창가에 비~내리네 ♬"

o 각광脚光을 받다
脚光은 무대의 주인공이 받는 조명.
영어 footlight를 옮긴 말.
무대의 주인공처럼 사람들의 시선과 관심을 받다.
"이번 가을 새롭게 脚光을 받는 신상품을 소개합니다."

脚 다리 각
光 빛 광

o 맥락 _ 脈絡
사물이 줄기로(脈) 서로 이어진(絡) 관계.
"앞뒤 문장의 脈絡이 서로 닿지 않는다."

脈 줄기 맥
絡 이를 락

o 여부 _ 與否
~인가(與) 아닌가(否). ~할까(與) 안할까(否).
"성공與否, 허락與否, 합격與否의 與否, 참으로 많이
쓰이는 말이군요."

與 ~한가 여
否 아닐 부

○ 目不識丁 _ 목불식정

고무래를 앞에 놓고 눈으로(目) 고무래 정 자도(丁) 알지(識)
못함(不). 매우 무식함.
고무래는 수확한 벼를 말리기 위해 멍석에 펼칠 때에 고르게
펴는 농기구이다.
그 모양이 丁과 비슷하다.
눈앞에 고무래를 놓고 丁자를 아는가 물으면 "I don't know it."
하는 격이니, 한마디로 일자무식(一字無識)인 셈이다.
유사한 의미의 속담으로 '낫 놓고 ㄱ자도 모른다'가 있다.

目 눈 목
不 아닐 불
識 알 식
丁 고무래 정

○ 結草報恩 _ 결초보은

풀잎을(草) 엮어서(結) 은혜를(恩) 갚음(報).
죽어서도 은혜를 갚음.
춘추시대 진(晉)나라의 제후였던 위무자(魏武子)가 평소 아들
위과(魏顆)에게 曰, "내가 죽거든 나의 애첩을 개가시켜라."
그러나 임종할 무렵 생각이 바뀌어 曰,
"내가 죽거든 애첩을 나와 함께 묻어 달라."
아버지가 돌아가시자, 아들은 "나는 아버님이 올바른 정신으로
하신 말씀을 따르겠다."며 그녀를 개가시켰다.
그 뒤 진(秦)나라가 진(晉)나라를 공격하여 위과가 적장에게
쫓기고 있을 때, 뒤쫓던 적장이 엮어 놓은(結) 풀에(草) 걸려 넘어졌고
전쟁은 승리로 끝났다. 그날 밤 꿈에 한 노인이 나타나 曰,
"당신이 내 딸을 개가시켜 목숨을 구해 주었소. 때문에 내가
나의 무덤 앞의 풀을 엮어서 報恩한 것이오." → 結草報恩

結 맺을 결
草 풀 초
報 갚을 보
恩 은혜 은

○ 肝膽相照 _ 간담상조

간과(肝) 쓸개를(膽) 서로(相) 환하게(照) 드러내고 친밀히 지냄.
마음을 툭 터놓고 격의 없이 사귀며 친밀히 지냄.

肝 간 간
膽 쓸개 담
相 서로 상
照 비출 조

"그와 나는 죽마고우로 자라 지금까지 肝膽相照하며
지내고 있다네."

o 事大交隣 _ 사대교린
큰 나라는(大) 섬기고(事) 이웃 나라와는(隣) 친하게 지냄(交).
"조선왕조의 기본 외교정책은 事大交隣이었다."

事 섬길 사
大 큰 대
交 사귈 교
隣 이웃 린

o 하늘을 보아야 별을 따지
무슨 일이 이루어질 수 있는 조건이나 기회를 만나지 못함.
"하늘을 보아야 별을 딴다고, 사람을 봐야 말이라도 건넬 것이 아닌가?"

o 달 보고 짖는 개
정세나 물정도 모르고 말하거나 행동하는 사람.
"물정도 모르고 달려들었다가는 달 보고 짖는 개로 취급되기
십상이지."

o 학을 떼다
학은 전염병인 학질(말라리아).
괴로운 일을 간신히 벗어나다.
"그 남자가 만나자고 쫓아다니는데 정말 학을 떼겠어요."

o 각설却說하다
하던 말을 중지하고 말머리를 돌리다.
"이제 却說하고, 다음은 학생 자치회비에 관해
설명하겠습니다."

却 물리칠 각
說 말 설

o 연륜 _ 年輪
나이의(年) 바퀴(輪), 즉 나이테.
어떤 일에 대한 경험이나 숙련된 정도.
"젊은이들은 年輪이 깊으신 분들의 조언을 귀담아 들어야 한다."

年 해 년
輪 바퀴 륜

o 맹점 _ 盲點
못보고(盲) 지나치기 쉬운 점(點).
"아무리 좋은 제도라도 盲點이 있기 마련이다."

盲 눈멀 맹
點 점 점

○ 一觸卽發 _ 일촉즉발

한 번(一) 건드리면(觸) 바로(卽) 터질듯함(發).
매우 위태로움.
一觸은 한 번 건드리다. 卽發은 바로 터지다.
가수 현철 씨의 노래 〈봉선화 연정〉,
"손대면 톡하고 터질 것만 같은 그대, 봉선화라 부르리. ♬"
손대면 터질 것 같다 함은 지극한 애정의 표현이지만,
一觸卽發은 한 번 건드리기만 해도 바로 터져 버릴
위기 상황을 일컫는 말이다.

觸 건드릴 촉
卽 곧 즉
發 터질 발

○ 多多益善 _ 다다익선

많으면(多) 많을수록(多) 더욱(益) 좋음(善).
다음은 한고조 유방((劉邦)과 한신(韓信) 장군의 대화이다.
"내가 얼마의 군사를 거느릴 수 있겠소?"
"폐하께서는 10만 정도의 군사를 거느릴 수 있습니다."
"그러면 그대는 어떠한가?"
"신은 많으면 많을수록 더욱 좋습니다." → 多多益善
益은 '~할수록 더욱'.
노익장(老益壯): 늙을수록 더욱 건장함.
빈익빈(貧益貧) 부익부(富益富): 가난할수록 가난해지고
부유할수록 부유해짐.

多 많을 다
益 더욱 익
善 좋을 선

○ 燈下不明 _ 등하불명

등잔(燈) 밑이(下) 어두움(不明).
가까운 곳의 일을 오히려 잘 모름.
"燈下不明이라더니 손에 들고서 아직까지 찾았네."

燈 등불 등
不 아니 불
明 밝을 명

20

o 白骨難忘 _ 백골난망
은혜가 매우 깊어 죽어 백골이(白骨) 되어도 잊기(忘)
어려움(難).
"베풀어 주신 은혜가 하해와 같아 白骨難忘이옵니다."

白 흰 백
骨 뼈 골
難 어려울 난
忘 잊을 망

o 어느 장단에 춤을 추랴
이 사람 저 사람의 지시와 간섭이 많아 누구의 말을 들어야
할 지 모른다.
"이 과장님은 이렇게 하라 하고, 김 과장님은 저렇게 하라고 하니
도대체 어느 장단에 춤을 추란 말이야."

o 가게 기둥에 입춘
가게는 임시로 허름하게 지은 집인 가가(假家)에서 온 말.
허름한 집 기둥에 어울리지 않게 입춘대길(立春大吉)이라고
입춘첩을 붙임. 제 격에 맞지 아니하고 지나침.
"가게 기둥에 입춘과 유사한 의미의 속담으로 개 발에 편자가 있지."

o 서릿발 같다
매우 매섭고 준엄하다. 추상(秋霜) 같다.
"충무공은 평소 온화하셨지만 전장에서는 그 기상이 서릿발 같았다."

o 철석鐵石같다
쇠나(鐵) 돌과(石) 같이 단단하다.
"순애 씨! 당신의 약속을 鐵石같이 믿었던 내가
어리석었소."

鐵 쇠 철
石 돌 석

o 불후 _ 不朽
썩어(朽) 없어지지 아니하고(不) 영원함.
"로마시대의 건축물인 판테온은 지금까지 不朽의 건축물로
기려지고 있다."

不 아니 불
朽 썩을 후

o 반전 _ 反轉
수레바퀴가 돌던 방향의 반대로 돎. 일의 형세가 뒤바뀜.
"영화에서의 反轉은 지루함을 덜고 흥미로운 전개를
야기하는 효과가 있다."

反 돌이킬 반
轉 구를 전

머리에  넣기

1. 다음 뜻을 가진 한자성어를 보기에서 고르시오.

   [보기] 燈下不明 多多益善 結者解之 一觸卽發 甲男乙女

   ① 한 번 건드리면 바로 터질 듯 위험함. (　)
   ② 많으면 많을수록 좋음. (　)
   ③ 보통사람. (　)
   ④ 맺은 사람이 풀어야 함. (　)

2. 다음 속담의 (　) 안에 알맞은 말을 넣으시오.

   ① 가는 날이 (　)이다.
   ② 눈 감으면 (　) 베어갈 세상.
   ③ 하나만 알고 (　)은 모른다.
   ④ 도랑 치고 (　) 잡는다.

3. 다음 (　) 안에 알맞은 말을 보기에서 골라 넣으시오.

   [보기] 서릿발 하염 철석 초개 각광

   ① 충무공은 평소 온화하셨지만 전장에서는 그 기상이 (　) 같았다.
   ② 애국지사들은 국난을 당하여 목숨을 (　)와 같이 버리신 분들이다.
   ③ 이번 가을 새롭게 (　)을 받는 신상품을 소개합니다.
   ④ 당신의 약속을 (　)같이 믿었던 내가 어리석었소.

4. 다음 (　) 안에 알맞은 말을 보기에서 고르시오.

   [보기] 亞流 年輪 盲點 反轉 不朽

   ① 판테온은 지금까지 (　)의 명작으로 기려지고 있다.
   ② 영화에서의 (　)은 지루함을 덜고 흥미로운 전개를 야기하는
      효과가 있다.
   ③ 내가 가장 듣기 싫어하는 말은 '누구의 (　)'라는 평가입니다.
   ④ 젊은이들은 (　)이 깊으신 분들의 조언을 귀담아 들어야 한다.

갈다

㉠ 칼이나 낫의 날을 세우거나 광채를 내기 위하여 문지르다.
"할아버지는 벼를 베기 위해 낫을 갈고 계신다."

㉡ 어떤 물체를 강한 돌, 나무 등에 세게 문질러 흉터가 나다.
"철이는 하굣길에 넘어져 얼굴을 갈았다."

㉢ 곡식, 채소를 맷돌이나 강판에 잘게 부수거나 으깨다.
"콩을 맷돌에 갈아서 두부를 만들었다."

㉣ 윗니와 아랫니를 소리가 나도록 세게 문지르다.
"김 씨는 이를 몹시 갈아서 같이 잠을 잘 수 없을 정도이다."

㉤ 사람이나 물건, 물질을 바꾸다.
"새 정부가 출범하면서 장관을 자주 갈았다."

㉥ 쟁기로 땅을 파 뒤집어엎다.
"봄이면 쟁기로 밭을 갈아 씨를 뿌렸지."

○ 東問西答 _ 동문서답
동에 관해(東) 묻는데(問) 엉뚱하게 서에 관해(西) 대답함(答).
東問西答은 누구나 다 알만한 말이나 물음에 엉뚱하게
답하는 것이다.
하지만 간혹 '동에서 물으니 서에서 답하다'로 알고 있는
경우가 있다.
'동에서'가 아니라 '동에 관해서'이고,
'서에서'가 아니라 '서에 관해서'임을 명심하자.
東問: "너 달팽이란 노래 좋아하니?"
西答: "응, 먹어보니 맛있더라."

東 동녘 동
問 물을 문
西 서녘 서
答 답할 답

○ 同病相憐 _ 동병상련
같은(同) 병을 앓는(病) 사람들끼리는 서로(相) 가엾이 여김(憐).
같은 처지의 사람들끼리는 서로 이해함.
전국시대에 초(楚)나라 사람 오자서가 오(吳)나라로 망명해
벼슬을 하자, 백비도 따라왔다. 오자서가 백비를 천거하려
하자 누군가 백비는 사람을 해칠 상이라며 말렸다.
오자서는 "同病相憐은 인지상정이다."라고 말하고 백비를
천거하여 벼슬하게 하였다. 뒤에 오자서는 백비의 모함으로
억울하게 죽고 말았다.
同病相憐과 유사한 의미의 속담으로
'과부 사정은 홀아비가 안다'가 있다.

同 같을 동
病 병들 병
相 서로 상
憐 가엾이여길련

○ 心機一轉 _ 심기일전
심기(心機)는 마음의 활동.
어떤 일을 계기로 해서 마음을(心機) 한번(一) 크게 바꿈(轉).
"이번 실패를 心機一轉의 기회로 삼아서 매진합시다."

心 마음 심
機 기회 기
轉 구를 전

o 蓬頭亂髮 _ 봉두난발
쑥대처럼(蓬) 어지러이 흐트러진(亂) 머리카락(頭·髮).
"조선 후기의 화가 최북은 蓬頭亂髮을 하고 기인다운
풍모가 있었다."

蓬 쑥 봉
頭 머리 두
亂 어지러울 난
髮 터럭 발

o 가는 방망이 오는 홍두깨
남에게 해를 끼치면 그보다 훨씬 큰 보복이 옴.
"가는 방망이 오는 홍두깨라고, 몹쓸 짓을 하면 그 몇 배로
화를 입을 거야."

o 콩 심은 데 콩 나고 팥 심은 데 팥 난다
사람은 자기가 한 대로 결과를 얻는다.→ 種豆得豆(종두득두).
"콩 심은 데 콩 나고 팥 심은 데 팥 난다고, 착한 사람은 복을 받게
마련이지."

o 판에 박다
판은 떡이나 다식 등을 찍어내는 떡판이나 다식판.
판으로 박아낸 듯이 모양이 한결같음을 이르는 말.
"그들의 말은 늘 판에 박은 듯이 똑같다."

o 폐일언蔽一言하다
여러 내용을 한 마디(一) 말로(言) 정리하다(蔽).
"지금까지 드린 말씀을 폐일언하면, 사태해결을 위해
최선을 다하자는 것입니다."

蔽 덮을 폐
言 말 언

o 비견 _ 比肩
어깨를(肩) 나란히(比) 하듯이 서로 우열을 가리기 어려움.
"한국 축구는 이제 세계의 강호들과 比肩할 정도가
되었다."

比 견줄 비
肩 어깨 견

o 야합 _ 野合
남녀가 정식으로 혼인하지 않고 결합함.
서로간의 이익을 위해 결합함.
"정치가들은 종종 목전의 이익을 위해서 野合하는
경우가 있다."

野 들 야
合 합할 합

date 1 ___ / ___
date 2 ___ / ___
date 3 ___ / ___

○ 文房四友 _ 문방사우

글방의(文房) 네 가지(四) 벗(友).
선비들이 글 읽는(文) 방에(房) 두고 쓰는 네(四) 가지 벗(友).
文房은 문방구(文房具)의 文房이니, 글방 또는 서방(書房)과 같은
의미의 말이다.
文房의 四友란 글방에서 공부하는 데 필요한 네 가지 문구인
종이(紙)·붓(筆)·먹(墨)·벼루(硯)에 대한 애칭이다.
文房四友를 줄여 四友라고도 하고, 달리
文房四寶(문방사보)라고도 한다.

文 글 문
房 방 방
四 넉 사
友 벗 우

○ 聞一知十 _ 문일지십

하나를(一) 듣고(聞) 미루어 열을(十) 앎(知).
매우 총명함.
다음은 공자(孔子)와 그의 제자인 자공(子貢)의 대화이다.
"자공아. 너와 안회(顔回) 중에 누가 더 낫다고 생각하느냐?"
"안회는 하나를 들으면 열을 알고(聞一知十), 저는 하나를
들으면 둘을 알 따름입니다(聞一知二)."
"잘 알고 있구나."
안회는 공자가 총애한 제자로 매우 어질고 총명하였으나
32세를 일기로 요절하였다.

聞 들을 문
知 알 지

○ 甘呑苦吐 _ 감탄고토

달면(甘) 삼키고(呑) 쓰면(苦) 뱉음(吐).
이로우면 받아들이고 해로우면 버림.
"대통령 자리에서 물러나니, 甘呑苦吐하는 세상의 인심을
실감하겠더군."

甘 달 감
呑 삼킬 탄
苦 쓸 고
吐 토할 토

o 風前燈火 _ 풍전등화
바람(風) 앞에(前) 등불(燈火).
매우 위태로운 상황.
"1592년 왜적의 침략으로 조선은 風前燈火의 위기를 맞게
되었다."

風 바람 풍
前 앞 전
燈 등불 등
火 불 화

o 하늘이 무너져도 솟아날 구멍은 있다
아무리 어려운 처지에 빠지더라도 다 해결할 방책이 있다.
"사업에 실패했다고 좌절하지 말게. 하늘이 무너져도 솟아날 구멍은
있다네."

o 하루 물림이 열흘 간다
일은 한번 미루면 자꾸 미루게 된다.
"오늘 할 일은 오늘 해야지, 하루 물림이 열흘 가는 법이란다."

o 갈무리하다
물건을 잘 정돈하여 간수하다.
"채소는 가을에 갈무리를 잘 해야 겨울에 얼지 않는단다."

o 갈음하다
다른 것으로 바꾸어 대신하다.
"간단하나마 이것으로 인사말을 갈음합니다."

o 연역 _ 演繹
보편적이고 일반적인 원리에서 특수하고 세부적인 원리를
이끌어 냄.
"만유인력의 법칙을 가지고 演繹하면 미세한 티끌도 인력이
있다고 볼 수 있지."

演 펼칠 연
繹 풀 역

o 염세적 _ 厭世的
세상을(世) 싫어하는(厭)(的).
"이 소설에서 볼 수 있는 허무주의는 작가의 厭世的
인생관이 반영된 것이다."

厭 싫어할 염
世 세상 세
的 ~하는 적

o 背水陣 _ 배수진

물을(水) 등지고(背) 치는 진(陣).

어떤 일에 죽기를 각오하고 정면으로 맞섬.

한(漢)나라의 한신(韓信) 장군이 일만 이천의 군사로

조(趙) 나라 20만 군대에 맞서 背水陣을 치자, 휘하 군사들이

죽음을 각오하여 曰,

"어차피 죽을 바에 용감하게 싸우다 죽어 명예를 남기자."

그리하여 전투는 승리로 끝났다.

임진왜란 당시 신립 장군도 탄금대에서 背水陣을 치고

결사적으로 싸웠지만 조총을 앞세운 왜적에게 대패하고 말았다.

背 등질 배
水 물 수
陣 진칠 진

o 百聞不如一見 _ 백문불여일견

백 번(百) 듣는 것이(聞) 한 번(一) 보는 것만(見) 같지(如)

못함(不).

무엇이든지 직접 경험을 해봐야 확실히 알 수 있음.

A不如B는 A가 B만 같지 못하다. A가 B만 못하다.

한(漢)나라 선제(宣帝) 때의 일이다.

서북 변방에서 반란이 일어나자 선제가 백전노장

조충국(趙充國)에게 방책을 물었다. 조충국이 曰,

"百聞이 一見만 못합니다. 신이 현지를 살펴본 다음에

아뢰겠습니다."

이에서 유래한 百聞不如一見은 무엇이든 말로 백 번 듣는

것보다는 눈으로 직접 보고 경험해야 확실히 알 수 있다는 뜻이다.

聞 들을 문
如 같을 여
見 볼 견

o 漢江投石 _ 한강투석

한강에(漢江) 돌(石) 던지기(投).

아무리 해보아야 전혀 효과가 없음.

"지금에 와서 애써 봐야 漢江投石이야. 운명으로 돌려버리자고."

漢 한나라 한
江 강 강
投 던질 투
石 돌 석

o 虛張聲勢 _ 허장성세
  헛되이(虛) 목소리와(聲) 기세를(勢) 폄(張).
  실속 없이 허세만 폄.
  "실속도 없으면서 虛張聲勢해야 남의 비웃음만 사게 된다네."

虛 빌 허
張 펼 장
聲 소리 성
勢 기세 세

o 호랑이 없는 굴에 여우가 왕 노릇 한다
  잘나고 강한 자가 없어지자 다른 놈이 기세를 부린다.
  "호랑이 없는 굴에 여우가 왕 노릇 한다고, 사장님이 안 계시자
  김 실장이 기고만장하군."

o 혹 떼러 갔다가 혹 붙이다
  이익을 얻으려다가 오히려 큰 손해를 보다.
  "눈감아 달라고 청탁하였다가 도리어 망신만 당했지 뭔가."
  "혹 떼러 갔다가 혹 붙였군요."

o 개차반
  차반은 맛있게 잘 차린 음식이요, 개차반은 개나 먹을 음식, 그렇다면
  바로 똥.
  행실이나 마음보가 똥처럼 더러운 사람.
  "평소 얌전한 사람이 술만 마셨다 하면 행동이 개차반이 되는군."

o 개가凱歌를 올리다
  凱歌는 전투에서 승리하여 부르는 노래.
  큰 성과를 거두다.
  "우리 회사는 올해 새로운 상품 개발로 백억 불 수출의
  개가를 올렸다."

凱 이길 개
歌 노래 가

o 엽기적 _ 獵奇的
  기이한(奇) 일이나 물건을 즐겨 찾아다니는(獵)(的).
  "피고는 그 동안 여러 차례에 걸쳐 獵奇的 범죄 행각을
  벌여왔습니다."

獵 사냥할 엽
奇 기이할 기
的 ~하는 적

o 와전 _ 訛傳
  사실과 다르게 잘못(訛) 전해짐(傳).
  "그 동안 訛傳된 소문으로 인해 많은 사람들의 비난을 받아 왔다네."

訛 잘못 와
傳 전할 전

○ 苦盡甘來 _ 고진감래

고통이(苦) 다하면(盡) 즐거움이(甘) 옴(來).
사람이 살다보면 기쁨 끝에 슬픔도 있고, 고통이 지나고
즐거움이 오기도 한다.
마치 달이 차면 기울고 물이 차면 빠지는 것과 같은 이치이다.
그래서 생긴 말이 興盡悲來(흥진비래) 苦盡甘來(고진감래)이다.
그러니 성공했다고 해서 자만하지 말고,
실패했다고 해서 슬퍼하지 말지어다.
興盡悲來: 흥이 다하면 슬픔이 온다.

> 苦 쓸 고
> 盡 다할 진
> 甘 달 감
> 來 올 래

○ 登龍門 _ 등용문

용문(龍門)에 오름(登). 입신출세의 관문에 오름.
龍門은 황하 상류에 있는 협곡으로 경사가 심하고 물살이
센 곳이다.
산란기에 알을 낳으러 상류로 오르는 물고기들이 이곳 龍門
밑까지는 쉽게 오지만, 龍門을 오르기는 참으로 어렵다.
하지만 일단 龍門을 오르면 용이 되어 하늘로 올라간다는
전설이 있다.
이에 연유하여 登龍門은 어려운 성공 관문을 통과하다,
과거에 합격하여 출세의 길에 오르다라는 뜻을 갖게 되었다.
읽을 때 주의! 登龍/門이 아니라, 登/龍門이다.

> 登 오를 등
> 龍 용 용
> 門 문 문

○ 累卵之危 _ 누란지위

알을(卵) 쌓아 놓은(累) 듯이 위태로움(危).
조금만 건드려도 쓰러질 것 같은 위험한 상황.
"국가가 累卵之危를 이겨낸 것은 온 국민이 힘을 합친
결과입니다."

> 累 포갤 누
> 卵 알 란
> 之 ～하는 지
> 危 위태로울 위

o 富貴在天 _ 부귀재천
부유함과(富) 귀함은(貴) 하늘에(天) 달려 있음(在).
"잘 살아 보려고 평생 노력했는데 가난뱅이 신세를 면치
못하였네."
"그러게 富貴在天이라 하지 않나."

富 부유할 부
貴 귀할 귀
在 있을 재
天 하늘 천

o 떡 본 김에 제사 지낸다
우연히 만난 기회에 생각하던 일을 해치운다.
비슷한 속담으로 '엎어진 김에 쉬어 간다',
'소매 긴 김에 춤춘다'가 있다.
"떡 본 김에 제사 지낸다고, 서울에 왔으니 경복궁 구경이나
하고 갑시다."

o 팔자 도망 못 간다
운명은 피하려고 해도 피할 수 없다.
"얼마 전 재혼한 김 씨가 또 상처를 했다는구먼."
"팔자 도망 못 간다고 하더니 참으로 안되었네."

o 허풍선虛風扇이
허풍선은 바람을 일으켜 숯불을 피우는 손 풍무.
실속 없이 허풍만 떠는 사람.
"내가 그 허풍선이의 말을 어찌 믿을 수 있겠소?"

虛 빌 허
風 바람 풍
扇 부채 선

o 피력披瀝하다
평소 마음에 품은 생각을 털어놓다.
"저의 평소 생각을 피력하자면 이렇습니다."

披 헤칠 피
瀝 뿌릴 력

o 목가적 _ 牧歌的
목동이(牧) 부르는 노래처럼(歌) 소박하고 평화로운(的).
"김 화백은 60년대 이후 줄곧 牧歌的 화풍을 고수해 왔다."

牧 칠 목
歌 노래 가
的 ~하는 적

o 희소성 _ 稀少性
드물고(稀) 적을수록(少) 그 가치가 오르는 성질(性).
"수요가 많고 공급이 적을수록 稀少性은 커진다.

稀 드물 희
少 적을 소
性 성질 성

○ 燈火可親 _ 등화가친

등불을(燈火) 가까이(親) 할 만함(可).
燈火는 등불, 可親은 가까이 할 만하다.
가을을 흔히 燈火可親의 계절이라 한다.
서늘하여 정신이 맑아지기 때문에 독서하기에 좋은
계절이라는 말이다.
당나라의 문장가 한유(韓愈)가 曰,
"때는 가을이라 오랜 비도 그치고 서늘한 기운이 스며드니,
등불을 가까이 하고 시를 읽을 만하네." → 燈火可親

燈 등불 등
火 불 화
可 ~할 만하다
親 친할 친

○ 馬耳東風 _ 마이동풍

말(馬) 귀에(耳) 동쪽(東) 바람(風).
남의 말을 전혀 귀담아 듣지 아니함.
당나라의 시인 이백(李白)은 자기네 시인들이 아무리
좋은 시를 짓더라도 세상 사람들이 알아주지 않는다고
탄식하며 이렇게 말하였다.
"마치 말 귀에 동쪽 바람이 부는 듯하구나." → 馬耳東風
주의!
馬耳東風은 남의 말을 귀담아 듣지 않는 것이고,
牛耳讀經(우이독경)은 쇠귀에 경 읽기로 남의 말을 알아듣지
못하는 것이니,
둘을 구별해서 사용해야 한다.

馬 말 마
耳 귀 이
東 동녘 동
風 바람 풍

○ 附和雷同 _ 부화뇌동

천둥이 치면(雷) 만물이 응하듯이(同) 남의 의견을 무조건
따라함(附和).
자기의 주장 없이 무조건 남의 의견을 따름.
"친구 따라 강남 가듯이 附和雷同해서는 안 된다."

附 따를 부
和 화합할 화
雷 천둥 뢰
同 함께 동

o 平地風波 _ 평지풍파
평온한(平) 곳에(地) 일어난 바람과(風) 물결(波).
"자네는 왜 쓸데없는 소리를 해서 平地風波를
일으키는가?"

平 평평할 평
地 땅 지
風 바람 풍
波 물결 파

o 평안 감사도 제 싫으면 그만이다
평안 감사는 조선시대 평안도 관찰사.
아무리 좋은 것이라도 본인이 싫으면 그만이니 강요해서는 안 된다.
"평안 감사도 제 싫으면 그만이라지 않소. 억지로 강요하지 말아요."

o 풍년 거지의 팔자라
남들은 다 풍족하게 사는데 혼자 가난하게 살다.
"모두가 명절이라고 떡에 술에 잘 먹는데, 나 홀로 풍년 거지의
팔자로세."

o 가관可觀이다
볼 만 하다.
매우 우습고 사나운 꼴을 반어적으로 표현한 말임.
"저 젊은이의 행색을 보게나. 참으로 가관이구먼."

可 ~할 만할 가
觀 볼 관

o 가이 없다
가는 가장자리, 끝.
끝이 없다.
"어머니의 희생은 가이 없어라. ♬"

o 어눌 _ 語訥
말을(語) 유창하게 하지 못하고 더듬음(訥).
"사람들은 여러 제자 중에 語訥했던 증자가 공자의 도를
계승했다고 평가한다."

語 말 어
訥 더듬을 눌

o 어용 _ 御用
임금이나 궁궐에서(御) 사용함(用).
정부에서 사용하거나 정부의 요구에 영합함.
"70년대 유신정권 치하에서 御用이라는 딱지가 붙는 것은
커다란 수치였다."

御 임금 어
用 쓸 용

머리에  넣기

1. 다음 뜻을 가진 한자성어를 보기에서 고르시오.

   [보기] 馬耳東風 甘呑苦吐 燈火可親 苦盡甘來 風前燈火

   ① 달면 삼키고 쓰면 뱉음. (   )
   ② 등불을 가까이 하여 책을 읽을 만함. (   )
   ③ 바람 앞의 등불처럼 매우 위태로움. (   )
   ④ 고생이 다하면 즐거움이 옴. (   )

2. 다음 속담의 (   ) 안에 알맞은 말을 넣으시오.

   ① 풍년 (   )의 팔자라.
   ② 떡 본 김에 (   ) 지낸다.
   ③ 가는 방망이 오는 (   ).
   ④ 콩 심은데 (   ) 나고 팥 심은 데 팥 난다.

3. 다음 (   ) 안에 알맞은 말을 보기에서 골라 넣으시오.

   [보기] 피력 판 개가 갈무리 개차반

   ① 그들의 말은 항상 (   )에 박은 듯이 똑같다.
   ② 가을에 (   )를 잘해야 채소가 얼지 않는다.
   ③ 우리 회사는 백억 불 수출의 (   )를 올렸다.
   ④ 그 사람은 술에 취하면 행실이 (   )이다.

4. 다음 (   ) 안에 알맞은 말을 보기에서 고르시오.

   [보기] 厭世的 稀少性 野合 比肩 牧歌的

   ① 수요가 많고 공급이 적을수록 (   )은 커진다.
   ② 김 화백은 60년대 이후 줄곧 (   ) 화풍을 고수해 왔다.
   ③ 한국 축구는 이제 세계의 강호들과 (   )할 정도가 되었다.
   ④ 정치가들은 종종 목전의 이익을 위해서 (   )하는 경우가 있다.

굳다

㉠ 물체가 무르지 않고 단단하다.
"비 온 뒤에 땅이 굳어진다."

㉡ 의지가 확고하여 변하지 않다.
"그는 의지가 굳어 소신대로 밀고 나갈 것이다."

㉢ 습관이나 버릇이 되다.
"한번 굳어진 버릇은 좀처럼 고치기 어렵다."

㉣ 얼굴이 긴장되어 있다.
"내가 협조를 거절하자 그의 표정이 굳어졌다."

㉤ 씀씀이가 헤프지 않다.
"그는 굳은 사람이라 한번 손에 들어온 돈은 쓰지 않는다."

㉥ 인상, 생각이 바뀌지 않다.
"한번 굳어진 인상은 좀처럼 바뀌지 않는다."

㉦ 머리 회전이 되지 않다.
"오랫동안 책을 읽지 않아서 머리가 굳어졌다."

○ 莫上莫下 _ 막상막하

위도(上) 없고(莫) 아래도(下) 없음(莫).
둘 다 빼어나 서로 우열을 가릴 수 없음.
莫(막)은 '없다'는 뜻이니,
莫上莫下는 서로 비등하여 위도 없고(莫) 아래도 없다(莫)는
말이다.
간혹 장난스럽게 '막하막하' 또는 '마카마카' 라고 하는데 이는
잘못이다.
서로 비슷하여 우열을 가리기 어렵다는 뜻의 다른 말로
難兄難弟(난형난제), 伯仲之勢(백중지세)가 있다.

| 莫 없을 막
| 上 위 상
| 下 아래 하

○ 孟母三遷之敎 _ 맹모삼천지교

맹자(孟) 어머니가(母) 자식의 교육을 위해 세 번(三)
이사한(遷)(之) 가르침(敎).
孟母는 孟子의 어머니. 遷은 이사하다.
孟母가 맹자를 위해 一遷한 곳은 → 공동묘지 근처.
孟母가 맹자를 위해 二遷한 곳은 → 시장 근처.
孟母가 맹자를 위해 三遷한 곳은 → 서당 근처.
서당 근처로 遷한 맹자는 학동들이 '공자왈, 증자왈' 글 읽는
소리를 듣고는 공부에 흥미를 느꼈고, 드디어 훌륭한 학자가
되었다.

| 孟 성씨 맹
| 母 어미 모
| 遷 옮길 천
| 敎 가르칠 교

○ 非夢似夢 _ 비몽사몽

정신이 없어 꿈인(夢) 듯(似) 꿈이(夢) 아닌 듯함(非).
"옥중의 춘향이 이 도령을 보자 두 손을 부여잡고 非夢似夢
좋아하는데~ ♬."

| 非 아닐 비
| 夢 꿈 몽
| 似 같을 사

o 四顧無親 _ 사고무친
사방을(四) 돌아보아도(顧) 의지할 친척이(親) 없어(無)
매우 외로움.
"저는 일찍이 부모를 여의고 四顧無親의 고아로 자랐지요."

顧 돌아볼 고
無 없을 무
親 친할 친

o 빈대 잡으려다 초가삼간 태운다
작은 폐단을 없애려다 큰 화를 당하다.
"모기를 잡으려다 실수로 도자기를 깼지 뭐예요."
"빈대 잡으려다 초가삼간 태웠구려."

o 하나를 보면 열을 안다
한 면모를 보면 그 전체를 알 수 있다.
"하나를 보면 열을 안다고, 사람이 아주 야무져 보이는군."

o 가위에 눌리다
가위는 무서운 꿈.
무서운 꿈을 꾸어 숨이 답답하고 옴짝달싹 못하다.
"그는 가위에 눌린 듯 괴로운 표정을 지었다."

o 가탈 부리다
가탈은 트집을 잡아 까다롭게 구는 짓.
방해를 놓으려고 트집을 잡으며 까다롭게 굴다.
"왜놈 순사가 가탈을 부리는 통에 자칫 거사를 그르칠 뻔 했다."

o 언필칭 _ 言必稱
말만 했다 하면(言) 반드시(必) 일컬음(稱).
"사람들은 言必稱 '애국 애국' 하지만 진짜 애국자는
드물지."

言 말 언
必 반드시 필
稱 일컬을 칭

o 여망 _ 輿望
輿는 여러 사람.
여러 사람들의(輿) 바람(望).
"국민들의 輿望에 부응하기 위해서 이번 대선에
출마하겠습니다.

輿 무리 여
望 바랄 망

○ 錦上添花 _ 금상첨화

비단(錦) 위에(上) 꽃을(花) 더함(添).
좋은 것 위에 좋은 것을 더함.
송(宋)나라의 왕안석(王安石)이 曰,
"노랫소리가 비단 위에 꽃을 더한 듯 아름답네."
노랫소리가 마치 비단 위에 꽃송이가 살포시 떨어진 듯
아름답다는 회화적 표현이다. 여기서 나온 말이 錦上添花이다.
錦上添花와 상반되는 의미의 말은?
→ 雪上加霜(설상가상): 나쁜 것 위에 나쁜 것이 더해짐.

錦 비단 금
添 더할 첨
花 꽃 화

○ 樂山樂水 _ 요산요수

어진 사람은 산을(山) 좋아하고(樂) 지혜로운 사람은 물을(水)
좋아함(樂).
공자 曰, "智者(지자)는 樂水하고, 仁者(인자)는 樂山이라."
송나라의 학자인 주자가 이를 설명하여 曰,
"智者는 사리에 통달하고 막힘이 없어서 물과 비슷하므로
樂水하고, 仁者는 의리를 편히 여기고 중후하여 산과
비슷하므로 樂山한다."
樂(요)는 좋아하다. 발음이 '요'임에 주의하기 바람.
樂(악) music 音樂(음악) 風樂(풍악)
  (락) enjoy 快樂(쾌락) 娛樂(오락)
  (요) like 樂山樂水(요산요수)

樂 좋아할 요
山 뫼 산
水 물 수

○ 讀書尚友 _ 독서상우

책을(書) 읽어서(讀) 위로(尚) 옛 성현들과 벗함(友).
"퇴계 선생이 독서에 열중하신 뜻은 讀書尚友에 있었지요."

讀 읽을 독
書 책 서
尚 위 상
友 벗 우

o 同苦同樂 _ 동고동락
불행한 일에 함께(同) 괴로워하고(苦) 좋은 일에 함께(同)
즐거워함(樂).
"3년간 同苦同樂하던 벗들과 헤어지자니 매우
섭섭하군요."

同 같을 동
苦 괴로울 고
樂 즐거울 락

o 소도 언덕이 있어야 비빈다
누구나 의지할 데가 있어야 일을 이룰 수 있다.
"소도 언덕이 있어야 비빈다고 하는데 뒤를 봐줄 사람이 없어서
걱정이야."

o 아는 길도 물어 가라
아무리 잘 아는 것이라도 물어서 확실히 해야 한다.
"아들아. 첫 직장생활이니 아는 길도 물어 가도록 해라."
"네, 어머니."

o 호래자식, 후레자식
아버지 없이 홀어머니 밑에서 자라 버릇없고 막되어 먹은 사람.
"언행을 각별히 조심하여 호래자식(후레자식) 소리를 듣지 않도록
해라."

o 호젓하다
고요하고 쓸쓸하다.
"우리는 호젓한 산길을 돌아 시인이 살고 있다는 오두막에 다다랐다."

o 미궁 _ 迷宮
구조가 복잡하여 한번 들어가면 나오기 힘든 곳.
"사건은 더욱 迷宮으로 빠져들었다."

迷 혼미할 미
宮 집 궁

o 미망인 _ 未亡人
남편이 죽었음에도 아직 따라 죽지(亡) 못한(未) 여인(人).
과부를 점잖게 이르는 말이나, 남존여비의 의식이
깔린 말임.
"고인의 유족으로는 未亡人 정슬픈 여사와 1남 2녀가
있습니다."

未 아직·아닐 미
亡 죽을 망

손에 잡히는 어휘

13

○ 五十步百步 _ 오십보백보
오십(五十) 걸음(步)이나 백(百) 걸음(步)이나 마찬가지임.
조금의 차이는 있으나 잘못이기는 마찬가지임.
맹자가 양혜왕(梁惠王)을 만나서 이런 대화를 나누었다.
"전투 중에 한 병사는 百步를 달아났고 다른 병사는 五十步를
달아났습니다. 그런데 五十步를 달아난 병사가 百步 달아난
병사를 비웃을 수 있습니까?"
"五十步나 百步나 달아난 것은 마찬가지이지요."
맹자는 五十步나 百步나 달아난 것은 마찬가지인 것처럼,
정도의 차이는 있을지언정 제후들의 정치가 잘못되었기는
마찬가지라는 점을 지적한 것이다.
유사한 의미의 속담으로 '도토리 키 재기'가 있다.

| 五 다섯 오
| 百 일백 백
| 步 걸음 보

○ 金石之交 _ 금석지교
쇠와(金) 돌처럼(石) 굳은(之) 사귐(交).
金은 쇠요 石은 돌이니, 金石은 단단하기로는 으뜸이다.
金石之交는 쇠와 돌처럼 단단하여 좀처럼 깨지지 않을 두터운
사귐을 말한다.
좋은 사귐에 관한 한자성어를 더 익혀보자.
斷金之交(단금지교): 쇠를 자를 만치 단단한 사귐.
金蘭之交(금란지교): 쇠처럼 단단하고 난초처럼 향기로운 사귐.
芝蘭之交(지란지교): 지초와 난초처럼 고상한 사귐.
刎頸之交(문경지교): 목을 베어도 변치 않을 사귐.

| 金 쇠 금
| 石 돌 석
| 之 ~한 지
| 交 사귈 교

○ 百折不屈 _ 백절불굴
백 번을(百) 꺾여도(折) 굽히지(屈) 아니함(不).
"우리 사장님은 百折不屈의 자세로 살아오신 분이다."

| 百 일백 백
| 折 꺾일 절
| 屈 굽힐 굴

o 斯文亂賊 _ 사문난적
斯文은 '이 학문', 선비들이 유학을 일컫던 말임.
이(斯) 학문(文), 즉 유학을 어지럽히는(亂) 도적(賊).
이단적 언동으로 유학을 어지럽히는 나쁜 놈.
"19세기에 수많은 천주교 신자들이 斯文亂賊으로 몰려
참형을 당했다."

斯 이 사
文 글 문
亂 어지럽힐 난
賊 도적 적

o 부처님 손바닥 안이다
아무리 벗어나려 해도 벗어날 수 없다.
"손오공이 오색구름을 타고 벗어나려 애써도 여전히 부처님
손바닥 안이었다."

o 북은 칠수록 소리가 난다
다투면 다툴수록 손해만 커진다.
"북은 칠수록 소리가 나는 법이니, 이제 화를 풀고 서로 화해하게나."

o 너스레를 떨다
소란스럽게 떠벌리다.
"김 씨는 한바탕 너스레를 떨더니 휑하니 나가버렸다."

o 넋두리를 늘어놓다
넋두리는 무당이 죽은 이의 혼을 불러 한을 풀어주는 행위.
불평불만을 털어놓다.
"김 여사는 늘 넋두리를 늘어놓아 주변 사람들을 피곤하게 만든다."

o 간헐적 _ 間歇的
간간이(間) 그쳤다가(歇) 계속되는(的).
일정한 시간 간격을 두고 계속되는.
"대숲에서 間歇的으로 소리가 들려왔다.
'우리 임금님 귀는 당나귀 귀~.'"

間 사이 간
歇 그칠 헐
的 ~하는 적

o 갈등 _ 葛藤
칡이나(葛) 등나무가(藤) 얽히듯이 복잡하게 꼬인
상태를 이름.
"드라마는 인물 간의 葛藤이 적절히 처리되어야 흥미롭다."

葛 칡 갈
藤 등나무 등

14 손에 잡히는 어휘

○ 錦衣還鄕 _ 금의환향
출세하여 비단 옷을 입고(錦衣) 고향에(鄕) 돌아옴(還).
錦衣는 비단옷으로 출세의 상징.
출세하여 錦衣를 입고 고향에 돌아오면 부모형제와
일가친척은 물론 이쁜이 꽃뿐이 모두 나와 반겨 줄 것이다.
그러나 錦衣를 입고 밤중에 다닌다면 아무도 알아주는 사람이
없을 터인데, 이처럼 錦衣를 입고 밤길을(夜) 가서(行)
아무도 알아주지 않음을
錦衣夜行(금의야행)이라 한다.

錦 비단 금
衣 옷 의
還 돌아올 환
鄕 고향 향

○ 難兄難弟 _ 난형난제
누구를 형이라 하기(兄) 어렵고(難) 동생이라 하기(弟)
어려움(難).
두 사람의 능력이 엇비슷하여 우열을 가리기 어려움.
후한(後漢) 말 양상군자(梁上君子)의 일화로 유명한
진식(陳寔)에게 두 아들이 있었으니 진기와 진심이었다.
진기의 아들 진군과 진심의 아들 진충이 서로 자기 아버지의 덕행이
높다고 하며 우열을 다투니, 할아버지인 진식이 曰,
"두 사람 중에 누구를 兄이라 하기 難하고 누구를 弟라 하기
難하다." → 難兄難弟.
우열을 가리기 어렵다는 뜻의 다른 말로 莫上莫下(막상막하),
伯仲之勢(백중지세)가 있다.

難 어려울 난
兄 형 형
弟 아우 제

○ 猫項懸鈴 _ 묘항현령
고양이(猫) 목에(項) 방울(鈴) 달기(懸).
생각은 좋으나 실행하기 어려움.
"발상은 참으로 좋네만 猫項懸鈴일세."

猫 고양이 묘
項 목 항
懸 메달 현
鈴 방울 령

42

o 巫山之夢 _ 무산지몽

巫山은 중국 사천성에 있는 산 이름.

무산에서(巫山)의(之) 꿈(夢). 남녀 간의 사랑.

"김시습의 〈이생규장전〉은 이승과 저승의 연인이 죽음을

초월하여 巫山之夢을 나누는 내용의 한문소설이다."

o 아닌 밤중에 홍두깨

홍두깨는 다듬이질에 쓰이는 굵고 둥근 방망이.

갑자기 엉뚱한 말을 불쑥 꺼내는 상황을 두고 하는 말.

비슷한 속담으로 '자다가 봉창 두드리는 소리 한다'가 있다.

"아닌 밤중에 홍두깨라고 갑자기 왜 엉뚱한 말을 하는 거요?"

o 앉아서 주고 서서 받다

빚 받아 내기가 매우 어려운 경우에 하는 말.

"내 돈을 꾸어간 그 자가 이제는 마음대로 해보라고 큰 소리를 치네."

"앉아서 주고 서서 받게 되었군."

o 활개를 치다

활개는 활짝 벌리고 있는 팔과 다리.

팔다리를 휘젓고 의기양양하게 행동하다.

"한때 활개를 치던 김 사장이 요즘 풀이 죽어 있는 모습을 보니 안됐어."

o 회蛔가 동하다

회(蛔)는 회충. 회충이 뱃속에서 요동을 칠 정도로 입맛이 당기다.

"진수성찬을 앞에 두고 있자니 회가 동하는걸. 어서 먹자고."

o 미봉책 _ 彌縫策

근본적으로 해결하지 않고 임시로 깁고(彌) 꿰매는(縫)

일시적인 계책(策).

"문제를 彌縫策으로 수습하려 들지 말고 근본적인

해결책을 찾아야 합니다."

o 미증유 _ 未曾有

일찍이(曾) 전에는 있지(有) 않았음(未).

"이번 비행기 추락 사고는 未曾有의 참사였다."

○ 男兒須讀五車書 _ 남아수독오거서

남아는(男兒) 모름지기(須) 다섯(五) 수레 분의(車) 책을(書)
읽어야 함(讀).
須는 '모름지기' '꼭'의 의미이니, 須讀은 반드시 읽어야 하다는
의미.
五車書는 다섯 수레 분의 책이니 많은 수량의 도서.
남아라면 모름지기 많은 수량의 책을 읽어야 한다는 말이다.
다음은 당나라의 시인 두보(杜甫)의 시이다.
"부귀는 반드시 애써 노력함에서 얻어지나니,
남아는 모름지기 오거의 책을 읽어야 하니라." → 男兒須讀五車書
아울러 만 권의 책을 읽어 가슴에 담고 있어야 한다고 해서 생긴 말이
있으니 胸中萬卷書(흉중만권서)이다.

男 사내 남
兒 아이 아
須 모름지기 수

○ 大器晩成 _ 대기만성

큰(大) 그릇은(器) 늦게야(晩) 이루어짐(成).
큰 인물은 오랜 시간의 꾸준한 노력으로 늦게야 이루어짐.
大器는 큰 그릇.
큰 그릇을 제작하기 위해서는 보다 많은 땀과 노력이 필요하다.
그리하여 노자가 曰, "大器는 晩成이다."
주나라 강태공은 나이 늙도록 빈 낚싯대를 드리우다가,
여든이 넘어서야 문왕에게 등용되어 재상에 올랐다.
大器晩成의 표본이라 할 수 있다.

大 큰 대
器 그릇 기
晩 늦을 만
成 이룰 성

○ 務實力行 _ 무실역행

실제적인 일을(實) 힘써(務·力) 행함(行).
"안창호 선생은 민중들에게 務實力行을 강조하셨습니다."

務 힘쓸 무
實 열매 실
力 힘 력
行 행할 행

o 伯牙絕絃 _ 백아절현
백아가(伯牙) 거문고의 줄을(絃) 끊음(絕).
절친한 벗의 죽음을 슬퍼함.
"사랑하는 벗이 세상을 떠나자 그는 伯牙絕絃의 슬픔을
맛보았다."

伯 맏 백
牙 어금니 아
絕 끊을 절
絃 줄 현

o 양지가 음지 되고 음지가 양지 된다
사람의 운수와 처지는 변하기 마련이다.
"양지가 음지 되고 음지가 양지 되는 법이니 항시 겸손하게나."

o 가난한 집 제사 돌아오듯 하다
치르기 힘든 일이 자주 닥친다.
"남편이 실직한 후로 가난한 집에 제사 돌아오듯 어려운 일이
계속되었다."

o 흰소리 치다
흰소리는 터무니없이 자랑하여 떠드는 말.
터무니없이 자랑하며 떠벌리다.
"자네 흰소리 치는 버릇은 여전하구만."

o 추호秋毫도 ~하지 않다
추호(秋毫)는 가을철의 가늘어진 새털의 끝.
'아주 조금', '아주 작음'을 뜻함.
"감히 왕실을 능멸하려 들다니, 내 이를 추호도 용서하지
않겠다."

秋 가을 추
毫 털끝 호

o 배가 _ 倍加
갑절로(倍) 늘리거나 늘어남(加).
"우리 회사의 판매량이 전년도에 비해 倍加하였다."

倍 곱 배
加 더할 가

o 아성 _ 牙城
장군이 주둔하고 있는 성.
조직이나 단체의 가장 핵심부.
"아군은 파죽지세로 밀고 들어가 적의 牙城을 무너뜨렸다."

牙 어금니 아
城 성 성

머리에 쏙! 넣기

1. 다음 뜻을 가진 한자성어를 보기에서 고르시오.

[보기] 錦上添花 五十步百步 大器晚成 金石之交 莫上莫下

① 우열을 가릴 수 없음. ( )
② 비단 위에 꽃을 더함. ( )
③ 쇠나 돌처럼 매우 단단한 사귐. ( )
④ 조금의 차이는 있으나 잘못이기는 마찬가지임. ( )

2. 다음 속담의 ( ) 안에 알맞은 말을 넣으시오.

① 가난한 집에 ( ) 돌아오듯 한다.
② 아닌 밤중에 ( ).
③ 소도 ( )이 있어야 비빈다.
④ 빈대 잡으려다 ( ) 태운다.

3. 다음 ( ) 안에 알맞은 말을 보기에서 골라 넣으시오.

[보기] 가탈 호젓한 너스레 활개 추호

① 우리는 ( ) 산길을 돌아 그가 살고 있다는 오두막에 다다랐다.
② 김 씨는 한바탕 ( )를 떨더니 휭하니 나가버렸다.
③ 한때 ( )를 치던 김 사장이 요즘 풀이 죽어 있는 모습을 보니
안됐어.
④ 내 이를 ( )도 용서하지 않겠다.

4. 다음 ( ) 안에 알맞은 말을 보기에서 고르시오.

[보기] 迷宮 間歇的 未曾有 葛藤 言必稱

① 사람들은 ( ) '애국 애국' 하지만 진짜 애국자는 드물다.
② 사건은 더욱 ( )으로 빠져들었다.
③ 대숲에서 ( )으로 소리가 들려왔다. '우리 임금님 귀는 당나귀 귀 ~.'
④ 이번 비행기 추락 사고는 ( )의 참사였다.

나가다

㉠ 안에서 밖으로 가다.
"그녀는 회의장 밖으로 총총히 걸어 나갔다."

㉡ 소속된 집단에서 물러나다.
"그는 우리 동아리에서 나가 버렸다."

㉢ 일정한 태도, 의지를 취하다.
"강경한 의원은 국회에서 강경한 태도로 밀고 나갔다."

㉣ 해어지고 찢어지다.
"새로 산 구두가 밑창이 나갔으니 어쩌지?"

㉤ 전기가 끊기다.
"전기가 나가서 책을 볼 수 없었다."

㉥ 말이 밖으로 퍼지다.
"이 말이 밖으로 새나가지 않도록 입조심 하시오."

㉦ 돈이 밖으로 빠지다.
"이번 달에는 돈이 많이 빠져나가 적자가 예상된다."

date 1 ___ / ___
date 2 ___ / ___
date 3 ___ / ___

○ 父傳子傳 _ 부전자전

아버지가(父) 자식에게 전하고(傳) 자식은(子) 또 그 자식에게
전함(傳).
부모의 성격, 재능, 외모를 자식에게 대대로 물려줌.
父는 子에게 傳하고, 그 子는 또 그의 子에게 傳한다는 말이다.
父가 현명하고 子도 현명하다면 사람들이 曰, "父傳子傳이지."
母가 하던 대로 女가 하는 것을 보고서 曰, "母傳女傳이지."
부모는 현명한데 자식이 어리석으면 曰, "누구를 닮아서 저렇지?"
부모는 어리석은데 자식이 총명하면 曰, "개천에서 용 났군."

父 아비 부
傳 전할 전
子 자식 자

○ 雪上加霜 _ 설상가상

눈(雪) 위에(上) 서리를(霜) 더함(加).
좋지 않은 일에 또 좋지 않은 일이 더함.
雪이 내리면 미끄럽고 다니기 불편하다.
雪上에 霜까지 加하여 꽁꽁 얼어버렸다면 그야말로 끔찍한
일이다.
그래서 생긴 말이 雪上加霜.
속담 '엎친 데 덮친 격'과 통하는 말이다.
반대로 좋은 것 위에 좋은 일이 더하는 경우를 錦上添花(금상첨화)라고
한다.

雲 눈 설
加 더할 가
霜 서리 상

○ 鐵石肝腸 _ 철석간장

쇠와(鐵) 돌처럼 굳센(石) 마음(肝腸).
"신라의 박제상은 왜에 가서 왕자를 구출하고 鐵石肝腸으로
지조를 지키다가 죽었단다."

鐵 쇠 철
石 돌 석
肝 간 간
腸 창자 장

○ 牽強附會 _ 견강부회
남의 말을 억지로(強) 끌어다가(牽) 붙여(附) 자신의 주장을
합리화시킴(會).
"황 교수의 주장이 옳기는 하지만 일부 牽強附會하는 면이
있었다."

牽 이끌 견
強 억지로 강
附 붙일 부
會 이해할 회

○ 우물을 파도 한 우물을 파라
한 가지 일을 잡았으면 끝까지 해야 한다.
"이 일 저 일 벌여만 놓지 말고, 우물을 파도 한 우물을 파라."

○ 재주는 곰이 넘고 돈은 되놈이 번다
수고한 사람은 따로 있는데 다른 사람이 이익을 챙긴다.
"재주는 곰이 넘고 돈은 되놈이 번다고, 땀 흘려 이룬 공적을 그 자가
가로챘다네."

○ 객쩍다
쓸데없다.
"그런 객쩍은 소리를 하려거든 다시 내 앞에 나타나지 말게나."

○ 고즈넉하다
잠잠하고 호젓하다.
"오솔길을 걸어 언덕을 넘자 고즈넉한 풍경의 마을이 눈앞에
다가왔다."

○ 와중 _ 渦中
소용돌이(渦) 치는 속처럼(中) 몹시 혼잡하여 정신이 없음.
"숙부께서는 6·25동란의 渦中에서도 우리 다섯 남매를
극진히 보살펴 주셨지."

渦 소용돌이 와
中 속 중

○ 의인화 _ 擬人化
동물이나 사물을 사람에(人) 빗댐(擬)(化).
"이솝우화는 그리스 사람 이솝이 동물을 擬人化하여 지은
이야기이다."

擬 빗댈 의
化 될 화

49

o **少年易老學難成** _ 소년이로학난성

소년은(少年) 늙기(老) 쉬우나(易) 배움은(學) 이루기(成)
어려움(難).
송나라의 학자인 주자(朱子)는 학문을 권장하는 시에서 曰,
"少年은 老하기 易하나 學은 成하기 難이라."
소년은 늙기 쉬우나 배움은 이루기 어렵도다.
易(이)은 쉽다. 易老는 늙기 쉽다.
難(난)은 어렵다. 難成은 이루기 어렵다.
難易度는 어렵고 쉬운 정도.

| 易 쉬울 이
| 難 어려울 난
| 成 이룰 성

o **龍頭蛇尾** _ 용두사미

용(龍) 머리에(頭) 뱀(蛇) 꼬리(尾).
처음은 좋았다가 끝이 안 좋음.
龍은 상상의 동물로서, 만물 중에 가장 영험한 존재로 여겨진다.
龍자의 획이 까다로우니 써보자.
龍龍龍龍龍龍蛇龍龍蛇龍龍蛇龍蛇蛇蛇…
어? 쓰다 보니 머리는 龍인데 꼬리는 蛇가 되었네.
그야말로 龍頭蛇尾.
시작은 그럴 듯한데 끝은 보잘것없음을 뜻하는 말이다.

| 龍 용 용
| 頭 머리 두
| 蛇 뱀 사
| 尾 꼬리 미

o **見物生心** _ 견물생심

물건을(物) 보면(見) 갖고 싶은 욕심이(心) 생김(生).
"백화점에 가면 공연히 이것저것 물건을 많이 사게 된단
말이야."
"見物生心이지."

| 見 볼 견
| 物 물건 물
| 生 날 생
| 心 마음 심

o 事必歸正 _ 사필귀정
모든 일은(事) 반드시(必) 바른 데로(正) 돌아감(歸).
"못된 짓을 일삼던 그 자가 천벌을 받았다지."
"事必歸正이지."

事 일 사
必 반드시 필
歸 돌아갈 귀
正 바를 정

o 적삼 벗고 은가락지 낀다
격에 맞지 않는 짓을 한다.
"정장 차림에 맨발이라, 꼭 적삼 벗고 은가락지 낀 격이구먼."

o 불난 집에 부채질한다
곤란에 빠져 있는 사람을 더욱 곤란에 빠뜨리다.
"불난 집에 부채질하지 말고 냉큼 나가거라."

o 곤죽
썩고 곯은 죽.
사람이나 물건이 상하여 늘어진 상태.
"건강한 사람이 왜 곤죽이 됐어?"

o 눈꼴시다
하는 짓이 보기에 거슬리고 보기 싫다.
"저들이 하는 짓이 눈꼴시어 못 봐주겠네."

o 인과관계 _ 因果關係
원인과(因) 그에 따른 결과가(果) 생기는 관계(關係).
"소설 속 사건들의 因果關係를 잘 살려야 독자의 공감을
얻게 되지."

因 원인 인
果 결과 과
關 관계 관
係 맺을 계

o 감정이입 _ 感情移入
자신의 감정을(感情) 다른 대상 속에 옮겨 넣어(移入)
표현하는 방법.
"이 시에서 '저 새도 내 마음 아는 듯 슬퍼 운다'라고 한
구절이 感情移入의 한 예이지요."

感 느낄 감
情 뜻 정
移 옮길 이
入 들 입

18 손에 잡히는 어휘

date 1 ___/___
date 2 ___/___
date 3 ___/___

○ 牛耳讀經 _ 우이독경

쇠(牛) 귀에(耳) 경(經) 읽기(讀).

어리석어 남의 말을 이해하지 못함.

속담 '쇠귀에 경 읽기'를 한문으로 옮긴 것이 牛耳讀經.

經이란 성인의 언행을 기록한 훌륭한 책으로 유교나 불교, 기독교

등의 경전이니, 대개 그 내용이 어렵기 마련이다.

牛耳에 대고 "공자 曰…, 맹자 曰…" 한다면 牛가 이해할 것인가?

牛는 우둔한 사람을 비유한 것이니,

우둔한 사람에게 經을 읽어 주는 꼴이란 말이다.

주의!

馬耳東風(마이동풍)은 남의 말을 귀담아 듣지 않는 것이니 구별해서

사용해야 한다.

牛 소 우
耳 귀 이
讀 읽을 독
經 책 경

○ 朝令暮改 _ 조령모개

아침에(朝) 내린 법령이(令) 저녁에(暮) 바뀜(改).

일이 일관성 없이 갈팡질팡함.

令은 대통령令 국무총리令의 令으로, 법적 효력이 있는

행정명령이다.

관청에서 아침에 공포했던 令을 저녁에 고쳐 공포하는 일이 잦다면

공신력을 크게 잃을 것이다. 令은 그 제정과 시행을 신중히 하고

일관성을 유지해야 할 것이다.

朝變夕改(조변석개)는 무슨 말인가?

→ 아침저녁으로 수시로 바뀜.

朝三暮四(조삼모사)는 무슨 말인가?

→ 얄팍한 꾀로 남을 속임.

朝 아침 조
令 명령 령
暮 저물 모
改 고칠 개

○ 森羅萬象 _ 삼라만상

우주에 빽빽하게(森) 펼쳐 있는(羅) 온갖(萬) 존재들(象).

森 빽빽할 삼

52

우주의 온갖 사물과 현상.
"성리학자들은 森羅萬象이 만고불변의 이치에 의해
움직인다고 생각했지요."

羅 휩싸일 라
萬 일만 만
象 모양 상

o 暗中摸索 _ 암중모색
어둠(暗) 속에서(中) 더듬어(摸) 찾음(索).
남이 보지 않는 가운데 무엇인가를 도모함.
"그는 사업 실패를 만회하기 위해서 暗中摸索하고 있다네."

暗 어두울 암
摸 더듬을 모
索 찾을 색

o 빈 수레가 더 요란하다
잘 알지 못하는 사람이 더 아는 체하고 나선다.
"나 과장은 왜 그렇게 나서기를 좋아할까?"
"원래 빈 수레가 요란한 법이지."

o 산전수전 山戰水戰을 다 겪다
세상의 어려움을 겪을 대로 다 겪다.
"그는 산전수전을 다 겪은 백전노장이다."

山 뫼 산
戰 싸울 전
水 물 수

o 눈에 밟히다
잊히지 않고 선명하게 떠올라 눈에 보이는 듯하다.
"죽은 영감이 눈에 밟혀서 차마 이곳을 떠나지 못한다오."

o 당차다
나이나 몸집에 비해 하는 짓이 야무지다.
"아직 어린 녀석이 당찬 구석이 있단 말이야."

o 갈파 _ 喝破
그릇된 설을 무너뜨리고 진리를 크게 밝혀 말함.
"소크라테스는 무지에 대한 자각을 통해 참다운 앎에 이를
수 있음을 喝破하였다."

喝 큰소리칠 갈
破 깨뜨릴 파

o 경위 _ 經緯
옷감의 날줄과(經) 씨줄(緯).
사건이 일어나게 된 원인부터 결과까지의 전말.
"김 형사. 이 강도 사건의 經緯를 철저히 조사해서 보고하시오."

經 날줄 경
緯 씨줄 위

19 손에 잡히는 어휘

○ 松都三絶 _ 송도삼절
송도에서 가장 빼어난(絶) 세 가지(三), 즉 서화담, 황진이, 박연폭포.
송도는 개성의 옛 이름.
絶은 빼어남. 三絶은 세 가지 빼어난 것.
조선 명종 때, 송도의 이름난 기생 황진이는 화담 서경덕
선생에게서 가르침을 받고 평생의 스승으로 섬겼다.
어느 날 연회에서 그녀가 曰, "송도에 빼어난 세 가지가 있지요.
하나는 화담 서경덕 선생이요, 둘은 박연폭포요, 셋은 저 명월이 입니다."
명월은 황진이의 기생 이름이다.
이후로 사람들은 松都三絶이라 하여 서경덕, 박연폭포, 황진이를
꼽았다고 한다.

松 소나무 송
都 도읍 도
絶 빼어날 절

○ 守株待兎 _ 수주대토
그루터기를(株) 지키면서(守) 토끼를(兎) 기다림(待).
어리석게 요행수를 바람.
株는 베어낸 나무의 밑동.
춘추시대 송(宋)나라에 한 농부가 밭을 갈고 있었다. 그런데 兎가
쌩하고 달려오다가 株를 받고 죽었다. 뜻밖에 兎를 얻은 농부는
曰, "힘들이지 않고 兎를 얻었네. 일하지 말고 株를 지키면서 兎를
기다리리라." 농부는 쟁기를 내려놓고 매일 株를 지키면서 兎가 와서
죽기만을 기다렸다. 하지만 兎를 얻지 못하고 사람들의 비웃음거리가
되고 말았다.
주의! 刻舟求劍(각주구검)은 옛 법에 젖어 융통성이 없는 것이니
구별해서 사용해야 한다.

守 지킬 수
株 그루터기 주
待 기다릴 대
兎 토끼 토

○ 見危授命 _ 견위수명
위태로움을(危) 보면(見) 목숨을(命) 내던져야 함(授).
"충무공께서는 국난을 당하여 자신의 목숨을 초개와 같이

見 볼 견
危 위태할 위
授 줄 수
命 목숨 명

54

내던지셨지."

"見危授命하셨군요."

○ 論功行賞 _ 논공행상

공을(功) 따져서(論) 상을(賞) 줌(行).

"반정 후에 왕은 論功行賞 하였으나, 이에 불만을 품은 자들이 반역을 일으켰다."

○ 절에 가서 젓국 달라 한다

당치 않는 곳에 가서 엉뚱한 짓을 하다.

"황 정승께 청탁을 하다니, 차라리 절에 가서 젓국을 달라 하지."

○ 죄는 지은 데로 가고 덕은 닦은 데로 간다

죄를 지으면 벌을 받고 덕을 쌓으면 복을 받는다.

"인과응보라는 말이 있듯이, 죄는 지은 데로 가고 덕은 닦은 데로 간단다."

○ 곰살궂다

성질이 부드럽고 다정하다.

"저 곰살궂은 양반이 무슨 일로 버럭 화를 내실까."

○ 구축驅逐하다

하던 말을 중지하고 말머리를 돌리다.

"악화는 양화를 구축한다."

○ 잠식 _ 蠶食

누에처럼(蠶) 조금씩 먹어 들어감(食).

"전통 시장이 대형 마트에 의해 蠶食되고 있다."

○ 가치관 _ 價値觀

어떤 대상에 대한 평가를 함에 있어 가지는 태도나 관점.

"어린 시절의 성장과정은 價値觀 형성에 크게 영향을 미친다."

○ 緣木求魚 _ 연목구어

나무에(木) 올라가서(緣) 물고기를(魚) 찾음(求).

불가능한 방식으로 억지스럽게 일을 하려고 함.

緣은 오르다. 緣木은 나무에 오르다.

맹자(孟子)가 제(齊)나라 선왕(宣王)에게 曰,

"왕께서 무력으로 천하를 거머쥐고자 하는 것은 나무에 올라서

물고기를 찾는 것과 같습니다."

나무에 올라서 물고기를 찾다 → 緣木求魚

불가능한 일을 억지로 하려 한다는 의미로 사용된다.

속담 '우물에서 숭늉 찾기'는 성질이 급하다는 뜻의 말이니,

緣木求魚와 혼동하지 말 일이다.

緣 오를 연
木 나무 목
求 구할 구
魚 물고기 어

○ 烏飛梨落 _ 오비이락

까마귀(烏) 날자(飛) 배(梨) 떨어짐(落).

어떤 일이 우연히 맞아떨어져 다른 사람의 오해를 삼.

까마귀가 배나무에 앉았다가 배 밭의 주인이 나타나자 후다닥

날아갔다.

이때 마침 배가 뚝하고 떨어지니, 주인이 曰,

"저 烏가 나의 梨를 落하게 하고 飛하는구나. 못된 烏로다."

烏의 입장에서는 공연히 의심을 받았으니 억울한 일이다.

이처럼 공교롭게 우연히 맞아떨어진 일로 인해 남의 오해를 사고

난처한 입장에 처하는 경우를 烏飛梨落이라 한다.

烏 까마귀 오
飛 날 비
梨 배 리
落 떨어질 락

○ 刎頸之交 _ 문경지교

목을(頸) 베어도(刎) 변치 않을 굳은(之) 사귐(交).

생사를 같이하여 목이 달아나도 변치 않을 깊은 우정.

"조나라의 재상 인상여와 장군 염파는 刎頸之交를 나눈 것으로

유명하다."

刎 목벨 문
頸 목 경
之 ~하는 지
交 사귈 교

o 薄利多賣 _ 박리다매
이익을(利) 적게 남기고(薄) 수량을 많이(多) 팖(賣).
"박 사장의 성공 비결은 薄利多賣한 데에 있지요."

薄 적을 박
利 이로울 리
多 많을 다
賣 팔 매

o 철들자 망령이라
인생은 짧으니 젊은 때를 놓치지 말고 힘써야 한다.
어물어물하다가 아무 일도 이루지 못하고 나이만 먹게 됨을 경계하는 말.
"철들자 망령이니, 늙기 전에 힘써 노력하기 바랍니다."

o 부뚜막의 소금도 넣어야 짜다
아무리 쉬운 일이라도 실행하지 않으면 소용이 없다.
비슷한 속담으로 '가마솥의 콩도 삶아야 먹는다'가 있다.
"부뚜막의 소금도 넣어야 짜다고, 좋은 생각이라도 실행하지 않으면
소용이 없어."

o 남세스럽다
남의 웃음거리가 될 만하다.
남사스럽다(×), 남새스럽다(×)
"다 큰 처녀가 남세스럽게 배꼽을 훤히 드러내고 다니네."

o 내로라하다
'바로 나이로다' 하고 자신만만해 하다.
"천하장사 씨름대회에서는 내로라하는 선수들이 출전하여 자웅을
겨루었다."

o 내포 _ 內包
어떤 개념이나 뜻을 속으로(內) 품음(包) ↔ 외연(外延)
"물고기를 예로 들면, 물에서 사는 고기가 內包에
해당하며, 고등어, 갈치, 고래, 붕어 등은 外延에 해당한다."

內 안 내
包 쌀 포

o 노파심 _ 老婆心
늙은(老) 할미의(婆) 마음(心). 지나치게 우려하는 마음.
"사람이 늙으면 이런저런 걱정이 많아지지. 그래서
老婆心이란 말까지 생겼다네."

老 늙을 노
婆 할미 파
心 마음 심

머리에 쏙! 넣기

1. 다음 뜻을 가진 한자성어를 보기에서 고르시오.

   [보기] 牽强附會 烏飛梨落 雪上加霜 牛耳讀經 事必歸正

   ① 엎친 데 덮친 격. ( )
   ② 억지로 끌어다 붙여 자신의 주장을 합리화함. ( )
   ③ 모든 일은 반드시 바른 데로 돌아감. ( )
   ④ 쇠귀에 경 읽기. ( )

2. 다음 속담의 ( ) 안에 알맞은 말을 넣으시오.

   ① 부뚜막의 ( )도 넣어야 짜다.
   ② 절에 가서 ( ) 달라 한다.
   ③ 빈 ( )가 요란하다.
   ④ 재주는 곰이 넘고 돈은 ( )이 번다.

3. 다음 ( ) 안에 알맞은 말을 보기에서 골라 넣으시오.

   [보기] 객쩍은 눈꼴시어 고즈넉한 구축 내로라하는

   ① 그런 ( ) 소리를 하려거든 내 앞에 나타나지 말게나.
   ② 오솔길을 걸어 언덕을 넘자 ( ) 풍경의 마을이 눈앞에 다가왔다.
   ③ 저들이 하는 짓이 ( ) 못 봐주겠네.
   ④ 악화가 양화를 ( )한다.

4. 다음 ( ) 안에 알맞은 말을 보기에서 고르시오.

   [보기] 蠶食 擬人化 渦中 經緯 老婆心

   ① 사람이 늙으면 이런저런 걱정이 많아지지. 그래서 ( )이란 말까지 생겼다네.
   ② 전통 시장이 대형 마트에 의해 ( )되고 있다.
   ③ 김 형사, 이 강도 사건의 ( )를 철저히 조사해서 보고하시오.
   ④ 이솝우화는 그리스 사람 이솝이 동물을 ( )하여 지은 이야기이다.

대다

㉠ 사실·증거를 제시하다.
"증인이 나타나 증거를 대주어서 혐의를 벗어났다."

㉡ 물을 흘려서 들어가게 하다.
"제 논에만 물을 대는 행위는 이기적인 짓이다."

㉢ 돈이나 물건을 공급하다.
"허생은 변부자가 1만냥을 대주어, 그것을 장사 밑천으로
삼았다."

㉣ 시간을 어기지 않고 정한 목적지에 닿다.
"지금 아무리 서두른다 해도 제 시간에 댈 수 없다."

㉤ 서로 비교하다.
"남의 사과가 커 보이지만, 막상 대보면 서로 비슷하다."

㉥ 서로 연결시키다.
"미스 김, 전화가 오면 현장으로 대주시오."

㉦ 서로 직접 만나다.
"이 일의 책임자를 대주시오."

㉧ 서로 기대거나 접촉하다.
"서로 등을 대고 키를 재보자."

㉨ 자동차를 세우다.
"기사 양반, 저 모퉁이에 차를 대주세요."

21 손에 잡히는 어휘

○ 以心傳心 _ 이심전심

마음(心)으로써(以) 마음에(心) 전함(傳).
석가가 제자들에게 설법을 하던 중 말없이 꽃을 들어 보이자
모두들 이유를 몰라 하는데, 가섭만이 그 뜻을 알고 살짝
웃어보였다. 석가의 心이 가섭의 心에 傳해진 것이다. 석가는 후에
가섭을 후계자로 삼았다.
여기서 생긴 말이 以心傳心, 즉 마음으로써 마음에 전한다는 뜻이다.
이 고사에서 연유한 성어들을 더 소개한다.
拈花微笑(염화미소): 석가가 꽃을 집어 들자 가섭이 살짝 웃음.
以心傳心과 같은 의미로 쓰임.
不立文字(불립문자): 불가의 깨달음은 문자로써 전하지 않고
마음으로 전하는 것임.
教外別傳(교외별전): 말이나 글의 가르침 외에 마음으로 진리를 전함.

以 써 이
心 마음 심
傳 전할 전

○ 一舉兩得 _ 일거양득

하나를(一) 행하여(舉) 둘을(兩) 얻음(得). 한 가지 일로써 두
가지 이득을 얻음. 一은 하나요, 兩은 둘이다.
춘추시대 노(魯)나라에 변장자(卞莊子)라는 사람이 산에 오르자
호랑이 두 마리가 싸우고 있었다. 이때 한 아이가 나타나서 曰,
"싸움 뒤에 약한 놈은 죽고 강한 놈은 상처를 입을 것이오. 그때
상처 입은 놈을 잡으면 두 마리를 다 잡게 되니, 一舉兩得이지요."
변장자가 그 아이의 말대로 행하여 두 마리를 잡게 되었다.
이에서 유래한 말이 一舉兩得이다.
유사한 의미의 성어로 一石二鳥(일석이조)가 있고, 유사한 의미의
속담으로 '임도 보고 뽕도 딴다', '도랑 치고 가재 잡는다'가 있다.

舉 들 거
兩 둘 양
得 얻을 득

○ 上濁下不淨 _ 상탁하부정

윗물이(上) 흐리면(濁) 아랫물도(下) 맑지(淨) 않음(不).

濁 흐릴 탁
淨 깨끗할 정

60

윗물이 맑아야 아랫물도 맑음.
"上濁下不淨과 유사한 의미의 속담으로 윗물이 맑아야
아랫물도 맑다가 있지요."

o 纖纖玉手 _ 섬섬옥수
곱디(纖) 고아(纖) 옥 같은(玉) 손(手).
"그대가 纖纖玉手로 정성껏 수놓아 만든 한복이 참으로
곱소이다."

纖 고울 섬
玉 옥 옥
手 손 수

o 빛 좋은 개살구
겉모양은 그럴듯한데 속 내용은 형편없음.
비슷한 속담으로는 '소문난 잔치에 먹을 것 없다'가 있다.
"빛 좋은 개살구라고, 알고 보면 그 집도 문제가 많다네."

o 사공이 많으면 배가 산으로 올라간다
참견하는 사람이 많으면 일이 어긋나기 쉽다.
"모두 조용히 하시오. 사공이 많으면 배가 산으로 올라가는 법이오."

o 데면데면하다
붙임성이 없고 대수롭지 않게 여기다.
"그녀는 오랜만에 나를 만나서는 데면데면하게 굴었다."

o 눈에 흙이 들어가다
죽어 땅에 묻히다.
"내 눈에 흙이 들어가기 전에는 두 사람 결혼을 절대 허락할 수 없소."

o 개연성 _ 蓋然性
여러 사실로써 미루어 보건데 대개(蓋) 그렇게 될(然) 가능성(性).
"소설 속 사건이 실제 일어날 가능성이 높을수록 蓋然性이
높다고 하지요."

蓋 대개 개
然 그럴 연
性 성질 성

o 객창감 _ 客窓感
客窓은 나그네가 거처하는 방.
나그네가(客) 객지에서(窓) 느끼는 쓸쓸한 감정(感).
"고향 그리움을 표현한 시들은 客窓感을 표현하였다고 하지요."

客 손 객
窓 창 창
感 느낄 감

○ 一日如三秋 _ 일일여삼추

누군가를 몹시 기다리느라 하루가(一日) 삼 년(三秋) 같음(如).

如 같을 여
秋 가을 추

秋는 '해'나 '년'을 뜻하니, 一秋는 일 년이요, 三秋는 삼 년이다.

千秋는 천 년이니 오랜 세월이다.

시경(詩經)의 채갈(采葛)이라는 시를 보자.

"저 칡을 캐는 임이여. 하루라도 보지 못하면 삼 년을 보지 못한 듯하네." → 一日不見如三秋兮

임을 매우 사모하여 하루라도 보지 못하면 마치 삼 년을 보지 못한 듯하다는 말이다. 여기서 유래한 말이 바로 一日如三秋.

○ 張三李四 _ 장삼이사

장 씨의(張) 셋째 아들과(三) 이 씨의(李) 넷째 아들(四).

특별나지 않고 평범한 사람들.

張 성씨 장
李 성씨 이

張三(장삼)은 장 씨네 셋째 아들이요, 李四(이사)는 이 씨네 넷째 아들이다.

장 씨는 중국에서 제일 많은 성씨이고 그 다음이 이 씨이니, 둘 다 아주 흔한 성씨이다. 게다가 맏아들도 아니고 셋째나 넷째 아들이라면 그야말로 특별할 것 없는 보통사람이다.

그래서 張三李四라고 하면 평범한 사람을 뜻하는 말이 되었다.

보통사람을 뜻하는 다른 말로는 匹夫匹婦(필부필부),

甲男乙女(갑남을녀), 善男善女(선남선녀)가 있다.

○ 騷人墨客 _ 소인묵객

시인, 문장가, 서예가, 화가 등을 통틀어 일컫는 말.

"이름난 산천에는 騷人墨客들의 자취가 남아 있게 마련이다."

騷 문장 소
墨 먹 묵
客 전문가 객

62

o **小貪大失** _ 소탐대실
작은 이익을(小) 탐하다가(貪) 큰 이익을(大) 잃음(失).
"바둑에서 소마를 쫓다가 대마를 잃었으니, 그야말로 小貪
大失했구먼."

小 작을 소
貪 탐할 탐
大 큰 대
失 잃을 실

o **개천에서 용 난다**
변변치 못한 집안에서 훌륭한 인물이 나다.
"김 진사의 셋째 아들이 장원급제를 했다는군."
"개천에서 용 났군요."

o **원님 덕에 나팔 분다**
남의 힘을 빌려 제 일을 하게 되다.
"원님 덕에 나팔 분다고 선배님 덕분에 일을 무사히 마쳤습니다."

o **늦깎이**
어떤 분야에 남보다 늦게 들어선 사람을 가리킴.
"송 선생은 이 분야의 늦깎이지만 노력한 끝에 일인자가 되었다."

o **단도직입적單刀直入的으로 말하다**
單刀는 한 자루의 칼, 直入은 곧바로 들어감.
한 자루의 칼을 차고 적진으로 바로 들어가듯이, 요점이나
본론을 바로 말하다.
"이리저리 돌려 말하지 말고 단도직입적으로 말해 보게나."

單 홑 단
刀 칼 도
直 곧 직
入 들 입

o **거시적** _ 巨視的
사물을 큰(巨) 안목으로 보는(視)(的) ↔ 미시적(微視的)
"여러분, 경제를 巨視的으로 연구하는 학문이 거시경제학
입니다."

巨 클 거
視 볼 시
的 ~하는 적

o **격언** _ 格言
사람의 잘못을 바로잡아 주는 훌륭한(格) 말씀(言).
"속담이 서민들에 의해 만들어진 것이라면, 格言은 대개
성현들의 말씀이란다."

格 바로잡을 격
言 말씀 언

○ 井中之蛙 _ 정중지와

우물(井) 안(中)의(之) 개구리(蛙).

식견이 좁은 사람.

장자(莊子)가 이런 말을 했다.

"井中之蛙가 바다에 대해 말할 수 없는 것은 사는 곳에 구애되기 때문이다."

井中之蛙는 우물 안의 개구리이니, 식견이 좁고 경험이 부족한 사람을 말한다.

井中을 井底(정저)로 바꾸어 井底之蛙라고도 한다.

坐井觀天(좌정관천)은 우물에 앉아 하늘을 봄, 즉 식견이 좁음.

管見(관견)은 대통과 같이 좁은 안목.

井 우물 정
中 안 중
之 ~의 지
蛙 개구리 와

○ 吾鼻三尺 _ 오비삼척

내(吾) 코가(鼻) 석자(三尺).

자기 사정이 급하여 남의 사정을 돌볼 겨를이 없음.

吾鼻三尺은 속담인 '내 코가 석자'를 한역한 것이다.

여기서 鼻는 콧물.

내 콧물이 석자나 빠져 있으니,

다른 사람의 어려운 사정을 돌보아줄 겨를이 없는 것이다.

1尺이 대략 30cm이니, 三尺은 90cm 정도이다.

三尺의 童子(동자)라고 하면 5~6세 정도의 작고 어린 아이이다.

吾 나 오
鼻 코 비
尺 자 척

○ 首邱初心 _ 수구초심

여우도 죽을 때면 머리를(首) 고향 언덕으로(邱) 향하고 그리는 마음(初心).

고향을 그리는 마음.

"여우도 죽을 때는 고향을 향해 머리를 둔다고 하더군."

"그래서 首丘初心이란 말이 생겼지."

首 머리 수
邱 언덕 구
初 처음 초
心 마음 심

o 拔本塞源 _ 발본색원
어떤 폐단의 뿌리를(本) 뽑고(拔) 근원을(源) 막음(塞).
폐단을 근원적으로 없앰.
"검찰은 조직 폭력배를 우리 사회에서 拔本塞源하겠다고
선언하였다."

拔 뽑을 발
本 뿌리 본
塞 막을 색
源 근원 원

o 산 입에 거미줄 치랴
살아있는 사람이 굶어 죽을 리 없다.
"양식도 떨어져 가는데, 추운 겨울을 어떻게 날 지 걱정이에요."
"걱정하지 마오. 설마 산 입에 거미줄 치겠소."

o 부처님 가운데 토막이다
성질이 매우 온순하고 점잖음.
"놀부와 달리, 흥부는 부처님 가운데 토막이라고 할 정도로 착했지요."

o 단출하다
식구가 적거나 옷차림이 간편하다.
"내일은 소풍 가는 날이니, 복장을 단출하게 하고 오세요."

o 내일 삼수갑산三水甲山을 가더라도~
三水와 甲山은 함경도에 있는 험하고 척박한 땅.
험한 일이 닥치더라도 해야 할 일은 지금 하겠다는 의지의 표현임.
"내일 삼수갑산을 가더라도, 오늘 하루 씩씩하게 살아야지."

o 경원시 _ 敬遠視
공경하기는 하되(敬) 거리를 두는(遠) 태도로 봄(視).
"공자는 제자들에게 신을 敬遠視하라고 가르쳤다네."

敬 공경 경
遠 멀 원
視 볼 시

o 소원 _ 疏遠
접촉이 드물고(疏) 관계가 멂(遠).
"국경에서의 무력충돌로 인해 양국 관계는 더욱
疏遠해졌다."

疏 드물 소
遠 멀 원

date 1 ___ / ___

date 2 ___ / ___

date 3 ___ / ___

○ 朝三暮四 _ 조삼모사

아침에(朝) 세 개(三) 저녁에(暮) 네 개(四).

잔꾀로 남을 속임.

朝 아침 조
暮 저물 모

춘추시대 송(宋)나라에 원숭이를 기르던 저공(狙公)이 살았다.

먹이가 부족하자 원숭이들에게 제안하기를,

"앞으로는 도토리를 朝에 세 개, 暮에 네 개를 주겠다. 어떠냐?"

그러자 원숭이들이 일제히 화를 냈다.

이에 잔꾀를 내어 제안하기를, "그럼, 朝에 네 개, 暮에 세 개를 주마."

원숭이들은 기뻐하며 曰, "와! 朝에 무려 네 개나 준단다. 朝三暮四가

아니고 朝四暮三이란다."

두 경우 모두 도토리를 합친 수가 일곱 개로 같지만, 저공은 잔꾀를

부려 원숭이를 속인 것이다.

이에서 유래한 朝三暮四는 간사한 꾀로써 남을 속인다는 말이다.

○ 鳥足之血 _ 조족지혈

새(鳥) 발(足)의(之) 피(血).

분량이 매우 적음.

鳥 새 조
足 발 족
之 ～의 지
血 피 혈

鳥足은 새의 발.

鳥足之血은 글자 그대로 '새 발의 피'이다.

새의 발은 가늘고 길며 겉은 질긴 가죽으로 싸여 있다.

바늘로 찔러봐야 눈곱만한 피 한 방울도 나오지 않을 정도이다.

그리하여 鳥足之血이라고 하면 아주 적은 분량을 일컫게 된 것이다.

○ 眼下無人 _ 안하무인

눈(眼) 아래(下) 사람이(人) 없는 듯이(無) 방자하게 행동함.

眼 눈 안
無 없을 무

"대통령의 신임을 믿고 眼下無人으로 행동하는군."

○ 於異阿異 _ 어이아이

'어(於)' 다르고(異) '아(阿)' 다름(異).
속담 '어 다르고 아 다르다'를 한역한 것임.
"於異阿異라 했으니, 말이란 비록 농담이라도 삼가서 해야
한단다."

於 조사 어
異 다를 이
阿 언덕 아

o 새도 가지를 가려 앉는다
상황을 보아가며 신중하게 행동하다.
"시국이 어지러우니 몸조심하게나. 새도 가지를 가려 앉는다고 하지
않던가."

o 가랑비에 옷 젖는 줄 모른다
사소한 일이라도 거듭되면 무시할 수 없는 결과를 가져온다.
"가랑비에 옷 젖는 줄 모른다고 매일 저축하다보니 어느 새 목돈이
되었다네."

o 덜미를 잡히다
덜미는 몸뚱이의 뒤쪽.
약점을 잡히거나 꼬리를 잡히다.
"마약사범들이 경찰에 덜미를 잡혀 무더기로 철창신세를 지게 되었다."

o 덤터기 쓰다
덤터기는 남으로부터 받는 누명이나 허물.
누명이나 오명을 뒤집어쓰다.
"외밭에서 신을 고쳐 신다가는 참외 서리한다고 덤터기를 쓰기
십상이지."

o 천착 _ 穿鑿
한 분야로 깊이 파고 들어감.
"물 흐르듯 자연스러워야지, 너무 穿鑿해서는 안 된다."
(부정적 의미)
"이 연구는 좀 더 穿鑿할 필요가 있습니다." (긍정적 의미)

穿 뚫을 천
鑿 뚫을 착

o 첩경 _ 捷徑
지름길. 쉽고 빠른 방법.
"학문의 성취에 捷徑은 없다."

捷 빠를 첩
徑 지름길 경

○ 種豆得豆 _ 종두득두
   콩을(豆) 심으면(種) 콩을(豆) 얻음(得).
   원인에 따라 결과를 얻음.
   명심보감에 曰, "種瓜得瓜(종과득과)요
   種豆得豆(종두득두)라."
   오이를 심으면 오이를 얻고 콩을 심으면 콩을 얻는다는 말이다.
   모든 일은 원인에 따라 결과가 생긴다는 말이다.
   불교에서는 因果應報(인과응보)라고 하였고,
   기독교에서는 "뿌린 대로 거두리라"고 하였다.

種 심을 종
豆 콩 두
得 얻을 득

○ 沙上樓閣 _ 사상누각
   모래(沙) 위에(上) 세운 누각(樓閣).
   기초가 튼튼하지 못하여 오래가지 못하는 일.
   樓閣이라고 하면, 춘향이와 이도령이 놀던 남원의 광한루를 생각하라.
   沙上樓閣은 말 그대로 모래 위에 세운 누각이다.
   어떤 건물이든 기초를 튼튼히 하여야 오래가는 법이니,
   모래 위에 누각을 세운다면 완성되기도 전에 무너질 것이다.
   주의!
   空中樓閣(공중누각)은 공중에 떠 있는 누각, 즉 근거나 토대가 없는
   사물을 뜻하니 구별해서 사용해야 한다.

沙 모래 사
樓 누각 누
閣 누각 각

○ 焉敢生心 _ 언감생심
   어찌(焉) 감히(敢) 그런 마음을(心) 먹을 수 있으랴(生).
   "焉敢生心, 소인이 어찌 감히 그런 일을 할 수 있겠습니까?"

焉 어찌 언
敢 감히 감
生 날 생
心 마음 심

○ 畵中之餠 _ 화중지병
   그림(畵) 속(中)의(之) 떡(餠).
   탐이 나도 어찌해볼 수 없는 물건.

畵 그림 화
之 ~의 지
餠 떡 병

"저 고려청자 빛이 고와서 정말 탐난다."
"畵中之餠이지."

o 가랑잎에 불붙듯 하다
성미가 매우 급하고 도량이 좁아서 걸핏하면 성을 잘 낸다.
"자네 성미가 어찌 그리 급해 가랑잎에 불붙듯 하는가?"

o 이가 없으면 잇몸으로 살지
없으면 없는 대로 그럭저럭 참고 살아갈 것이다.
"출퇴근을 어떻게 하려고 자동차를 처분했나?"
"이가 없으면 잇몸으로 산다고. 대중교통을 이용하면 된다네."

o 동티가 나다
동티는 본디 동토(動土), 땅을 파거나 나무를 베어서 지신(地神)을
노하게 함.
지신을 노하게 하여 재앙을 입다.
해서는 안 될 일을 하다가 해를 입다.
"변강쇠는 장승을 뽑아 불을 때려다가 동티가 나서 죽었지요."

o 게걸스럽다
게걸은 탐욕스런 마음이나 모양.
보기 흉할 정도로 욕심을 내어 마구 먹다.
"먹쇠는 종일 굶기라도 한 듯이 국밥을 게걸스럽게 먹어치웠다."

o 초미 _ 焦眉
눈썹에(眉) 불이 붙듯이(焦) 매우 위급함.   焦 탈 초
"증시 부양책은 투자자들의 焦眉의 관심사이다."   眉 눈썹 미

o 요기 _ 療飢
굶주림을(飢) 겨우 면할 정도로 먹음(療).   療 치료할 료
"다들 시장할 텐데 잠시 쉬면서 療飢나 합시다."   飢 굶주릴 기

머리에 쏙! 넣기

1. 다음 뜻을 가진 한자성어를 보기에서 고르시오.

   [보기] 畵中之餠 首丘初心 吾鼻三尺 一擧兩得 以心傳心

   ① 마음에서 마음으로 전함. ( )
   ② 하나의 일로 두 가지를 얻음. ( )
   ③ 그림의 떡. ( )
   ④ 여우도 죽을 때는 고향으로 머리를 향함. ( )

2. 다음 속담의 ( ) 안에 알맞은 말을 넣으시오.

   ① 이가 없으면 ( )으로 살지.
   ② 가랑비에 ( ) 젖는 줄 모른다.
   ③ 산 입에 ( ) 치랴.
   ④ 빛 좋은 ( ).

3. 다음 ( ) 안에 알맞은 말을 보기에서 골라 넣으시오.

   [보기] 흙 덜미 동티 삼수갑산 단출하다

   ① 마약사범들이 경찰에 ( )를 잡혀 무더기로 철창신세를 지게 되었다.
   ② 내 눈에 ( )이 들어가기 전에는 두 사람 결혼을 절대 허락할 수 없소.
   ③ 내일 ( )을 가더라도, 오늘 하루 씩씩하게 살아야지.
   ④ 변강쇠는 장승을 뽑아 불을 때려다가 ( )가 나서 죽었지요.

4. 다음 ( ) 안에 알맞은 말을 보기에서 고르시오.

   [보기] 疏遠 巨視的 蓋然性 格言 焦眉

   ① 증시 부양책은 투자자들의 ( )의 관심사이다.
   ② 국경에서의 무력충돌로 양국 관계는 더욱 ( )해졌다.
   ③ 경제를 ( )으로 연구하는 학문이 거시경제학입니다.
   ④ 속담이 서민들에 의해 만들어진 것이라면, ( )은 대개 성현들의 말씀이다.

들다

㉠ 놓여 있던 것을 집어 올리다.
"그녀는 역도 인상에서 140kg을 가뿐히 들어 올려 세계
신기록을 세웠다."

㉡ 낫이나 칼이 날카로워 물건을 잘 베다.
"애야, 이 낫은 아주 잘 드니 조심해서 다뤄야 한다."

㉢ 과일의 맛이 배다.
"사과 맛이 제법 들어 먹을 만한걸."

㉣ 의식이나 지각이 생기다.
"이제 철이 들 만한데 아직도 정신을 못차리고 있으니."

㉤ 볕이나 불이 오다.
"남향집은 볕이 잘 들어 난방비를 절약할 수 있지요."

㉥ 병이 나다.
"상감마마, 이 몸은 병이 들어 더 이상 벼슬을 할 수 없습니다."

㉦ 밖에서 안으로 오다.
"오늘은 휴일이니 우리 박물관에 많은 관람객이 들어 오실
것이다."

o 蛇足 _ 사족
뱀의(蛇) 발(足). 쓸모없는 군더더기.
초(楚)나라 사람이 제사를 마친 후 하인들에게 한 잔의 술을 내려
주었다.
하인들이 曰, "함께 먹기에는 부족하니 바닥에 蛇를 그려 먼저 완성한
사람이 술을 마시기로 하자."
드디어 蛇를 그리기 시작~.
한 하인이 蛇를 다 그리고는 술잔을 들고 여유 있게 足을 그리면서 曰,
"나는 蛇의 足까지도 그릴 수 있다네."
이때 다른 하인이 재빨리 蛇를 완성하고서 술잔을 빼앗으며 曰,
"蛇는 본래 足이 없거늘 자네는 어찌 蛇足까지 그리고 있는가?"
결국 있지도 않은 蛇足을 그리던 그는 술을 마시지 못했다.

| 蛇 뱀 사
| 足 발 족

o 殺身成仁 _ 살신성인
자신을(身) 희생하여(殺) 인을(仁) 이룸(成).
자신을 희생하며 남을 위해 일함.
공자 曰, "뜻 있는 선비와 어진 사람은 목숨을 구하려고 仁을
해치지 않고, 제 몸을 죽여 仁을 이룬다." → 殺身成仁
공자는 사람이 성취해야 할 가장 중요한 덕목으로 仁을 꼽았다.
그리하여 목숨을 버리면서까지 成仁해야 한다고 한 것이다.
고통을 감수하며 이웃에 봉사하거나 남을 위해 일하는 경우에
사용한다.

| 殺 죽일 살
| 身 몸 신
| 成 이룰 성
| 仁 어질 인

o 橫說竪說 _ 횡설수설
횡으로(橫) 말하다(說) 종으로(竪) 말하다 함(說).
조리 없이 되는대로 지껄임.
"정신을 잃었던 그는 깨어나서 한참을 橫說竪說하였다."

| 橫 가로 횡
| 說 말할 설
| 竪 세로 수

o 甲論乙駁 _ 갑론을박

갑이(甲) 주장을 펴고(論) 을은(乙) 이를 반박함(駁).
서로 자신의 주장을 내세우고 상대의 의견을 반박함.
"이번 정기국회도 여야 간의 甲論乙駁으로 끝나고 말았다."

甲 천간첫째 갑
論 논할 론
乙 천간둘째 을
駁 반박할 박

o 인정도 품앗이다

내가 남에게 인정을 베풀어야 남도 나에게 인정을 베푼다.
"인정도 품앗이라고, 당신이 마음을 곱게 써야 그 사람도 달라지지
않겠소."

o 잘 되는 집은 가지나무에 수박이 달린다

제대로 되어 가는 집에는 기대하지 않은 일까지 잘 된다.
"잘 되는 집은 가지나무에도 수박이 달린다고, 김 실장이 어제 복권에
당첨되었다는군."

o 결딴나다

결딴은 일이나 물건이 망가진 상태.
일이 망가져서 도무지 쓸 수 없는 상태가 되다.
"자금 부족으로 10년을 공들인 사업체가 결딴나게 생겼어."

o 경黥을 치다

경(黥)은 중죄인의 이마에 먹물로 글씨를 새기는 형벌.
이마에 먹물로 글씨 새기는 형벌에 처하다.
잘못을 하여 호되게 야단을 치거나 벌을 주다.
"저런 경을 칠 놈이 남의 채소밭을 완전히 망쳐놓았네."

o 유기적 _ 有機的

서로 긴밀히 연관이(機) 있는(有)(的).
"생명체들은 상호 긴밀한 有機的 관계를 맺고 살아간다."

有 있을 유
機 기틀 기
的 ~하는 적

o 유추 _ 類推

유사한 점으로(類) 미루어서(推) 그 밖의 것들을 헤아림.
"지구에 생명체가 있다는 사실로 類推해 보면 우주의 다른
행성에도 생명체가 존재할 가능성이 높다."

類 같을 류
推 밀 추

73

○ 塞翁之馬 _ 새옹지마

변방(塞) 늙은이(翁)의(之) 말(馬).

인생의 길흉화복을 예측할 수 없음.

중국의 북쪽 변방에 앞날을 잘 내다보는 신통한 翁이 살았다.

이 노인에게 말이 있었으니 이른바 塞翁之馬이다.

어느 날 塞翁之馬가 국경을 넘어 오랑캐 땅으로 도망갔다.

  → 흉한 일

그런데 몇 달 후에 塞翁之馬가 오랑캐의 준마와 짝을 지어 돌아왔다.

  → 길한 일

塞翁의 아들이 그 馬를 타다가 떨어져 불구가 되었다. → 흉한 일

그 후 오랑캐가 침입하여 건강한 장정들은 출전하여 죽었으나, 塞翁의

아들만은 전장에 나가지 않아서 살 수 있었다. → 길한 일

塞翁之馬를 통해 인생의 길흉화복이란 섣불리 헤아릴 수 없다는

가르침을 얻을 수 있다.

塞 변방 새
翁 늙은이 옹
之 ~의 지
馬 말 마

○ 知行合一 _ 지행합일

앎과(知) 실천이(行) 하나로(一) 합해짐(合)

知는 앎이요 行은 실천이다.

양명학(陽明學)으로 유명한 명나라의 학자 왕수인(王守仁)은

知와 行은 본래 하나로 동전의 양면과 같다고 하였다.

왕수인 曰, "知와 行은 본래 두 글자이지만 한 가지 공부를 말한

것이다. 知는 行의 시작이요, 行은 知의 완성이다."

아는 것은 반드시 실천해야 한다는 가르침이다.

知 알 지
行 행할 행
合 합할 합

○ 開卷有益 _ 개권유익

책을(卷) 펼치기만 해도(開) 이로움이(益) 있음(有).

"독서를 좋아했던 송태종은 신하들에게 開卷有益이란 말을

즐겨하였다."

開 열 개
卷 책 권
有 있을 유
益 더할 익

o 外柔內剛 _ 외유내강
겉으로는(外) 부드러우나(柔) 속은(內) 강함(剛).
"황 선생님은 참으로 外柔內剛한 분이시지요."

外 바깥 외
柔 부드러울 유
內 안 내
剛 굳셀 강

o 장님 코끼리 만지듯 하다
일부만 보고 그것이 전체인 줄 착각하다.
"장님 코끼리 만지듯 일부를 보고 전체인 냥 착각해서는 안 됩니다."

o 가지 많은 나무에 바람 잘 날 없다
자식이 많으면 그만큼 걱정과 고생이 심하다.
"가지 많은 나무에 바람 잘 날 없다고, 자식이 많으니 걱정도 많네요."

o 된서리를 맞다
모진 재앙이나 억압을 당하다.
"국세청 감사로 몇몇 기업이 된서리를 맞았다."

o 고무적鼓舞的이다
북을 쳐서(鼓) 춤을(舞) 추게 하다.
남의 마음을 흔들어 사기를 북돋워 주다.
"이 선수의 금메달 획득 소식은 한국 빙상에 매우 鼓舞的인
일이었다."

鼓 북칠 고
舞 춤출 무
的 ～하는 적

o 일체 · 일절 _ 一切
일체(一切)는 명사. 온통, 모두.
일절(一切)은 부사. 아주, 도무지.
"안주 一切(일체) 주세요." (명사)
"불법이 一切(일절) 통하지 않는다." (부사)

一 한 일
切 모두 체

o 추상 _ 抽象
구체적 표상이나(象) 개념에서 공통된 성질을 뽑아(推)
일반적인 개념으로 만듦.
또는 구체적이지 않고 막연한 것.
"사물의 공통된 성질을 뽑아 개념화하는 것이 抽象이군요."

抽 뽑을 추
象 모양 상

○ 盡人事待天命 _ 진인사대천명
사람의(人) 일을(事) 다하고(盡) 하늘의(天) 명을(命) 기다림(待).
노력을 다하고 담담히 그 결과를 기다림.
人事는 사람의 일, 사람으로서 하는 노력이다.
天命은 하늘의 명이니, 하늘이 내려주는 결과이다.
人事를 다한 뒤에 天命을 기다린다는 것이니,
우선 자신이 할 수 있는 최선을 다한 뒤에 그 결과를 담담하게
기다려야 한다는 가르침이다.
노력을 다하지도 않고 요행을 바란다면 잘못된 태도라고 하겠다.

盡 다할 진
事 일 사
待 기다릴 대
命 명령 명

○ 進退兩難 _ 진퇴양난
앞으로 나아가거나(進) 뒤로 물러서거나(退) 둘 다(兩)
어려움(難).
앞으로 나아갈 수도 뒤로 물러설 수도 없이 궁지에 빠짐.
시경(詩經)에 이런 노래가 있다.
"벗들이 서로 믿지 못하여 친하지 않구나.
나아가고 물러남에 오직 골짜기뿐이로다." → 進退維谷(진퇴유곡)
주(周)나라 여왕(厲王)이 흉포하게 굴자 이 시를 지어 풍자한 것이다.
여왕은 결국 백성들에 의해서 쫓겨나 돼지우리에 갇히는 신세가
되었다.
이 시에서 유래한 말이 進退維谷.
이에서 파생한 말이 進退兩難(진퇴양난)이다.
옴짝달싹하지 못한다는 면에서 四面楚歌(사면초가)와도 통한다.

進 나아갈 진
退 물러날 퇴
兩 둘 양
難 어려울 난

○ 窈窕淑女 _ 요조숙녀
窈窕는 얌전하고 아름다움.
얌전하고 아리따운(窈窕) 숙녀(淑女).
"개구쟁이였던 춘향이가 어느 새 자라서 窈窕淑女가 되었다오."

窈 아름다울 요
窕 아름다울 조
淑 맑을 숙

76

o 欲速不達 _ 욕속부달
빨리(速) 하고자 하면(欲) 도리어 도달하지(達) 못함(不).
"서두르다가 넘어져 다리를 다쳤어요."
"欲速不達이라 했으니 급할수록 천천히 해야 한단다."

欲 하고자할 욕
速 빠를 속
達 도달할 달

o 간에 붙었다 쓸개에 붙었다 한다
이로운 대로 이편에 붙었다 저편에 붙었다 한다.
"심 첨지는 이해를 따져서 간에 붙었다 쓸개에 붙었다 하는 자이지."

o 간이 뒤집혔나 허파에 바람이 들었나
아무 까닭 없이 자꾸 웃는 것을 나무라는 말.
"저 친구 간이 뒤집혔나 허파에 바람이 들었나 왜 자꾸 웃어?"

o 될성부르다
앞으로 잘 될 가망성이 높다.
"될성부른 나무는 떡잎부터 다르다고 했는데, 김 군의 장래가
촉망되는군."

o 득달같다
잠시도 지체하지 않다.
"변학도의 명을 받은 포졸들이 득달같이 달려들어 춘향을 끌어내었다."

o 칠흑 _ 漆黑
옻처럼(漆) 매우 검음(黑).
매우 어두움.
"우리 가족은 漆黑 같은 어둠을 뚫고 무사히 두만강을 넘었다네."

漆 옻 칠
黑 검을 흑

o 태동 _ 胎動
산모의 태(胎) 안에 있는 아기가 나오려고 움직임(動).
어떤 일의 기운이 싹틈.
"조선후기 상업 활동이 활발했음을 근거로 자본주의 시장이
胎動한 것이라 주장한다오."

胎 아기집 태
動 움직일 동

○ 天高馬肥 _ 천고마비
하늘은(天) 높고(高) 말은(馬) 살찜(肥).
가을의 맑고 풍성함을 말함.
오늘날 天高馬肥는 풍요와 결실의 의미로 사용된다.
하지만 본디 흉노족의 침입을 경계하는 뜻에서 출발하였다. 중국
북방에는 흉노족이 있어서 자주 침략하였으니, 이에 대비하여
만리장성을 쌓을 정도였다.
가을이 되면 하늘은 청명하여 높고 말은 살찌는데, 흉노족은 겨울을
나기 위한 식량을 마련하기 위해 살찐 말을 타고 남쪽으로 쳐내려와
약탈해 갔다. 때문에 고대 중국인들에게는 天高馬肥가 흉노족의
침입에 대한 두려움의 표현이었다.

天 하늘 천
高 높을 고
馬 말 마
肥 살찔 비

○ 千載一遇 _ 천재일우
천(千) 년에(載) 한 번(一) 만남(遇).
좀처럼 얻기 어려운 기회.
동진(東晉)의 학자 원굉(遠宏)이 이렇게 말하였다.
"현명한 군주와 지혜로운 신하가 만날 가능성은 천 년에 한 번
정도이다"
천 년에 한 번 만나다는 의미로 千載一遇라고 표현하였다.
載는 흔히 '물건을 수레에 싣다'라는 의미로 사용되지만, 여기서는 한
해, 두 해의 해를 뜻한다. 그러니까 十載는 十年이요, 千載는 千年이다.
千載一遇는 좀처럼 얻기 어려운 기회를 만나는 경우에 사용하는
말이다.

千 일천 천
載 해 재
遇 만날 우

○ 月下老人 _ 월하노인
부부의 인연을 맺어주는 노인
"우리 부부가 이렇게 만난 것은 月下老人이 맺어준 덕분일
거예요."

月 달 월
老 늙을 노

o 有口無言 _ 유구무언
입이(口) 있어도(有) 할 말이(言) 없음(無).
"자네 이번 사태에 대해 할 말이 있으면 해보게나."
"有口無言입니다."

o 갈수록 태산
가면 갈수록 어려운 일을 당함.
비슷한 속담으로 '내는 건널수록 깊다'와 '산 넘어 산이다'가 있다.
"갈수록 태산이라고, 하는 일마다 더 큰 난관에 봉착하는군."

o 값도 모르고 싸다 한다
일의 사정도 잘 모르면서 이러니저러니 말을 한다.
"값도 모르면서 싸다 하지 말고 냉큼 뒤로 물러서 있게나."

o 딴전 피우다
딴전은 어떤 일과는 전혀 관계없는 일이나 행동.
눈앞의 일을 제쳐두고 다른 일에 관심을 두다.
"딴전 피우지 말고 주어진 일에 최선을 다하게나."

o 딴죽 걸다
딴죽은 발로 상대편의 다리를 옆으로 치거나 끌어당겨
넘어뜨리는 행위.
상대의 다리를 걸어 넘어뜨리거나 약속을 어겨 상대에게 손해를 주다.
"내 하는 일마다 딴죽 걸지 말고 저리 가서 있게나."

o 통시적 고찰 _ 通時的 考察
전 시대에(時) 걸쳐 관통하는(通)(的) 고찰(考察).
"새로 발간한 한국통사는 우리의 역사에 대한 通時的
考察의 결과물이다."

o 禽獸 _ 금수
나는 짐승과(禽) 기어 다니는 짐승(獸).
"세상에는 참으로 禽獸만도 못한 사람들이 있습니다."

○ 七顚八起 _ 칠전팔기

일곱 번(七) 넘어지고(顚) 여덟 번(八) 일어남(起).

여러 번 실패해도 굴하지 않고 일어남.

一顚은 한 번 넘어지다, 七顚은 일곱 번 넘어지다.

一起는 한 번 일어서다, 八起는 여덟 번 일어서다.

1977년에 홍수환 선수가 세계챔피언 자리를 두고 파나마의 카라스키야
선수와 벌인 권투 시합에서 네 번을 다운 당하고 일어나서 상대를
물리친 적이 있다. 언론에서는 이를 가리켜 四顚五起의 신화라고
칭송했다.

14대 총선에서 경기도 김포 지역의 김두섭 후보는 아홉 번 출마 끝에
국회의원에 당선되었고, 사람들은 이를 두고 八顚九起라고 하였다.

四顚五起와 八顚九起는 모두 七顚八起를 변형시킨 말로서 거듭된
어려움을 극복하고 끝내 일어선 경우를 두고 말한 것이다.

七 일곱 칠
顚 넘어질 전
八 여덟 팔
起 일어날 기

○ 空中樓閣 _ 공중누각

공중에(空中) 떠 있는 누각(樓閣).

근거나 토대가 없는 사물이나 일.

空中樓閣은 하늘에 떠있는 누대이다.

본래 신기루(蜃氣樓)를 가리키는 말이었으나, 요즘은 비현실적인
이야기나 글, 근거 없는 사물이나 일이란 뜻으로 쓰인다.

空中樓閣과 沙上樓閣(사상누각)은 같은 말인가? No!

沙上樓閣은 기초가 튼튼하지 못해 오래 가지 못할 일이니,
空中樓閣과는 엄연히 구별해서 써야 한다.

空 하늘 공
樓 누각 누
閣 누각 각

○ 類類相從 _ 유유상종

끼리(類) 끼리(類) 서로(相) 어울림(從).

"철이와 미애가 늘 붙어 다닌다지?."

"類類相從이지."

類 무리 류
相 서로 상
從 좇을 종

o 前途洋洋 _ 전도양양

양양(洋洋)은 넓고 큰 모양.

앞(前) 길이(途) 넓게 펼쳐 있음(洋洋).

"前途洋洋하던 젊은이가 어쩌다 저렇게 폐인이 되었는가."

前 앞 전
途 길 도
洋 넓을 양

o 꿩 대신 닭

적당한 것이 없을 때 버금가는 것으로 대신함.

"당신이 이제 와서 나를 찾아오다니, 꿩 대신 닭인가요?"

o 날개 부러진 매

위세를 부리다가 처량하게 된 신세.

비슷한 말로 '날개 없는 봉황'이 있다.

"기고만장하던 박 실장이 요즘 날개 부러진 매처럼 어깨가 쳐져 있으니 안됐어."

o 뚱딴지 같다

뚱딴지는 볼품없는 돼지감자.

상황이나 이치에 맞지 않게 엉뚱한 행동을 하다.

"뚱딴지 같은 녀석이 얼토당토한 말을 해서 우리를 웃긴단 말이야."

o 면목面目이 서다

면목(面目)은 낯, 체면.

체면이 서다.

"오랜 고생 끝에 성공하고 나니 가장으로서 면목이 서는군."

面 낯 면
目 눈 목

o 경장 _ 更張

거문고의 줄을 고쳐서(更) 매듯이(張) 제도를 고쳐 사회 분위기를 쇄신함.

"1894년에 단행한 개혁을 무엇이라 하지요?"

"갑오更張."

更 고칠 경
張 펼 장

o 공시적 의미 _ 共時的 意味

시대를(時) 함께(共) 하는(的) 것과의 공통되는 의미(意味).

"김소월 시인의 〈진달래꽃〉은 나라 잃은 슬픔을 향토적 언어로 표현했다는 면에서 共時的 意味를 갖는다."

共 함께 공
時 때 시
意 뜻 의
味 맛 미

머리에 쏙! 넣기

1. 다음 뜻을 가진 한자성어를 보기에서 고르시오.

[보기] 蛇足 空中樓閣 塞翁之馬 欲速不達 類類相從

① 쓸데없는 군더더기. (   )
② 인생의 길흉화복은 예측할 수 없음. (   )
③ 빨리 하고자 하면 도달하지 못함. (   )
④ 끼리끼리 서로 어울림. (   )

2. 다음 속담의 (   ) 안에 알맞은 말을 넣으시오.

① 날개 부러진 (   ).
② 꿩 대신 (   ).
③ 간에 붙었다 (   )에 붙었다 한다.
④ 잘 되는 집은 가지나무에 (   )이 달린다.

3. 다음 (   ) 안에 알맞은 말을 보기에서 골라 넣으시오.

[보기] 면목 고무적 된서리 경 결딴

① 자금 부족으로 10년 공들인 사업이 (   )나게 생겼어.
② 저런 (   )을 칠 놈이 남의 채소밭을 완전히 망쳐놓았네.
③ 이 선수의 금메달 획득 소식은 한국 빙상에 매우 (   )인 일이었다.
④ 오랜 고생 끝에 성공하고 나니 가장으로서 (   )이 서는군.

4. 다음 (   ) 안에 알맞은 말을 보기에서 고르시오.

[보기] 有機的 類推 禽獸 抽象 通時的

① 세상에는 참으로 (   )만도 못한 사람들이 있습니다.
② 새로 발간한 한국통사는 우리의 역사에 대한 (   ) 고찰의 결과물이다.
③ 사물의 공통된 성질을 뽑아 개념화한 것이 (   )이군요.
④ 생물체들은 상호 밀접한 (   ) 관계를 맺고 살아간다.

어휘력 비타민

뜨다

㉠ 물 위나 공중에 있다.
"새벽 하늘에 뜨는 별을 샛별이라고 한다."

㉡ 착 달라붙지 않고 틈이 벌어지다.
"틈새가 많이 떴으니, 더 밀어보게."

㉢ 발효하다.
"어린 시절, 골방에 걸어 놓은 메주가 떠서 냄새가 진동하였지."

㉣ 다른 곳으로 떠나다.
"내가 수십 년을 살아온 이곳을 뜨면 어디로 간단 말이오?"

㉤ 흉내 내어 똑같게 하다.
"처음 양재기술을 배울 때는 본을 잘 뜨는 훈련이 필요하다."

㉥ 행동이 느리다.
"김 일병, 그렇게 동작이 떠서 어떻게 훈련을 받을 수 있겠나."

㉦ 국을 푸다.
"국자로 국을 뜰 때에는 국물을 흘리지 말아야 한다."

㉧ 말수가 적다.
"김 씨는 말은 뜨지만 행동은 빠르다."

○ 瓜田不納履 _ 과전불납리

오이(瓜) 밭에서는(田) 신발을(履) 고쳐 신지(納) 말아야 함(不).

남의 의심받을 짓을 하지 말아야 함.

남의 오이 밭에서 신발을 고쳐 신다 보면 '저 놈이 남의 오이를

따 먹는구나' 하고 의심을 사게 된다.

그래서 생긴 말이 瓜田不納履.

이와 짝을 이루는 말이 李下不整冠(이하부정관)이다.

오얏나무 아래에서 갓을 고쳐 쓰지 말라는 의미이다.

오얏이란 자두의 옛말이다.

瓜田不納履와 李下不整冠은 모두 의심 받을 곳에는 가지도 말고, 의심

받을 짓은 하지도 말라는 교훈을 담고 있다.

瓜 오이 과
田 밭 전
納 들일 납
履 신발 리

○ 知彼知己百戰不殆 _ 지피지기백전불태

상대를(彼) 알고(知) 자기를(己) 알면(知) 백번(百) 싸워도(戰)

위태롭지(殆) 않음(不).

彼(피)는 상대방, 적 ↔ 己(기)는 자기 자신, 아군.

손자병법으로 유명한 손무(孫武)의 말이다.

"적을 알고 자기를 알면(知彼知己) 백번을 싸우더라도 위태롭지

않다(百戰不殆)."

전쟁은 이기는 것을 목표로 한다. 전쟁에 이기기 위해서는

적의 상황을 정확히 파악하고, 이에 맞서는 아군의 실상도 객관적으로

파악해야 한다는 말이다.

요즈음은 흔히 知彼知己百戰百勝(지피지기백전백승)이라고 하는데

의미는 같다.

彼 저 피
己 자기 기
殆 위태로울 태

○ 重言復言 _ 중언부언

이미 한 말을 다시(重) 말하고(言) 또(復) 말함(言).

"重言復言하지 말고 자네 마음을 속 시원히 말해보게나."

重 거듭 중
言 말할 언
復 다시 부

o 有備無患 _ 유비무환
  준비가(備) 있으면(有) 후환이(患) 없음(無).
  "충무공께서는 준비태세를 완벽히 갖추면 후환이 없다고
  하면서 有備無患을 강조하였다."

  有 있을 유
  備 갖출 비
  無 없을 무
  患 근심 환

o 산에 가야 범을 잡지
  목적한 바를 이루기 위해서는 적극적으로 달려들어야 한다.
  "산에 가야 범을 잡지, 가만히 앉아만 있으면 일이 되는가?"

o 굳은 땅에 물 고인다
  굳게 절약하는 집에 재산이 모인다.
  "굳은 땅에 물이 고이는 법이니, 헤프게 쓰지 말고 절약하며 살아라."

o 수더분하다
  성질이 순하고 소박하다.
  "최 진사 댁 셋째 따님을 뵈니 참으로 수더분하게 생겼더군."

o 모골毛骨이 송연悚然하다
  毛骨은 몸의 털과 뼈. 悚然은 두려워하는 모양.
  매우 두려워서 몸이 움츠러들다.
  "끔찍한 소식을 들으니 모골(毛骨)이 송연(悚然)해진다."

  毛 털 모
  骨 뼈 골
  悚 두려워할 송
  然 그럴 연

o 과도기 _ 過渡期
  이전 단계에서 이후 단계로 넘어가는(過渡) 시기(期).
  "A단계에서 B단계로 넘어가는 시기를 過渡期라고 하지요."

  過 지날 과
  渡 넘을 도
  期 시기 기

o 진작 _ 振作
  떨쳐(振) 일어남(作).
  "유능한 감독은 선수들의 사기를 振作시켜 경기를 승리로
  이끈다."

  振 떨칠 진
  作 일어날 작

○ 天方地軸 _ 천방지축

하늘의(天) 방향과(方) 땅의(地) 축(軸).
몹시 급하여 방향을 모르고 허둥대는 모양.
'天方地軸으로 날뛰다' 또는 '天方地軸이다'라고 표현한다.
덤벙대거나 함부로 날뛰는 행동을 일컫는 말이다.
天方은 하늘의 방향, 즉 위를 가리키고,
地軸은 땅의 축, 즉 아래를 가리키는 말이다.
둘을 합친 天方地軸은 매우 덤벙대어 어디가 天方인지 어디가
地軸인지 방향도 모르고 정신없이 군다는 말이다.
天方地軸과 같은 뜻의 말로 天方地方이 있다.

| 天 하늘 천
方 방향 방
地 땅 지
軸 굴대 축

○ 他山之石 _ 타산지석

다른(他) 산(山)의(之) 돌(石).
다른 사람의 하찮은 언행도 자신의 인격을 닦는 데에 도움이 됨.
他山은 다른 산이니, 나와는 관계가 먼 산이다.
他山에 있는 돌이란 먼 산에서 구르는 하찮은 돌덩이이다.
시경(詩經)에 이런 시구가 있다.
"他山之石도 나의 옥돌을 다듬을 수 있다네."
옥은 지극히 귀한 것이고 石은 지극히 흔한 것이나, 石으로 玉을
다듬어야 훌륭한 장신구가 된다. 하찮은 돌일지라도 옥을 가공하는 데
쓸 수 있듯이, 군자도 하찮은 사람들의 언행을 통해 성장할 수 있다는
가르침이다.

| 他 다를 타
之 ~의 지
石 돌 석

○ 以熱治熱 _ 이열치열

열(熱)로써(以) 열을(熱) 다스림(治).
"민간요법에서는 몸에 열이 날 때 더운 방에서 땀을 흘리며 푹 잘
것을 권하지요."
"그야말로 以熱治熱이군요."

| 以 써 이
熱 열 열
治 다스릴 치

86

o 泥田鬪狗 _ 이전투구
이익을 위해 진흙(泥) 밭에서(田) 개처럼(狗) 싸움(鬪).
"선거가 점점 泥田鬪狗의 양상으로 치닫고 있습니다."

泥 진흙 니
田 밭 전
鬪 싸울 투
狗 개 구

o 굴러온 돌이 박힌 돌 뺀다
새로 온 것이 이미 자리잡고 있는 것을 밀어내다.
"김 과장이 최 과장보다 먼저 부장으로 승진했다는군."
"굴러온 돌이 박힌 돌을 뺐구먼."

o 꿩 잡는 게 매다
방법은 어떻든지 목적을 이루는 것이 제일이다.
"꿩 잡는 게 매라고, 방법을 달리해서라도 우리 목표를 달성해야 하지
않겠나?"

o 시나브로
모르는 사이에 조금씩
"그는 기생집에 드나들면서 부모님께 물려받은 재산을 시나브로
탕진하였다."

o 마魔가 끼다
마(魔)는 일을 훼방하는 악귀.
진행 중인 일에 장애가 생겨 망치다.
"좋은 일일수록 마(魔)가 끼기 쉬운 법이니, 매사에 신중하게 해야
한다."

魔 악마 마

o 질곡 _ 桎梏
질(桎)은 죄인의 발에 채우는 차꼬, 곡(梏)은 죄인의 손에
채우는 수갑. 자유를 막는 억압과 속박.
"70년대 공장노동자들은 우리를 가난의 桎梏에서 벗어나게
한 산업역군이었다."

桎 차꼬 질
梏 수갑 곡

o 희석 _ 稀釋
용액에 물 또는 다른 용액을 가하여 농도를 묽게 함.
정도를 낮춤.
"이번 발표가 시민들의 분노를 다소 稀釋시켜 주었다."

稀 드물 희
釋 풀 석

33

손에 잡히는 어휘

○ 鶴首苦待 _ 학수고대
학처럼(鶴) 목을 길게 빼고(首) 애타게(苦) 기다림(待).
누군가를 애타게 기다릴 때면 목을 빼고 사방을 둘러보기
마련이다.
그 모습이 마치 학이 목을 쭉 빼고 사방을 둘러보는 동작과 같다.
그래서 생긴 말이 鶴首苦待.
학처럼 목을 길게 빼고 기다린다고 해서 鶴首요,
누군가를 애타게 기다린다고 해서 苦待이다.
'고대하고 고대하던 날이 돌아왔다'라고 할 때의 苦待이다.

鶴 학 학
首 머리 수
苦 쓸 고
待 기다릴 대

○ 竹馬故友 _ 죽마고우
대나무(竹) 말을(馬) 타고 놀던 옛(故) 친구(友).
어렸을 때부터 사귄 오랜 친구.
竹馬는 대나무 말이다.
마치 말을 타듯이 가랑이에 끼고 말달리는 시늉을 하며 노는
놀이도구이다.
어릴 적 竹馬 타고 놀던 오랜 친구가 바로 竹馬故友이다.
故友는 오랜 벗이다.
옛말에 '물건은 새것일수록 좋고, 친구는 오랠수록 좋다'고 했으니,
竹馬故友는 귀한 친구라고 할 수 있다.
이와 통하는 말로 '불알친구'가 있다. 어릴 적 부끄러움도 모르고
벌거벗고 놀던 친구를 말한다.

竹 대 죽
馬 말 마
故 옛 고
友 벗 우

○ 烏合之卒 _ 오합지졸
까마귀를(烏) 모아 놓은 듯한(合)(之) 군사(卒).
제대로 훈련받지 못한 형편없는 군사.
"신립 장군은 선조 임금의 명을 받고 조령으로 달려갔지만 모인
군사라야 정작 烏合之卒뿐이었다."

烏 까마귀 오
合 합할 합
之 ~한 지
卒 군사 졸

o 言中有骨 _ 언중유골
  말(言) 속에(中) 뼈가(骨) 있음(有).
  "방 선생이 우스갯소리로 던진 말이지만 言中有骨이었다."

o 끈 떨어진 망석중
  망석중은 팔다리에 끈을 매고 이를 당겨서 춤을 추게 하는 꼭두각시.
  아무 소용이 없는 물건.
  "이제 늙고 쇠하여 끈 떨어진 망석중 신세가 되었지."

o 눈 가리고 아웅한다
  아웅은 고양이 소리를 흉내 내어 하는 말.
  얕은 꾀를 써서 남을 속이려 하다.
  "속이 뻔히 들여다보이는데도 눈 가리고 아웅하고 있군."

o 멋쩍다
  어색하고 쑥스럽다.
  "갑돌이는 갑순이를 보자 반가운 마음에 멋쩍게 웃었다."

o 등골이 빠지다
  등골은 척추 속의 골수.
  견디기 힘들 정도로 몹시 힘들다.
  "등골 빠지게 일해서 자식을 키워 놓으면 무엇하나. 제 혼자 큰 줄
  아는 걸."

o 고답적 _ 高踏的
  세상에 초연하거나 현실과 동떨어지게 사고하고 행동하는.
  "남북조시대의 죽림칠현은 죽림에서 高踏的인 삶을 즐겼던
  분들이다."

o 초석 _ 礎石
  주춧돌. 어떤 사물의 기초.
  "설립자의 숭고한 정신이 학교 발전의 礎石이 되었습니다."

34

손에 잡히는 어휘

date 1 ___ / ___
date 2 ___ / ___
date 3 ___ / ___

○ 知音 _ 지음

음을(音) 알아 줌(知). 자기를 알아주는 절친한 친구.
춘추시대 현악기의 명인이었던 백아(伯牙),
그의 연주 소리를 알아듣는 사람은 친구 종자기(鍾子期)뿐이었다.
백아가 높은 산에 오른 심경으로 악기를 타면, 종자기 曰,
"아! 마치 태산이 눈앞에 펼쳐진 듯 하구나."
흐르는 강물을 생각하며 연주하면, 종자기 曰,
"유유히 흐르는 강물이 눈앞에 흐르는구나."
종자기가 세상을 떠나자, 백아는 악기의 줄을 끊고 다시는 연주하지
않았다. 세상에 다시는 자신의 연주 소리를 알아줄 사람이 없다고 여긴
것이다. 두 사람의 고사에 연유하여 知音이란 말이 생겼다.
伯牙絕絃(백아절현): 친구의 죽음을 슬퍼함.
知己之友(지기지우): 자기를 알아주는 벗.

知 알 지
音 소리 음

○ 甘言利說 _ 감언이설

남의 비위를 맞추는 달콤한(甘) 말과(言) 이로운(利) 소리(說).
甘은 달다는 뜻이다.
달콤한 술이란 뜻의 甘酒(감주), 단비라는 뜻의 甘雨(감우)가 그
용례이다.
甘言은 듣기에 달콤한 말이다. 利說은 듣기에 이로운 말이다.
甘言利說은 실제로 좋고 유익한 말이 아니라, 겉으로 듣기에만
달콤하고 이로운 말이니 부정적한 의미라고 하겠다.
甘言利說의 뒤에는 항시 흉계가 도사리고 있다는 가르침이다.

甘 달 감
言 말씀 언
利 이로울 리
說 말씀 설

○ 離合集散 _ 이합집산

헤어졌다가(離) 합하였다가(合) 흩어졌다(散) 모였다가(集) 함.
"이해에 따라 離合集散하는 것이 세상의 인심이지요."

離 헤어질 리
合 합할 합
集 모일 집
散 흩어질 산

o **懸河之辯 _ 현하지변**
강물이(河) 쏟아져 흐르듯 거침없이(懸)(之) 말을 잘함(辯).
"그의 거침없는 말솜씨는 가히 懸河之辯이라 할 수
있지요."

懸 매달 현
河 물 하
之 ~하는 지
辯 말 잘할 변

o **가재는 게 편이요 초록草綠은 동색同色이라**
사람은 자기와 가까운 사람에게 정이 쏠려 끼리끼리
서로 편이 되어 붙는다.
유사한 속담으로 '팔은 안으로 굽는다'가 있다.
"가재는 게 편이요 초록은 동색이라더니, 한 통속이 되어 나를 속이려
드는군."

o **우선 먹기엔 곶감이 달다**
나중에는 어찌 되든 당장 좋고 편한 것을 취하다.
"우선 먹기엔 곶감이 달다고, 쉽고 편한 것만 찾다가는 낭패 보기
십상이지."

o **되바라지다**
하는 짓이 너그럽지 못하고 모가 나서 얄밉다.
"그 되바라진 놈이 나를 구두쇠라고 놀렸다네."

o **고명딸**
고명은 음식의 맛과 모양을 더하기 위해 음식 위에 얹는 식재료.
아들이 여럿인 집에 고명 역할을 하는 귀여운 외딸.
"부잣집 고명딸이 나를 만나서 참으로 고생 많이 했지요."

o **추론 _ 推論**
밝혀진 근거사실을 미루어 새로운 판단을 이끌어 냄.
"推論에는 귀납적인 推論과 연역적인 推論이 있지요."

推 밀 추
論 논할 논

o **왜곡 _ 歪曲**
사실을 잘못 이해하거나 그릇되게 전함.
"일본의 역사 歪曲은 그들의 잘못된 역사의식을 여실히
보여줍니다."

歪 굽을 왜
曲 굽을 곡

○ 不惑 _ 불혹

미혹되지(惑) 아니함(不). 나이 마흔을 일컫는 말.

다음과 같은 공자의 말씀에서 유래하였다.

나는 열다섯에 배움에(學) 뜻을 두었고(志) → 志學(지학)

삼십에 확고히 섰으며(立) → 而立(이립)

사십에 미혹되지(惑) 않았으며(不) → 不惑(불혹)

오십에 천명을(天命) 알았으며(知) → 知天命(지천명)

육십에 귀가(耳) 순해졌으며(順) → 耳順(이순)

칠십에 마음이(心) 가는 대로 따라 해도(從) 법도를 넘지 않았다. → 從心(종심)

공자의 말씀에서 유래한 不惑은 마흔 살의 별칭이니, 현혹되거나

판단이 흐리는 일이 없는 나이라는 말이다.

| 不 아니 불
| 惑 미혹될 혹

○ 咸興差使 _ 함흥차사

함흥으로(咸興) 보낸 차사(差使).

임무를 띠고 간 사람이 소식이 없음.

냉면으로 유명한 함경도의 咸興, 태조 이성계의 고향이자 그가

왕위를 내놓고 만년(晩年)을 보낸 곳이다.

差使는 왕의 특수 임무 수행을 위해 차출된(差) 관리(使)이다.

태조는 그 아들들이 두 차례나 살육전을 벌이자(1·2차 왕자의 난),

크게 노하여 왕위를 내놓고 함흥으로 가버렸다.

태종 이방원이 여러 차례 咸興으로 差使를 보내어 모셔오도록 했지만,

태조는 그때마다 差使들을 죽여 버렸기 때문에 살아 돌아온 사람이

없었다. 결국 무학대사가 가서야 겨우 설득하여 돌아올 수 있었다.

이에 연유하여 사람이 가서 소식이 없는 경우를 咸興差使라고 하였다.

| 咸 다 함
| 興 일으킬 흥
| 差 부릴 차
| 使 사신 사

○ 魂飛魄散 _ 혼비백산

몹시 놀라 혼은(魂) 날아가고(飛) 백은(魄) 흩어짐(散).

매우 놀라 정신이 없음.

| 魂 넋 혼
| 飛 날 비
| 魄 넋 백
| 散 흩어질 산

"왜적은 거북선의 위용에 魂飛魄散하여 달아났다."

o 仁者無敵 _ 인자무적
어진(仁) 사람은(者) 상대할 만한 적수가(敵) 없음(無).
"仁者無敵이라 했으니, 항시 주변 사람들을 어질게 대해야
하느니라."

仁 어질 인
者 사람 자
無 없을 무
敵 적 적

o 울며 겨자 먹기
하기는 싫으나 마지못해 함.
"친구가 부탁하니 어쩔 수 있나? 울며 겨자 먹기로 들어주었지."

o 나는 바담풍風 해도 너는 바람풍 해라
자기는 그르게 행동하면서 남에게는 옳게 행동하라고 요구하다.
"나는 바담풍 해도 너는 바람풍 해라 한다고, 박 과장이 우리를
훈계하다니 어이가 없군요."

o 걸신乞神 들리다
걸신(乞神)은 늘 배가 고파서 빌어먹고 다니는 귀신.
음식에 욕심을 내어 게걸스럽게 먹다.
"먹구 씨는 밥상을 대하자 걸신이 들린 사람처럼 먹어치웠다."

乞 구걸할 걸
神 귀신 신

o 막간幕間을 이용하다
막간(幕間)은 연극 무대의 막과 막 사이의 짧은 시간.
일을 하다가 쉬는 짬을 내어 무엇인가 하다.
"막간을 이용해서 여러분께 인사 말씀 드리겠습니다."

幕 막 막
間 사이 간

o 외연 _ 外延
어떤 개념이 밖으로(外) 미치는(延) 범위 ↔ 내포(內包)
"물고기를 예로 들면, 물에서 사는 고기가 내포에
해당하며, 고등어, 갈치, 고래, 붕어 등은 外延에 해당한다."

外 바깥 외
延 뻗을 연

o 고초 _ 苦楚
쓴 풀과(苦) 가시밭 길(楚).
삶의 역경과 고난.
"정치가 어지러운 시대에 백성들은 숱한 苦楚를 겪었지요."

苦 쓸 고
楚 가시나무 초

머리에 쏙! 넣기

1. 다음 뜻을 가진 한자성어를 보기에서 고르시오.

[보기] 言中有骨 鶴首苦待 泥田鬪狗 天方地軸 他山之石

① 몹시 급하여 방향도 모르고 덤벙 댐. (　)
② 타인의 하찮은 언행도 나를 수양하는 데 도움이 됨. (　)
③ 이익을 위해 진흙탕에서 개처럼 싸움. (　)
④ 누군가를 몹시 애타게 기다림. (　)

2. 다음 속담의 (　) 안에 알맞은 말을 넣으시오.

① 나는 (　) 해도 너는 바람풍 해라.
② 울며 (　) 먹기.
③ 우선 먹기엔 (　)이 달다.
④ 가재는 게 편이요 (　)은 동색이다.

3. 다음 (　) 안에 알맞은 말을 보기에서 골라 넣으시오.

[보기] 모골 시나브로 고명딸 막간 걸신

① (　)을 이용해서 여러분께 인사 말씀 드리겠습니다.
② 먹구 씨는 밥상을 대하자 (　)이 들린 사람처럼 먹어치웠다.
③ 끔찍한 소식을 들으니 (　)이 송연해진다.
④ 그는 기생집에 드나들면서 부모님께 물려받은 재산을 (　) 탕진하였다.

4. 다음 (　) 안에 알맞은 말을 보기에서 고르시오.

[보기] 高踏的 過渡期 桎梏 礎石 振作

① A단계에서 B단계로 넘어가는 시기를 (　)라고 하지요.
② 유능한 감독은 선수들의 사기를 (　)시켜 경기를 승리로 이끈다.
③ 70년대 공장노동자들은 우리를 가난의 (　)에서 벗어나게 한 산업 역군이
　 었다.
④ 남북조시대의 죽림칠현은 죽림에서 (　)인 삶을 즐겼던 분들이다.

부치다

㉠ 바람을 일으키다.
"여름철 정자에 앉아 합죽선을 부치면 신선이 된 기분이지."

㉡ 힘이 모자라다.
"힘에 부치는 일을 하다가 다치기 쉽다."

㉢ 편지나 물건을 보내다.
"마침 서울 가는 사람이 있어서 당신께 이 편지를 부칩니다."

㉣ 회의에서 의논꺼리로 내놓다.
"쓰레기 처리에 관한 방안을 회의에 부쳤으나 부결되었다."

㉤ 마음을 기대다.
"이제 늙었으니 마음을 붙이고 살 곳을 찾아보려네."

㉥ 농사를 짓다.
"농사를 부쳐 먹을 땅뙈기 하나 없지요."

㉦ 빈대떡을 만들다.
"번철에 기름을 듬뿍 치고 빈대떡을 부쳐 먹으면 일품이지."

○ 螢雪之功 _ 형설지공
반딧불과(螢) 눈으로(雪) 이룬 공(功).
어려운 처지에서도 학문에 힘써 성취한 공.
螢은 반딧불이요, 雪은 눈이다.
동진(東晉) 사람 손강(孫康)은 집이 가난하여 불을 밝힐
기름이 없자, 겨울에 雪빛에 책을 비추어 읽어 성공하였다.
차윤(車胤)이란 사람도 집이 가난하여 기름이 없자, 여름에 螢을
잡아 그 불빛에 책을 읽어 크게 성공하였다.
두 사람은 螢과 雪에 의지하여 성공한 것이다.
이처럼 어려운 환경에서도 힘들게 공부하여 성취한 功을
螢雪之功이라 한다..

螢 반딧불 형
雪 눈 설
之 ~의 지
功 공 공

○ 不遠千里 _ 불원천리
천리 길도(千里) 멀다 여기지(遠) 않음(不).
먼 길도 마다하지 않고 찾아옴.
十里는 대략 4km요, 千里는 400km 정도이다.
맹자(孟子)가 양혜왕(梁惠王)을 찾아갔다.
"선생께서 千里를 멀다 여기지(遠) 않고(不) 오셨으니, 뭔가
우리나라를 이롭게 할 방책이 있겠지요?"
"왕께서는 어찌 이익 되는 일을 말씀하십니까? 오직 인의(仁義)가
있을 뿐입니다."
부국강병을 꾀하려던 양혜왕에게 맹자가 일침을 가한 것이다.
이에서 유래한 不遠千里는 먼 길을 멀다고 여기지 않고 찾아온 경우에
사용하는 말이다.

不 아니 불
遠 멀 원
千 일천 천
里 리 리

○ 一口二言 _ 일구이언
한(一) 입으로(口) 두(二) 말을 함(言).
"남아일언은 중천금이라 했으니 一口二言하지 말거라."

口 입 구
言 말씀 언

o 一敗塗地 _ 일패도지
싸움에 한 번(一) 크게 패하여(敗) 몸뚱이가 땅바닥에(地)
갈림(塗).
싸움에 여지없이 패하여 다시는 재기할 수 없음.
"반란군은 一敗塗地하여 더 이상 재기하지 못 할 상황입니다."

敗 패할 패
塗 흙칠할 도
地 땅 지

o 나간 놈의 몫은 있어도 자는 놈의 몫은 없다
게으른 사람에게는 혜택이 돌아가지 않는다.
"해가 중천인데 자고 있는 서방님을 깨울까요?"
"나간 놈의 몫은 있어도 자는 놈의 몫은 없는 법이란다."

o 나는 새도 떨어뜨린다
권세가 대단하여 나는 새도 잡을 정도이다.
"대원군이 집권하자 나는 새도 떨어뜨린다는 안동 김 씨의 백년
권력이 무너졌다."

o 맹랑하다
어리지만 똑똑하고 야무지다.
"어린 녀석이 참으로 맹랑하구먼. 어디 사는 누구의 자식인가?"

o 막론莫論하다
말할 것도 없다.
"이유 여하를 막론하고 내일까지 공사를 마치도록 하시오."

莫 없을 막
論 논할 논

o 고취 _ 鼓吹
북을 두드리고(鼓) 피리를 불어(吹) 용기와 흥을 북돋아
일으킴.
"개화기 애국지사들은 민중들에게 애국사상을 鼓吹하였다."

鼓 북 고
吹 불 취

o 공치사 _ 空致辭 · 功致辭
空치사는 빈말로 하는 칭찬.
功치사는 자기의 공로를 남 앞에서 스스로 자랑함.
"괜한 空致辭로 나를 위로하려 들지 말게나."
"저 사람은 남 앞에 섰다 하면 功致辭야."

空 빌 공
功 공 공
致 이를 치
辭 말 사

o **去頭截尾 _ 거두절미**
머리와(頭) 꼬리를(尾) 잘라버리고(去·截) 요점만을 말함.
去頭는 생선의 대가리를 잘라버리는 것이요,
截尾는 생선의 꼬리를 잘라버리는 것이다.
생선의 대가리와 꼬리를 잘라버리고 몸통만을 취하듯이,
앞뒤의 자잘한 사설을 버리고 바로 본론이나 요점만을 말하는 것이
去頭截尾이다.
본론으로 바로 들어간다는 또 다른 말로 單刀直入(단도직입)이 있다.
單刀는 한 자루의 칼이요, 直入은 적진에 바로 들어가는 것이다.
한 자루의 칼로 적진에 바로 들어가 적장을 결딴내듯이,
서론을 버리고 본론으로 바로 들어가는 것이 單刀直入이다.

去 버릴 거
頭 머리 두
截 자를 절
尾 꼬리 미

o **古稀 _ 고희**
예로부터(古) 일흔이 넘도록 산 사람은 드묾(稀).
나이 일흔의 별칭.
다음은 당(唐)나라 시인 두보(杜甫) 시의 한 구절이다.
"人生七十古來稀(인생칠십고래희)"
→ 사람이 일흔 살까지 살기가 예로부터 드물었네.
이 시에서 유래하여 나이 일흔을 古稀라고 하였다.
그런데 두보는 古稀까지 살았을까?
안타깝게 쉰아홉의 나이로 객사하고 말았다.
일흔 살을 뜻하는 다른 말로 七旬(칠순)이 있다.
"七旬을 맞으신 우리 할머니, 만수무강하세요."

古 옛 고
稀 드물 희

o **自中之亂 _ 자중지란**
자기(自) 안에서(中)의(之) 어지러움(亂).
내부에서 일어나는 싸움. → 내홍(內訌)
"국가의 패망 원인은 대개 自中之亂이다."

自 스스로 자
之 ~의 지
亂 어지러울 란

o 才子佳人 _ 재자가인
  재주 있는(才) 젊은 남자와(子) 아름다운(佳) 여인(人).
  "평안 감영에서 벌어진 잔치에 수많은 才子佳人들이
  모여들었다."

  才 재주 재
  佳 아름다울 가

o 나중 난 뿔이 우뚝하다
  후배가 선배보다 낫다.
  "나중 난 뿔이 우뚝하다고, 1학년 팀이 선배들을 물리치고 우승을
  하였답니다."

o 낙숫물이 댓돌을 뚫는다
  작은 힘이지만 끈기 있게 노력하면 큰일을 해낸다.
  "낙숫물이 댓돌을 뚫는다고, 어느 분야에 10년을 투자하면 전문가가
  될 수 있다네."

o 맺고 끊은 듯하다
  사리가 분명하고 빈틈이 없다.
  "김 주임은 맡은 업무를 맺고 끊은 듯이 처리한다."

o 맺힌 데가 없다
  성격이 꽁하지 않고 활달하다.
  "김 군은 성격이 활달하여 맺힌 데가 없다."

o 골계 _ 滑稽
  익살스러움.
  익살스런 이야기나 몸짓.
  "우리 조상들은 생활 속에서 滑稽를 즐기셨다."

  滑 흐릴 골
  稽 조아릴 계

o 공감각적 표현 _ 共感覺的 表現
  두 개 이상의 감각을(感覺) 함께 하는(共) 표현(表現).
  "분수를 보고서 '한꺼번에 울려 퍼지는 장엄한 종소리'라고
  표현한다면 이는 共感覺的 表現이라 할 수 있다."

  共 함께 공
  感 느낄 감
  覺 깨달을 각
  表 겉 표

○ 靑出於藍 _ 청출어람
　　푸른 물감은(靑) 쪽풀(藍)에서(於) 나왔지만(出) 쪽풀보다 진함.
　　제자가 스승보다 뛰어남.
　　藍은 쪽풀이다.
　　풀의 일종으로 줄기를 베어 삶으면 푸른 물이 우러난다.
　　여기에 천을 여러 차례 담갔다가 햇빛에 말리면 쪽빛으로 물든다.
　　순자 曰, "푸른 물감은 藍에서 취해 만들었지만 藍보다 푸르다."
　　→ 靑出於藍而靑於藍
　　藍을 스승에, 藍에서 우러난 푸른 물감(靑)을 제자에 비유한 말이다.
　　푸른 물감이 원래 藍에서 우러난 것이지만 藍보다 더 진한 것처럼,
　　제자도 스승보다 뛰어날 수 있다는 말이다.
　　이를 줄여서 靑出於藍, 더욱 줄여서 出藍이라고 한다.

靑 푸를 청
出 날 출
於 ~에 어
藍 쪽풀 람

○ 草綠同色 _ 초록동색
　　풀과(草) 녹색은(綠) 같은(同) 빛깔임(色).
　　서로 같은 처지나 같은 부류의 사람들끼리 함께 함.
　　草는 풀이요 綠은 푸른색이다.
　　草의 빛깔도 푸른색이니 결국 草와 綠은 같은 빛깔이다.
　　同色이란 같은 색이니 같은 처지나 부류의 사람을 뜻한다.
　　草와 綠이 同色이듯이, 처지가 같은 사람들끼리는 서로 편을
　　들어준다는 말이다.
　　유사한 의미의 속담으로 '가재는 게 편이다', '손은 안으로 굽는다'가 있다.

草 풀 초
綠 푸를 록
同 같을 동
色 빛 색

○ 利用厚生 _ 이용후생
　　생활에 이롭게(利) 사용하고(用) 백성들의 삶을(生) 윤택하게(厚) 함.
　　"연암 박지원 선생은 학문의 목적을 利用厚生에 두었지요."
　　"그래서 실학자라고 하지요."

利 이로울 리
用 쓸 용
厚 두터울 후
生 살 생

o 人之常情 _인지상정
사람(人)의(之) 보통의(常) 심정(情).
"불쌍한 사람을 보면 측은한 마음이 드는 것이
人之常情이지요."

人 사람 인
之 ~의 지
常 보통 상
情 정 정

o 굶어 죽기는 정승 하기보다 어렵다
아무리 가난하여도 굶어 죽는 일은 쉽지 않다.
"굶어 죽기는 정승 하기보다 어렵다지만, 기근으로 인해 백성들이
죽어가고 있습니다."

o 굿 뒤에 날장구 친다
일이 끝난 뒤에야 떠들고 나서다.
"차 의원이 회의가 끝난 뒤에 한참 큰소리로 불만을 털어놓더군."
"굿 뒤에 날장구 쳤구먼."

o 시답지 않다
'시답다'는 마음에 차다.
보잘것없어 마음에 차지 않다.
"최 진사는 셋째 따님과 결혼하겠다는 돌쇠를 시답지 않은 듯
쳐다보았다."

o 심금心琴을 울리다
심금(心琴)은 마음속의 거문고. 즉 마음의 시적 표현.
마음을 울리다.
"추억의 명화는 우리의 심금을 울리지요."

心 마음 심
琴 거문고 금

o 파격 _ 破格
고정된 틀을(格) 깸(破).
"기존의 틀을 깬다는 의미의 破格은 대개 새로움을
모색하려는 시도란다."

破 깰 파
格 틀 격

o 파경 _ 破鏡
거울을(鏡) 깸(破). 남녀가 이별함.
"사랑하던 두 사람이 破鏡을 맞자 친지들은 크게
아쉬워하였다."

破 깰 파
鏡 거울 경

○ 推敲 _ 퇴고

'밀다'로 해야 할까(推) '두드리다'로 해야 할까(敲)를 고민함.
시문을 지을 때 자구를 고치고 가다듬음.
당나라 시인 가도(賈島)가 말을 타고 가면서 시구를 다듬는 데
골몰하였다.

|推 밀 퇴
|敲 두드릴 고

"僧○月下門(승○월하문)"
→ 새는 연못가 나무에서 잠자고 스님은 달빛 아래 문을 ○한다.
시구에서 '문을 밀다'라고 하여 推를 써야 할지, '문을 두드리다'라고
하여 敲를 써야 할지를 고민한 것이다. 그러다가 그만 지체 높은
관리의 행차와 부딪치고 말았다. 다행히 그는 당대 최고 문장가
한유(韓愈)였다. 사연을 들은 한유가 曰,
"내 생각엔 '밀다(推)' 보다는 '두드리다(敲)'가 좋을 듯하네."
이에서 유래하여 推敲는 시문을 완성하기 위해 자구를 고치고
다듬다는 뜻으로 사용되었다.

○ 狐假虎威 _ 호가호위

여우가(狐) 범의(虎) 위세를(威) 빌림(假).
강한 자의 위세를 빌어 약한 자 위에 군림함.
狐는 여우이고, 虎는 범이다. 虎威는 범의 위세이다.
虎가 狐를 해치려 하자, 狐가 맞서며 말하였다.

|狐 여우 호
|假 빌 가
|虎 범 호
|威 위세 위

"하늘이 나를 백수의 왕으로 명하였으니, 그대 虎가 나를 해친다면
이는 천명을 어기는 것이다. 믿지 못하겠거든 내 뒤를 따라오면서 지켜
보거라." 虎가 狐의 뒤를 따르니 과연 짐승들이 모두 달아났다.
虎는 뭇 짐승들이 狐를 두려워한다고 여겼다.
이로써 狐假虎威는 여우가 虎威를 빌어 위세를 부렸듯이, 윗사람의
권세를 빌어 아랫사람에게 호령하는 비열한 행동을 뜻하게 되었다.

○ 一刀兩斷 _ 일도양단

단 칼에(一刀) 둘로(兩) 자름(斷).
머뭇거리지 않고 선뜻 결정을 내림.
"자네가 복잡한 문제를 一刀兩斷으로 결정해주니 고맙네."

刀 칼 도
兩 둘 양
斷 자를 단

o **一魚濁水 _ 일어탁수**
한 마리(一) 물고기가(魚) 온 물을(水) 흐림(濁).
"일부 의원들이 회기 중에 골프를 즐겼다던데."
"一魚濁水라고 어디 가나 물을 흐리는 사람들이 있지."

魚 물고기 어
濁 흐릴 탁
水 물 수

o **굿이나 보고 떡이나 먹지**
쓸데없는 참견을 하지 않는다.
"나는 이 일에 관여하지 않고 굿이나 보고 떡이나 먹으련다."

o **귀가 보배다**
배운 것은 없으나 얻어 들어서 아는 것이 많다.
"정 회장님은 초등학교 졸업장이 전부이지만, 귀가 보배라고 세상
경험이 많고 해박하시다."

o **심드렁하다**
마음에 탐탁하지 않고 관심이 없다.
"저 사람이 심드렁하게 있는 것을 보니 뭔가 일이 있었나 보구려."

o **심상尋常치 않다**
심상(尋常)은 보통.
보통이 아니다. 그냥 대수롭지 않게 넘길 일이 아니다.
"적의 동태가 심상치 않으니 오늘밤 경계를 강화해야 한다."

尋 보통 심
常 보통 상

o **파국 _ 破局**
판을(局) 깸(破). 깨진 판.
"잘 되던 사업이 破局을 맞자 하늘이 무너지고 땅이 꺼지는
절망에 빠졌다."

破 깰 파
局 판 국

o **목하 _ 目下**
지금 한창. 바로 이 때.
"행정학과 하일수 군과 의상학과 신수빈 양이 目下 열애 중이다."

目 눈 목
下 아래 하

○ 口尙乳臭 _ 구상유취

입에서(口) 아직(尙) 젖(乳) 내가(臭) 남.

경험이 부족한 상대를 얕잡아 보아 하는 말.

한고조 유방(劉邦)이 위(魏)나라를 치기 전에 휘하에 물었다.

"위나라 군대를 지휘하는 장수가 누구인가?"

"백직(栢直)입니다."

대답을 들은 유방은 표정이 밝아지면서 曰,

"그 자라면, 입에서 아직 젖내도 가시지 않은 애송이 아닌가?"

→ 口尙乳臭

유방은 바로 한신(韓信) 장군을 보내어 위나라 군대를 물리쳤다.

이처럼 口尙乳臭는 상대의 능력을 얕잡아 보고 하는 말이다.

| 口 입 구
| 尙 아직 상
| 乳 젖 유
| 臭 냄새 취

○ 克己復禮 _ 극기복례

자신의(己) 사사로운 욕심을 이겨내고(克) 예를(禮) 회복함(復).

사사로운 욕심을 누르고 예의범절을 지킴.

공자의 제자인 안회(顔回)가 仁(인)에 관해 물었다.

공자가 설명하기를,

"자기를(己) 이겨내고(克) 예를(禮) 회복하는(復) 것이 바로 仁이다."

→ 克己復禮

己는 자신의 내면에서 생기는 여러 욕망이요, 禮는 사람 사이에

지켜야 할 도리이니, 사사로운 욕심을 이겨내어 예를 회복하는 것이

克己復禮이다.

| 克 이길 극
| 己 자기 기
| 復 회복 복
| 禮 예 례

○ 見利思義 _ 견리사의

이익을(利) 보았거든(見) 먼저 그것이 의로운가를(義)

생각해야 함(思).

"見利思義라고 했으니 결코 부정한 재물을 탐해서는 안 된다."

| 見 볼 견
| 利 이로울 리
| 思 생각 사
| 義 의로울 의

○ 曲學阿世 _ 곡학아세
배운 것을(學) 굽혀(曲) 세상에(世) 아첨함(阿).
배운 학문을 왜곡시켜 시류나 이익에 영합함.
"너희들은 결코 일신의 영화를 위해 曲學阿世하는 학자가
되어서는 안 된다."

曲 굽힐 곡
學 배울 학
阿 아첨할 아
世 세상 세

○ 누울 자리 보아가며 발을 뻗어라
상황이나 사정을 보아가며 행동하라.
"사람이 누울 자리 보아가며 발을 뻗어야지, 왜 거기까지 가서
망신을 당하고 와요?"

○ 누워서 침 뱉기
본인에게 해되는 일을 하기.
"시어머니가 동네방네 다니며 며느리 흉을 보고 다니니, 누워서
침 뱉기지 뭐예요."

○ 미덥다
믿음성이 있다.
"저 사람은 인상이 좋아서 볼수록 미더운 구석이 있어."

○ 빈축嚬蹙을 사다
빈축은 눈살을 찌푸리고 얼굴을 찡그림.
사람들의 감정을 상하게 하고 비웃음을 당하다.
"청렴을 강조하던 김 국장이 수뢰 혐의로 기소되어
사람들의 빈축을 샀다."

嚬 찡그릴 빈
蹙 찌푸릴 축

○ 대승적 _ 大乘的
사사로운 이익이나 일에 얽매이지 않고 전체적인 관점에서
행동하는.
"우리는 大乘的 차원에서 일을 풀어나가야 합니다."

大 큰 대
乘 탈 승
的 ~하는 적

○ 대안 _ 對案
어떠한 문제에 대하여 해결할 의견이나 계획.
"문제점을 지적하기는 쉬우나 對案을 제시하기는 어렵다."

對 대할 대
案 생각 안

머리에 쏙! 넣기

1. 다음 뜻을 가진 한자성어를 보기에서 고르시오.

   [보기] 推敲 去頭截尾 靑出於藍 甘言利說 螢雪之功

   ① 어려운 환경에도 열심히 공부하여 성공함. ( )
   ② 달콤한 말과 이로운 소리. ( )
   ③ 서론이나 자잘한 말을 빼고 요점을 말함. ( )
   ④ 제자가 스승보다 나은 경우에 하는 말. ( )

2. 다음 속담의 ( ) 안에 알맞은 말을 넣으시오.

   ① 누울 자리 보아가며 ( )을 뻗어라.
   ② 굿이나 보고 ( )이나 먹지.
   ③ 굶어 죽기는 ( ) 하기보다 어렵다.
   ④ 낙숫물이 ( )을 뚫는다.

3. 다음 ( ) 안에 알맞은 말을 보기에서 골라 넣으시오.

   [보기] 심상 심금 막론 대안 맺고

   ① 적의 동태가 ( )치 않으니 오늘밤 경계를 강화해야 한다.
   ② 추억의 명화는 우리의 ( )을 울리지요.
   ③ 김 주임은 맡은 업무를 ( ) 끊은 듯이 처리한다.
   ④ 이유 여하를 ( )하고 내일까지 공사를 마치도록 하시오.

4. 다음 ( ) 안에 알맞은 말을 보기에서 고르시오.

   [보기] 破格 目下 鼓吹 空致辭 破鏡

   ① 개화기 애국지사들은 민중들에게 애국사상을 ( )하였다.
   ② 괜한 ( )로 나를 위로하려 들지 말게나.
   ③ 기존의 틀을 깬다는 의미의 ( )은 새로움을 모색하려는 시도이다.
   ④ 사랑하던 두 사람이 ( )을 맞자 친지들은 크게 아쉬워하였다.

106

손

㉠ 사람의 팔목에 달린 손.
"황 선생님은 손에 『손에 잡히는 어휘』를 들고 계셨다."

㉡ 일손, 노동력.
"농번기에는 손이 모자라 부엌의 부지깽이도 덩달아 뛴다."

㉢ 기술
"이 과정에는 전문가의 손이 필요하다."

㉣ 관계
"이번 기회에 그와 손을 끊어야겠어."

㉤ 잔꾀
"내가 어리석게도 그의 손에 놀아났지 뭔가."

㉥ 소유
"저 양반이 노름에 빠져 집마저 남의 손에 넘어갔지요."

㉦ 물건에 대한 씀씀이
"아내의 손이 커서 동네 인심을 잃지 않고 살았지요."

㉧ 손님
"사위를 백년손이라 하지요."

㉨ 일을 방해하는 귀신.
"이삿날은 손 없는 날로 정합시다."

41 손에 잡히는 어휘

○ 近墨者黑 _ 근묵자흑

먹을(墨) 가까이 하는(近) 사람은(者) 검어짐(黑).

사람은 주변 환경의 영향을 받게 됨.

서진(西晉)의 학자 부현(傳玄)이 曰,

"주사(朱砂)를 가까이 하는 사람은 붉은 물이 들고

먹을 가까이 하는 사람은 먹물이 든다."

→ 近朱者赤(근주자적)이요 近墨者黑이라.

주사는 수은과 황의 화합물로 붉은빛을 띠고, 먹은 검은색이다.

사람은 주변 환경의 영향을 받게 되어, 좋은 환경에 살면 좋게 변하고

나쁜 환경에 살면 나쁘게 변한다는 말이다.

近 가까울 근
墨 먹 묵
者 사람 자
黑 검을 흑

○ 敎學相長 _ 교학상장

가르치고(敎) 배우는(學) 일은 서로를(相) 성장시킴(長).

예기(禮記)에 曰,

"배운 다음에야 자신이 부족함을 알게 되고, 남을 가르쳐 본

다음에야 곤란함을 느낄 수 있게 된다. 자신이 부족함을 알면

반성하게 되고 곤란함을 느끼게 되면 스스로 노력하게 된다."

이에서 연유한 敎學相長은 가르치고 배우는 일이 서로를 성장시킨다는

말이다.

배우다 보면 부족함을 알아서 더욱 노력하게 되고, 가르치다 보면

부족함을 알아서 더욱 노력하여 배우게 되기에 敎學相長이다.

敎 가르칠 교
學 배울 학
相 서로 상
長 자랄 장

○ 公私多忙 _ 공사다망

공적인 일과(公) 사적인 일로(私) 많이(多) 바쁨(忙).

"公私多忙하신 가운데도 왕림해 주신 내외귀빈 여러분께 심심한

감사를 드립니다."

公 공변될 공
私 사사로울 사
多 많을 다
忙 바쁠 망

o 過猶不及 _ 과유불급
　지나친 것과(過) 미치지(及) 못한(不) 것은 서로 같음(猶).
　"제자들아, 지나친 것은 미치지 못하는 것과 같은 것이다."
　"예, 스승님. 過猶不及이란 말씀이군요."

過 지나칠 과
猶 같을 유
不 아니 불
及 미칠 급

o 눈 뜬 장님
　배우지 못해 글씨를 알아보지 못하는 사람을 일컬음.
　"장 씨는 눈 뜬 장님이라서 낫 놓고 ㄱ자도 모른다."

o 눈먼 자식이 효자 노릇 한다
　별로 기대하지 않았던 자식에게서 효도를 받게 된다.
　유사한 의미의 속담으로 '굽은 소나무가 선산 지킨다'는 말이 있다.
　"눈먼 자식이 효자 노릇 한다고 저 녀석이 늙고 병든 나를 지켜주고
　있다오."

o 미욱하다
　어리석고 미련하다.
　"선생님, 미욱한 제 아들놈을 잘 부탁드립니다."

o 미연未然에 방지하다
　未然은 아직 그렇게 되지 아니함.
　일이 그렇게 되기 전에 미리 막다.
　"겨울철 화재는 미연에 방지해야 합니다."

未 아직
　아니할 미
然 그러할 연

o 도장 · 도량 _ 道場
　무술이나 수련을 하는 장소는 도장으로 읽고,
　불도를 닦는 장소(절)는 도량으로 읽음.
　"태권도 道場(도장)에 들어서자 기합소리가 요란하였다."
　"불국사는 우리나라의 대표적인 道場(도량)이다."

道 길 도
場 마당 장

o 도출 _ 導出
　이끌어(導) 냄(出).
　"홍대용 선생은 오랜 연구를 통해 지구가 둥글다는 결론을
　導出하였다."

導 이끌 도
出 낼 출

○ 浩然之氣 _ 호연지기

천지 사이에 가득한 넓고 큰(浩然)(之) 기운(氣).
흔들리거나 꺾이지 않는 도덕적 용기.
浩然은 넓고 큰 모양이다.
浩然한 기운이란 천지간에 가득한 넓고 큰 기운이다.
맹자의 제자인 공손추(公孫丑)가 맹자에게 물었다.
"무엇을 浩然之氣라 합니까?"
"浩然之氣는 지극히 크고 강한 것이니, 정직함으로써 이를 잘 기르면
천지 사이에 꽉 차게 된다. 浩然之氣는 도의(道義)에 부합되니 의리를
많이 축적하면 생겨나는 것이다."

浩 넓을 호
然 그러할 연
之 ~하는 지
氣 기운 기

○ 嚆矢 _ 효시

우는(嚆) 화살(矢). 어떤 일의 시작, 처음.
嚆矢란 전쟁터에서 공격 시작을 알리는 신호용 화살이다.
화살의 끝에 뾰족한 촉을 다는 대신 여러 개의 작은 홈이 난 방울
모양의 둥근 쇠를 달아서, 이를 쏘면 '윙~' 하고 소리를 내니
이 소리를 공격 개시의 신호로 사용하였다.
이로 인해 嚆矢는 어떤 일의 처음, 시작을 뜻하게 되었다.

嚆 울 효
矢 화살 시

○ 立身揚名 _ 입신양명

몸을(身) 세우고(立) 이름을(名) 날림(揚).
"신체발부를 훼손하지 않는 것이 효의 시작이요, 立身揚名은
효의 마지막이다."

立 세울 립
身 몸 신
揚 날릴 양
名 이름 명

○ 自强不息 _ 자강불식

쉬지(息) 않고(不) 스스로(自) 힘씀(强).
"나라가 풍전등화의 위기에 처하였으니 自强不息하여 국력을
길러야 합니다."

自 스스로 자
强 힘쓸 강
不 아니 불
息 쉴 식

o 귀 구경하지 말고 눈 구경하라
귀로 여러 번 듣는 것보다 눈으로 보는 것이 낫다.
"귀 구경하지 말고 눈 구경하랬다고 직접 가서 눈으로
확인해야 한다."

o 귀머거리 삼 년이요 벙어리 삼 년이라
시집살이는 고된 것이어서 인내심을 갖고 지내야 함을 당부하는 말.
"언년아, 귀머거리 삼 년이요 벙어리 삼 년이라고 했으니, 들어도 못
들은 척 보아도 못 본 척 살아야 한다."

o 십상十常이다
열 중에 여덟 아홉이 그러하다는 뜻의
십상팔구(十常八九)의 준말.
거의 예외 없이 대개 그러하다.
"조금이라도 한눈을 팔면 실패하기 십상(十常)이다."

十 열 십
常 보통 상

o 두 눈에 쌍심지를 켜다
두 개의 등잔 심지를 나란히 켜서 환히 밝히다.
두 눈에서 불이 날 정도로 부릅뜨다.
"놈들이 두 눈에 쌍심지를 켜고 찾고 있으니
각별히 조심해야 하오."

o 파문 _ 波紋
잔잔한 물 위에 충격을 가할 때 생기는 물결의(波)
무늬(紋).
"그녀의 얼굴엔 해맑은 웃음, 내 마음엔 잔잔한 波紋."

波 물결 파
紋 무늬 문

o 파생 _ 派生
근원으로부터 갈라져(派) 나옴(生).
"이 일로 인해 派生될 문제가 있는지 미리 점검합시다."

派 갈래 파
生 날 생

43

손에 잡히는 어휘

○ 苛斂誅求 _ 가렴주구
가혹하게(苛) 거두고(斂) 목을 벨 것처럼 협박하여(誅) 구함(求).
탐관오리가 가혹하게 세금을 거두고 재물을 강제로 빼앗음.
斂과 求는 백성들로부터 거둬들이는 것이요,
苛와 誅는 죽일 듯이 가혹하게 구는 것이다.
19세기 조선은 안동 김씨의 세도정치와 탐관오리들의 苛斂誅求로
인해, 민생은 도탄에 빠져 허덕였다.
가장 심했던 폐단은 삼정(三政)의 문란이었다.
삼정은 토지세에 관한 전정(田政), 군역에 관한 군정(軍政), 구휼을
목적으로 했던 환곡(還穀)인데, 삼정 중 군정의 폐단이 가장 심하여
황구첨정(黃口簽丁), 백골징포(白骨徵布)가 횡행하였다.
황구첨정은 어린아이를 군적에 올려 군포를 거두었던 것이요, 백골징포는
죽은 사람도 군적에 올려놓고 그 자식들에게 군포를 거두는 것이었다.

苛 가혹할 가
斂 거둘 렴
誅 벨 주
求 구할 구

○ 金科玉條 _ 금과옥조
금이나(金) 옥(玉)과 같이 아주 귀중한 법령이나 규범(科·條).
金과 玉은 사람이 매우 귀중하게 여기는 물건이다. 때문에 매우
귀중하게 여기는 것에 金이나 玉을 붙여 말한다. 科와 條는
법령의 분류 단위이니, 科가 상위 단위이고 條가 하위 단위이다.
요즘 법조문을 장, 절, 조, 항, 호, 목의 단위를 써서 상하 체계를
세우는 것과 같은 것이다.
주의!
金枝玉葉(금지옥엽)은 金이나 玉처럼 귀한 자녀라는 의미이니,
金科玉條와 구별해서 사용해야 한다.

金 금 금
科 과목 과
玉 옥 옥
條 조목 조

○ 自手成家 _ 자수성가
제(自) 손으로(手) 일가를(家) 이룸(成).
"강 씨의 10남매는 초등학교 졸업 후 상경하여 모두 自手成家하였다."

自 스스로 자
手 손 수
成 이룰 성
家 일가 가

○ 好事多魔 _ 호사다마
좋은(好) 일에는(事) 항상 마가(魔) 많음(多).
좋은 일에는 흔히 나쁜 일이 많이 생김.
"好事多魔라고 했으니, 집안에 경사가 있을수록 언행에
조심해야 한다."

好 좋을 호
事 일 사
多 많을 다
魔 마귀 마

○ 긁어 부스럼 만들다
필요 없는 짓을 하여 스스로 화를 부르다.
"가만히 있으면 해결될 일인데 왜 긁어 부스럼을 만들어?"

○ 냉수 먹고 이 쑤시기
실속은 없으면서 겉으로는 있는 체 함.
"여보, 체면 차리느라 냉수 먹고 이 쑤시지 말고 세상에 나가서 뭐라도
해봐요."

○ 장도壯途에 오르다
壯途는 장한 뜻을 품고 떠나는 길.
중대한 사명이나 큰 뜻을 품고 출발하다.
"한국 대표 팀은 오늘 월드컵 우승을 위한 장도에 올랐다."

壯 장할 장
途 길 도

○ 물고物故를 내다
物故는 죽음.
죄인을 죽이다. 또는 죽을 정도로 혼을 내다.
"여봐라, 저놈을 당장 끌어다 물고를 내거라!"

物 사물 물
故 죽을 고

○ 파행 _ 跛行
절름거리며(跛) 가듯(行) 일이 순조롭게 진행되지 못함.
"올 정기국회도 여야의 공방으로 인해 跛行을 면치
못했다."

跛 절름거릴 파
行 다닐 행

○ 귀감 _ 龜鑑
거북(龜) 껍질로 점을 쳐서 일의 기준을 세우고, 거울로(鑑)
사물을 비추어 봄. 본받을 만한 모범이나 본보기.
"황 선생님은 평생 교단을 지키며 학생들의 귀감이 되었다."

龜 거북 귀
鑑 거울 감

113

○ 口蜜腹劍 _ 구밀복검
입에는(口) 꿀이 있으나(蜜) 뱃속에는(腹) 칼이 있음(劍).
겉으로는 친절한 체하나 속으로는 해칠 생각을 가짐.
당나라 현종(玄宗) 시절에 이임보(李林甫)라는 재상은 술수에
능하고 교활하여, 자신보다 뛰어난 사람이 있으면 계략을 써서
제거하였다. 그래서 당시 사람들은 그를 가리켜 "口蜜腹劍한 놈"이라
하였다. 입에는 꿀을 발랐지만 배에는 칼을 찼다는 말이다.

口 입 구
蜜 꿀 밀
腹 배 복
劍 칼 검

○ 錦衣夜行 _ 금의야행
비단(錦) 옷을 입고(衣) 밤길을(夜) 감(行).
출세를 하여도 남들이 알아주지 않으면 쓸데없음.
錦衣는 비단옷. 夜行은 밤길을 걷다.
진(秦)에 대항하여 군사를 일으킨 항우(項羽)는 함양(咸陽)을
함락시키고 만족하여 고향으로 돌아가려 했다. 이에 한생(韓生)이
설득하여 曰, "함양은 산과 강이 험하고 땅이 비옥하니 도읍으로
삼는다면 천하의 패자가 될 수 있습니다."
항우는 성공을 과시하고 싶은 마음에 曰, "부귀하고서 고향에 돌아가지
않으면 錦衣를 입고 夜行하는 꼴이니 누가 알아주겠는가?"
그리하여 군사를 돌린 항우는 끝내 뜻을 펴지 못하고 유방에게 패하여
죽고 말았다.
주의! 성공하여 고향에 돌아간다는 뜻의 錦衣還鄕(금의환향)과
구별해서 사용해야 한다.

錦 비단 금
衣 옷 의
夜 밤 야
行 갈 행

○ 改過遷善 _ 개과천선
허물을(過) 고쳐(改) 착한 마음으로(善) 옮김(遷).
허물을 고쳐 착하게 됨.
"죗값을 치렀으니 이제부터 改過遷善하여 사람답게
살겠습니다."

改 고칠 개
過 허물 과
遷 옮길 천
善 착할 선

o 九曲肝腸 _ 구곡간장
肝腸(간장)은 간과 창자, 속마음.
아홉(九) 굽이나(曲) 서린 간장(肝腸).
굽이굽이 서려 깊숙이 있는 속내.
"고란사의 종소리 들리어 오면 九曲肝腸 찢어지는 백제 꿈이
그립구나~♬."

九 아홉 구
曲 굽이 곡
肝 간 간
腸 창자 장

o 농부는 굶어 죽어도 종자를 베고 죽는다
농부는 당장 굶어 죽더라도 다음 해 농사를 위해 종자를 아낀다.
지금 당장 힘들고 괴로워도 참고 견디며 앞날을 대비해야 한다.
"농부는 굶어 죽어도 종자를 베고 죽는다고, 훗날을 위해 허리띠를
졸라맵시다."

o 눈먼 탓이나 하지 개천 나무래 무엇 하나
자기의 부족함을 탓해야지 남을 원망해서는 안 된다.
"능력이 부족하면 눈먼 탓이나 하지 개천 나무래 무엇해?"

o 미주알고주알
미주알은 똥구멍에 닿는 창자의 끝부분. 고주알은 의미 없이 짝을
맞추는 말. 사소한 것까지 속속들이.
"시어머니께 남편의 잘못을 미주알고주알 일러바친들 무슨 소용이
있겠소?"

o 물의物議를 빚다
物議는 여러 사람의 입에 오르내림.
여러 사람의 입에 오르내릴 만한 말썽을 일으키다.
"물의를 빚은 데 대해 심심한 사과를 드립니다."

物 무리 물
議 논의할 의

o 담대 _ 膽大
쓸개가(膽) 큼(大). 겁이 없고 용감함. 대담(大膽).
"쓸개가 클수록 배짱이 좋다고 해서 나온 말이 膽大랍니다."

膽 쓸개 담
大 큰 대

o 곡진 _ 曲盡
정성을 다함. 자세하고 간곡함.
"그녀의 曲盡한 사연이 시청자들을 감동시켰다."

曲 자세할 곡
盡 다할 진

○ 金枝玉葉 _ 금지옥엽

금 같고(金) 옥 같은(玉) 자손(枝葉).

임금이나 귀한 분의 자손.

枝葉(지엽)은 가지와 잎이다.

뿌리가 조상이고 줄기가 부모라면, 가지나 잎은 자손에 해당한다.

따라서 枝葉은 자손. 여기에 귀하다는 의미로 金과 玉을 붙여

金枝玉葉이라고 하면 金같고 玉같은 귀한 자손을 뜻한다.

본래 임금이나 지체 높은 집의 자손을 일컫던 것이나

그 사용이 일반화되어 보통 사람의 귀히 여기는 자손도 金枝玉葉이라

한다.

金 금 금
枝 가지 지
玉 옥 옥
葉 잎 엽

○ 讀書百遍義自見 _ 독서백편의자현

책을(書) 백(百) 번(遍) 읽으면(讀) 뜻이(義) 저절로(自)

드러남(見).

후한(後漢)의 학자 동우(董遇)는 제자들에게 학문을 권장하며

이렇게 가르쳤다.

"반드시 먼저 책을 백 번 읽어라. 책을 백 번 읽으면 그 뜻이 저절로

드러난다." → 讀書百遍而義自見

주의! 百遍은 백 권이 아니고 백 번임.

서당의 학생들은 스승으로부터 배운 내용을 그날로 백 번씩 읽어 뜻을

알고 외운 뒤에야 하루의 공부를 마쳤으니 아마도 학자 동우의 영향일

것이다.

讀 읽을 독
遍 횟수 편
義 뜻 의
見 드러날 현

○ 窮餘之策 _ 궁여지책

궁한(窮) 끝에(餘) 내는 치졸한(之) 계책(策).

"조정에서는 窮餘之策으로 명나라에 사신을 보내 도움을

청하기로 했다."

窮 궁할 궁
餘 남을 여
之 ~한 지
策 꾀 책

o 茫然自失 _ 망연자실
茫然(망연)은 넋을 잃고 멍한 모양.
멍하니(茫然) 제 정신을(自) 잃음(失).
"부도 소식을 접한 김 사장은 茫然自失하여 주저앉았다."

茫 넓을 망
然 그럴 연
自 스스로 자
失 잃을 실

o 늦게 배운 도둑이 날 새는 줄 모른다
뒤늦게 재미를 붙이면 더욱 깊이 빠져들게 된다.
"늦게 배운 도둑이 날 새는 줄 모른다더니, 김 씨가 요즘 컴퓨터
게임에 빠져 밤새는 줄 모른다는군."

o 호미로 막을 일 가래로 막다
처음에 소홀히 하다가 나중에 큰 손해를 입다.
유사 속담으로 '닭 잡아 겪을 일을 소 잡아 겪는다'가 있다.
"진작 처리했어야 했는데, 호미로 막을 일 가래로 막게 되었어."

o 미혹迷惑되다
무엇에 홀려서 정신을 차리지 못하다.
"마흔 살을 미혹되지 않는 나이라 해서 불혹이라 하지요."

迷 혼미할 미
惑 혹할 혹

o 밑천이 드러나다
숨긴 바닥이 다 드러나다.
"오랫동안 강의를 하다 보니 이젠 밑천이 다 드러났네."

o 반증 _ 反證
반대될 만한(反) 증거(證).
"원고 측 주장에 대한 피고 측 변호인의 反證이 설득력이
약해 보였다."

反 돌이킬 반
證 증거 증

o 방조 _ 幫助
일을 거들어(幫) 도와줌(助).
"최유죄 씨도 이번 수뢰 사건을 방조한 혐의로
기소되었다."

幫 도울 방
助 도울 조

머리에 쏙! 넣기

1. 다음 뜻을 가진 한자성어를 보기에서 고르시오.

   [보기] 金科玉條 過猶不及 浩然之氣 苛斂誅求 近墨者黑

   ① 먹을 가까이 하는 사람은 검어짐. ( )
   ② 금이나 옥처럼 아주 귀중한 법률. ( )
   ③ 지나친 것은 미치지 못하는 것과 같음. ( )
   ④ 천지 사이에 가득한 넓고 큰 기운. ( )

2. 다음 속담의 ( ) 안에 알맞은 말을 넣으시오.

   ① 호미로 막을 일을 ( )로 막는다.
   ② 늦게 배운 ( )이 날 새는 줄 모른다.
   ③ 농부는 굶어 죽어도 ( )를 베고 잔다.
   ④ 눈 뜬 ( ).

3. 다음 ( ) 안에 알맞은 말을 보기에서 골라 넣으시오.

   [보기] 미주알고주알 미연 쌍심지 물의 십상

   ① 겨울철 화재는 ( )에 방지해야 합니다.
   ② 조금이라도 한눈을 팔면 다치기 ( )이다.
   ③ 놈들이 두 눈에 ( )를 켜고 찾고 있으니 각별히 조심해야 하오.
   ④ ( )를 빚은 데 대해 심심한 사과를 드립니다.

4. 다음 ( ) 안에 알맞은 말을 보기에서 고르시오.

   [보기] 波紋 膽大 曲盡 跛行 龜鑑

   ① 그녀의 ( )한 사연이 시청자들을 감동시켰다.
   ② 쓸개가 클수록 배짱도 좋다고 해서 나온 말이 ( )랍니다.
   ③ 황 선생님은 평생 교단을 지키며 학생들의 ( )이 되었다.
   ④ 올 정기국회도 여야의 공방으로 인해 ( )을 면치 못했다.

어휘력 비타민

쓰다

㉠ 글씨를 그리다.
"우리 옥이가 글씨를 또박또박 잘 쓰는구나."

㉡ 모자·우산을 머리 위에 얹다.
"저 사람이 양산을 쓰고 어디를 급히 가는 거지?"

㉢ 맛이 소태 같다.
"씀바귀는 맛이 써서 씀바귀인가요?"
"그럼요."

㉣ 사람을 부리다.
"사업을 하자면 사람 쓰는 일이 제일 어렵지."

㉤ 마음을 쏟다.
"이렇게 마음을 써 주셔서 정말 감사합니다."

㉥ 돈을 들이거나 없애다.
"돈은 개같이 벌어서 정승같이 써야 한단다."

㉦ 재료를 들이다.
"조미료를 적게 써서 맛을 내야 훌륭한 요리사이지."

ⓒ 시체를 묻다.
"김 노인은 볕이 잘 드는 야트막한 산자락에 아내의 묘를 썼다."

46 손에 잡히는 어휘

○ 矯角殺牛 _ 교각살우
뿔을(角) 바로 잡으려다(矯) 소를(牛) 죽임(殺).
조그만 흠을 고치려다 지나쳐서 도리어 일을 크게 그르침.
제사를 드릴 때 바치는 제물로는 牛를 으뜸으로 쳤다.
제물로 쓰는 牛는 몸집이 잘 생기고 角이 바로 서야 했는데,
牛角이 삐뚤어졌으면 이를 바로잡아줬다.
牛角을 바로잡으려다가 정도가 지나쳐 간혹 牛가 죽는 경우가 있었다.
그래서 생긴 말이 矯角殺牛.
비슷한 의미의 속담으로 '빈대 잡으려다 초가삼간 태운다'가 있다.

矯 바로잡을 교
角 뿔 각
殺 죽일 살
牛 소 우

○ 晚時之歎 _ 만시지탄
때가(時) 늦었음을(晚)(之) 탄식함(歎).
가수 양수경의 노래 〈사랑은 차가운 유혹〉,
"이별은 때늦은 후회, 다시는 만날 수 없어 ♬."
가사의 내용처럼 인생사는 때늦게 후회해야 소용이 없다.
때가 늦었음에 대한 탄식이 바로 晚時之歎이다.
'○○之歎' 꼴의 한자말을 더 알아보자.
麥秀之歎(맥수지탄): 고국의 망함을 탄식함.
亡羊之歎(망양지탄): 학문의 갈래가 많아 진로를 선택하기
어려움을 탄식함.
風樹之歎(풍수지탄): 부모님이 돌아가셔서 효도할 수 없음을 탄식함.

晚 늦을 만
時 때 시
之 ~한 지
歎 탄식할 탄

○ 風飛雹散 _ 풍비박산
바람처럼(風) 날리고(飛) 우박처럼(雹) 흩어짐(散).
사방으로 날아 흩어짐.
주의! 절대 풍지박산이 아님.
"6·25동란으로 온 집안이 風飛雹散이 났지."

風 바람 풍
飛 날 비
雹 우박 박
散 흩어질 산

o 夫唱婦隨 _ 부창부수
남편이(夫) 노래를 부르고(唱) 아내가(婦) 이에 따름(隨).
남편이 주장하고 아내가 이에 호응하여 부부가 화목하게
어울림.
"남편과 아내가 화목하게 어울리는 것이 夫唱婦隨지."

夫 남편 부
唱 부를 창
婦 아내 부
隨 따를 수

o 남의 제사에 감 놔라 배 놔라 한다
주제넘게 남의 일에 간섭한다.
"공연히 남의 제사에 감 놔라 배 놔라 하지 말고 자네 일이나 똑바로
하게."

o 개구리도 웅크려야 뛴다
능히 잘하는 일이라도 준비가 있어야 한다.
"개구리도 웅크려야 뛴다고 큰일을 위해서는 준비 시간이 필요합니다."

o 버겁다
어떤 일을 함에 힘이 부치다.
"워낙 큰 사업이라 제 능력으로는 버겁습니다."

o 무산霧散되다
어떤 일이 안개처럼(霧) 흩어져(散) 원점으로 돌아가다.
"이번 대회는 폭풍우로 인해 무산되었다."

霧 안개 무
散 흩어질 산

o 국면 _ 局面
바둑이나 장기의 판.
일이 되어 가는 형세.
"남북한 간의 활발한 대화로 통일 논의는 새로운 局面으로
접어들었다."

局 판 국
面 낯 면

o 사사 _ 師事
스승으로(師) 섬김(事).
"학봉 김성일은 퇴계 이황을 師事하였다." (○)
"학봉 김성일은 퇴계 이황에게 師事받았다." (×)

師 스승 사
事 섬길 사

忘年之交 _ 망년지교

나이 차를(年) 잊고(忘) 서로 존중하는(之) 사귐(交).
후한(後漢) 사람 공융(孔融)은 50대의 덕망 있는 인물이요
동시대 사람 예형(禰衡)은 20대의 총명한 인물이었다.
두 사람의 나이 차가 큰데도 공융이 예형의 재주가 빼어남을
인정하여 나이를 잊고 벗으로 대하니, 세상 사람들은 그들의 사귐을
일컬어 忘年之交라고 하였다.
忘年之友(망년지우)는 나이 차이를 잊고 사귀는 벗이다.

忘 잊을 망
年 나이 년
之 ~하는 지
交 사귈 교

杞憂 _ 기우

기나라(杞) 사람의 쓸데없는 걱정(憂).
공연한 근심 걱정.
주(周)왕조 시대, 杞나라에 걱정 많은 사람이 있었다.
하늘이 무너져 내리면 어디에 숨어야 할까 걱정하느라
밤에 잠도 못 자고 음식도 먹지 못했다.
그러자 그의 현명한 친구가 위로하여 曰,
"하늘은 기(氣)가 쌓인 것이어서, 기가 없는 곳이 없지. 우리는 기가
꽉 차 있는 하늘 안에서 움직이고 숨을 쉬는 것이라네. 그러니 하늘은
무너지지 않는다네."
이 말을 듣고 그는 크게 기뻐하며 마음을 놓았다고 한다.
이 고사에서 연유한 말이 杞人之憂(기인지우)이다.
杞人之憂를 줄여 杞憂라고 한다.

杞 기나라 기
憂 근심 우

北窓三友 _ 북창삼우

북쪽(北) 창의(窓) 세 가지(三) 벗(友). 거문고(琴), 술(酒), 시(詩).
선비들이 서재에서 늘 가까이 하며 즐긴 세 가지.
"정치에서 물러난 윤선도는 보길도에서 北窓三友를 벗 삼아
여생을 보냈다."

北 북녘 북
窓 창 창
友 벗 우

○ 氣高萬丈 _ 기고만장
기세가(氣) 대단하여 그 높이가(高) 만(萬) 길이나 됨(丈).
"저 사람이 氣高萬丈하더니 요즘 들어 풀이 꺾였어."

氣 기운 기
高 높을 고
萬 일만 만
丈 길 장

○ 호박이 넝쿨째로 굴러 떨어지다
뜻밖에 횡재를 얻다.
"지난 밤 돼지꿈을 꾸어서인지 호박이 넝쿨째 굴러 떨어졌네."

○ 다 된 밥에 재 뿌리다
다 이루어진 일을 망쳐 버리다.
비슷한 속담으로 '다 된 죽에 코 풀기'가 있다.
"다 된 밥에 재 뿌린다고, 그 동안 공들인 일을 하루아침에 망쳐
놓았다."

○ 버금가다
첫째의 바로 다음 가다.
"이 작품은 독창성이 뛰어나다는 점에서 당선작에 버금갑니다."

○ 민망하다
딱하고 안타깝다.
"벌어진 일을 꼼짝없이 보고만 있자니 민망할 뿐입니다."

○ 사숙 _ 私淑
직접 가르침을 받지 않았으나 학문과 덕을 사모하여
배우고 따름.
"맹자는 공자를 私淑하여 그 학문을 계승하였다."

私 사사로울 사
淑 맑을 숙

○ 반추 _ 反芻
芻는 꼴, 초식 가축동물의 먹이.
먹은 꼴을 되씹는 행위, 되새김질. 어떤 일을 되풀이하여
음미하고 생각함.
"나반성 씨는 그간의 일들을 反芻하면서 통한의 눈물을 흘렸다."

反 돌이킬 반
芻 꼴 추

○ 斷金之交 _ 단금지교

쇠를(金) 끊을(斷) 정도로 단단한(之) 사귐(交).

주역에서 曰,

"두 사람이 마음을 같이함에 그 날카로움이 쇠를(金) 자를 수

있고(斷), 마음을 함께하여 하는 말은 그 향기가 난초(蘭)와 같다."

여기서 생긴 말이 斷金之交와 金蘭之交(금란지교).

斷金之交는 쇠를 자를 정도로 단단한 사귐이요,

金蘭之交는 쇠와 같이 단단하고 난초처럼 향기로운 사귐이다.

벗과의 사귐에 관한 말들을 더 소개한다.

金石之交(금석지교): 쇠와 돌처럼 단단한 사귐.

芝蘭之交(지란지교): 지초와 난초처럼 고상한 사귐.

刎頸之交(문경지교): 목을 베어도 변치 않을 사귐.

> 斷 자를 단
> 金 쇠 금
> 之 ~한 지
> 交 사귈 교

○ 獨不將軍 _ 독불장군

혼자서는(獨) 장군이(將軍) 되지 못함(不).

일은 독단적으로 하기 어렵고 사람들의 협조를 얻어야 가능함.

獨不將軍은 '혼자서는(獨) 장군이(將軍) 되지 못한다(不)', 즉

수하에 명을 듣고 따르는 장졸들이 있어야 장군 노릇도 할 수

있다는 말이다.

요즈음 이 말은 '독단적으로 행동하는 장군' 또는 '고집스런 사람'을

일컫는 말로 오해되고 있다. 獨不(독불)의 발음이 강한데다가 성질이

사납고 인상이 고집스럽게 생긴 bulldog와 어감이 유사하기 때문에

'불도그 같이 고집스런 장군'으로 잘못 이해한 결과일 것이다.

> 獨 홀로 독
> 不 아니 불
> 將 장수 장
> 軍 군사 군

○ 內憂外患 _ 내우외환

나라 안팎의(內外) 근심(憂患).

"대한제국은 내부의 정치적 불안과 강대국의 위협으로

內憂外患에 봉착하였다."

> 內 안 내
> 憂 근심 우
> 外 바깥 외
> 患 근심 환

o 綠林豪傑 _ 녹림호걸
  푸른(綠) 숲의(林) 호걸(豪傑).
  산적 두목을 좋게 이르는 말.
  "길동은 집을 나와 활빈당에 들어가 綠林豪傑이 되었다."

  綠 푸를 록
  林 수풀 림
  豪 클 호
  傑 빼어날 걸

o 달도 차면 기운다
  세상사는 한번 성하면 반드시 쇠퇴한다.
  "달도 차면 기운다고 만석꾼 최 진사 댁이 이제 폐가가 되다시피
  했다네."

o 소 닭 보듯 닭 소 보듯 한다
  어떤 일에 전혀 관심을 보이지 않는다.
  "그들은 10년간을 이웃하여 살면서 소 닭 보듯 닭 소 보듯 하는
  관계였다."

o 밉살스럽다
  언행이 남에게 미움을 살 만한 데가 있다.
  "놈은 언제나 제 욕심만 차려서 몹시 밉살스럽다."

o 밑도 끝도 없다
  앞 뒤 없이 갑자기 말을 꺼내어 갈피를 잡지 못하다.
  "강 씨는 밑도 끝도 없이 상대의 멱살을 잡고 늘어졌다."

o 발호 _ 跋扈
  세력을 휘둘러 함부로 날뜀.
  "순조 임금 이후 외척세력이 跋扈하여 나라의 기운이 점차
  쇠락하였다."

  跋 난폭할 발
  扈 멋대로 할 호

o 방년 _ 芳年
  꽃다운(芳) 나이(年).
  "춘향이는 芳年 십팔 세의 소녀입니다."

  芳 꽃다울 방
  年 나이 년

date 2 ___ / ___
date 3 ___ / ___

○ 武陵桃源 _ 무릉도원
무릉 땅의(武陵) 복사꽃이(桃) 만발한 수원지(源).
이상향, 별천지.
무릉(武陵)은 지명.
桃는 복숭아. 桃花는 복숭아꽃, 복사꽃.
源은 수원지, 즉 강물이 시작되는 곳.
武陵의 한 어부가 어느 날 고기를 잡으려고 강을 따라 올라가다가
길을 잃고 헤매는데 문득 桃花가 만발한 마을이 보였다. 그 곳이 바로
武陵桃源. 그 곳 사람들은 아무런 걱정 없이 인정을 나누며 행복하게
살고 있었다. 어부는 며칠간 후한 대접을 받고 돌아왔다. 뒤에
사람들과 함께 다시 그곳에 가려하였으나 찾지 못하였다.

武 호반 무
陵 언덕 릉
桃 복숭아 도
源 근원 원

○ 明若觀火 _ 명약관화
불을(火) 보는 것(觀) 같이(若) 분명함(明).
결과가 불을 보듯이 뻔함.
A若B는 A가 B와 같다.
마치 불을 보는 것과 같이 뚜렷해서 의심할 여지가 없다는 말이다.
흔히 어떤 사건이나 사실이 뚜렷해서 누구나 알 수 있는
일을 가지고 자꾸 변명을 하거나 잡아뗄 때 쓰는 말이다.
비슷한 의미의 말로 明明白白(명명백백)이 있다.

明 밝을 명
若 같을 약
觀 볼 관
火 불 화

○ 山海珍味 _ 산해진미
산과(山) 바다에서(海) 나는 진귀한(珍) 맛의(味) 음식.
"김 대감 댁의 혼인잔치에는 온갖 山海珍味가 가득하였다."

山 뫼 산
海 바다 해
珍 보배 진
味 맛 미

○ 桑田碧海 _ 상전벽해
뽕나무(桑) 밭이(田) 푸른(碧) 바다가 됨(海).
세상의 변화가 심함.

桑 뽕나무 상
田 밭 전

126

"수십 년 만에 고향에 돌아오니 桑田碧海란 말이
실감나는군요."

碧 푸를 벽
海 바다 해

o 개똥도 약에 쓰려면 없다
평소 흔하던 것도 막상 쓸데가 있어 찾으면 없다.
"개똥도 약에 쓰려면 없다더니, 그리 흔하던 것들이 다 어디로 갔지?"

o 개똥밭에 굴러도 이승이 좋다
아무리 고생스러워도 죽는 것보다는 살아 있는 것이 낫다.
비슷한 속담으로 '산 개가 죽은 정승보다 낫다'가 있다.
"개똥밭에 굴러도 이승이 좋다지 않나. 우리 건강하게 살아보세."

o 변죽을 울리다
변죽은 그릇이나 물건의 가장자리.
본론을 말하지 않고 에둘러 말하다.
"여보게. 변죽만 울리지 말고 어서 속 시원히 털어 놓게나."

o 복장腹臟이 터지다
복장(腹臟)은 가슴의 한 복판.
억울하거나 답답하여 가슴이 터질 듯하다.
"내가 지금 너 때문에 복장이 터지게 생겼어."

腹 배 복
臟 오장 장

o 사이비 _ 似而非
겉은 제법 진짜 같이(似) 보이나 실은 아님(非).
겉으로는 그럴 듯하지만 속은 거짓됨.
"언론의 공정성과 발전을 저해하는 이들이 바로 似而非
기자들입니다."

似 같을 사
而 말이을 이
非 아닐 비

o 공염불 _ 空念佛
진심 없이 입으로만 외는 헛된(空) 염불(念佛).
실천이 따르지 않는 헛된 주장이나 선전.
"그가 아무리 좋은 말을 늘어놓아도 空念佛에 지나지
않았다."

空 빌 공
念 생각 념
佛 부처 불

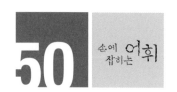

○ 反哺之孝 _ 반포지효

자식이 커서 부모를 먹이는(反哺)(之) 효성(孝).

자식이 커서 어버이의 은혜에 보답하는 효성.

다음은 조선 후기의 가객(歌客) 박효관(朴孝寬)의 시조이다.

"뉘라서 까마귀를 검고 흉타 하는가

反哺報恩(반포보은)이 그 아니 아름다운가

사람이 저 새만 못함을 못내 슬퍼하노라."

예로부터 까마귀를 흉조라 꺼려하지만 다 자란 후에는

어미를 위해 먹이를 물어다가 먹인다고 여겨 反哺鳥(반포조)라

하였다.

그리하여 생긴 말이 反哺之孝이다.

反 돌릴 반
哺 먹일 포
之 ~한 지
孝 효도 효

○ 傍若無人 _ 방약무인

곁에(傍) 아무도(人) 없는(無) 것 같이(若) 행동함.

거리낌없이 함부로 행동함.

사기 열전에 소개된 형가(荊軻)는 독서와 검술을 좋아하였다.

형가는 연(燕)나라로 가서 악기를 잘 타는 고점리(高漸離)와 사귀었다.

시장바닥에서 술이 얼큰해지면 고점리가 축을 타고 형가는 이에

맞추어 노래를 부르고 마치 주변에 아무도 없는 것처럼 함부로

행동하였다. 여기서 나온 말이 傍若無人, 곁에 아무도 없는 듯이

행동한다는 뜻이다.

유사한 말로 眼下無人(안하무인)이 있으니, 눈 아래 아무도 없는 듯이

함부로 행동한다는 뜻이다.

傍 곁 방
若 같을 약
無 없을 무

○ 束手無策 _ 속수무책

손이(手) 묶이어(束) 손 써볼 만한 대책이(策) 없음(無).

"임진년 조총을 앞세운 왜적의 침략에 우리 군은 束手無策으로

패하였다."

束 묶을 속
手 손 수
無 없을 무
策 꾀 책

o **菽麥不辨 _ 숙맥불변**
콩과(菽) 보리도(麥) 구별하지(辨) 못함(不).
세상 물정을 모르고 어수룩함.
"세상 물정에 어두운 것을 菽麥不辨이라 하고, 그런 사람을
菽麥이라고 하지요. 강하게 발음하면 쑥맥."

菽 콩 숙
麥 보리 맥
不 아니 불
辨 구별할 변

o **개 발에 편자**
편자는 말굽에 대어 붙이는 쇳조각.
형편에 어울리지 않게 좋은 것을 두고 이름.
"흥부야, 네게 이런 화초장은 개 발에 편자이니 냉큼 이 형에게
주거라."

o **개밥에 도토리**
무리에 어울리지 못하고 따돌림을 받는 사람.
"우리 집에서 나는 개밥에 도토리 신세이다."

o **본데없다**
가정이나 주변에서 보고 들은 것이 없어 예절이 없다.
"양반 자제가 어찌 저렇게 본데없이 구는가?"

o **볼멘소리**
볼이 메어질 정도로 골이 나서 하는 소리.
"너는 엄마의 말이 뭐가 그리 못마땅해서 볼멘소리를 하니?"

o **산화 _ 散華**
꽃을 뿌림.
꽃다운 청년이 전장에서 죽음을 좋게 이르는 말.
"6·25동란 중 백마고지에서 散華한 용사들의 유해를
발굴하고 있다."

散 흩어질 산
華 꽃 화

o **살풍경 _ 殺風景**
아주 보잘것없거나 쓸쓸한(殺) 풍경(風景).
"그 곳은 쓰레기가 가득하여 殺風景한 도시로 변하였다."

殺 죽일 살
風 바람 풍
景 경치 경

머리에 쏙! 넣기

1. 다음 뜻을 가진 한자성어를 보기에서 고르시오.

[보기] 菽麥不辨 晚時之歎 杞憂 明若觀火 武陵桃源

① 콩인지 보리인지 구별하지 못할 정도로 어수룩함. ( )
② 때가 늦었음을 탄식함. ( )
③ 쓸데없는 근심 걱정. ( )
④ 불을 보듯 뻔함. ( )

2. 다음 속담의 ( ) 안에 알맞은 말을 넣으시오.

① 개밥에 ( ).
② 개 발에 ( ).
③ 개똥밭에 굴러도 ( )이 좋다.
④ 다 된 밥에 ( ) 뿌린다.

3. 다음 ( ) 안에 알맞은 말을 보기에서 골라 넣으시오.

[보기] 복장 끝도 변죽 무산 밉살스럽다

① 이번 대회는 폭풍우로 인해 ( )되었다.
② 놈은 언제나 제 욕심만 차려서 몹시 ( ).
③ 강 씨는 밑도 ( ) 없이 상대의 멱살을 잡고 늘어졌다.
④ ( )만 울리지 말고 어서 속 시원히 털어 놓게나.

4. 다음 ( ) 안에 알맞은 말을 보기에서 고르시오.

[보기] 反芻 空念佛 芳年 殺風景 散華

① 그 곳은 쓰레기가 가득하여 ( )한 도시로 변하였다.
② 6 · 25동란 중 백마고지에서 ( )한 용사들의 유해를 발굴하고 있다.
③ 춘향이는 ( ) 십팔 세의 소녀입니다.
④ 나반성 씨는 그간의 일들을 ( )하면서 통한의 눈물을 흘렸다.

재다

㉠ 뽐내다.
"공부 잘한다고 너무 재지 마라."

㉡ 길이·무게 따위를 따지다.
"길이나 너비를 정확히 재기 위한 인간의 노력은 계속되었다."

㉢ 일의 앞뒤를 따지다.
"주변 상황을 면밀히 재보고 일을 시작하자."

㉣ 동작이 빠르다.
"김 군은 동작이 재서 주인의 귀여움을 받았다."

㉤ 입놀림이 가볍다.
"남자 입이 너무 재도 못쓴다."

㉥ 김에 기름을 발라 굽다.
"영희야, 엄마 다녀올 동안 김을 재어 놓아라."

㉦ 총에 탄알을 넣다.
"안 의사는 육철포에 탄알 3발을 재어 하얼빈역으로 향하였다."

百尺竿頭 _ 백척간두

백(百) 척이나 되는(尺) 장대(竿) 끝(頭).
매우 위태로운 상태. 매우 앞서 나아감.
尺은 길이나 높이를 재는 단위이다.
작고 어린 아이라는 뜻의 三尺童子(삼척동자), 내 코가 석 자라는
뜻의 吾鼻三尺(오비삼척), 매우 큰 키라는 의미의
九尺長身(구척장신)의 尺이다. 1尺이 30cm이요, 百尺은 약 30m이다.
竿頭는 장대의 끝. 百尺竿頭는 百尺이나 되는 긴 장대의 끝이니, 즉
매우 위태로운 상황을 일컫는다.
매우 위태롭다는 뜻에서 風前燈火(풍전등화)와 통한다.
百尺竿頭는 또한 가장 앞서다라는 뜻으로도 쓰인다.

百 일백 백
尺 자 척
竿 막대기 간
頭 머리 두

不恥下問 _ 불치하문

아랫사람에게(下) 묻는 것을(問) 부끄럽게 여기지(恥) 않음(不).
공자(孔子)의 제자인 자공(子貢)이 공자에게 물었다.
"공문자(孔文子)는 왜 시호를 文이라고 하였습니까?"
"그는 총명하면서도 배우기를 좋아하여 아랫사람에게(下) 묻는 것도(問)
부끄러워하지(恥) 않았다(不). 이 때문에 그의 시호를 文이라고 한 것이다."
남에게 묻는다는 것은 자신의 무지를 드러내는 것이기 때문에
선뜻 하기 어려운 일이다. 더구나 나이 어리거나 지위 낮은 사람에게는
더욱 쉽지 않다. 그러나 진정 배우기를 좋아하는 사람이라면 下問을
부끄러워하지 말아야 한다.

恥 부끄러울 치
問 물을 문

我田引水 _ 아전인수

제(我) 논에(田) 물(水) 대기(引).
자기에게 이로운 대로만 행동함.
"그렇게 매사에 我田引水격으로 행동하다가는 남의 비난을 사게
된단다."

我 나 아
田 밭 전
引 끌 인
水 물 수

o 言語道斷 _ 언어도단
  말의(言語) 길이(道) 막힘(斷).
  말하려 해도 말문이 막혀서 할 수 없음.
  "6·25 남침을 감행한 북한이 도리어 북침이라고 우기니,
  言語道斷이구만."

言 말 언
語 말 어
道 길 도
斷 끊을 단

o 배보다 배꼽이 더 크다
  주된 것보다 딸린 것이 더 크거나 많다.
  "배보다 배꼽이 더 크다고, 술값보다 안주값이 더 비싸군."

o 물에 물 탄 듯 술에 술 탄 듯하다
  성격이 분명치 않고 흐릿하다.
  "너는 왜 매사에 물에 물 탄 듯 술에 술 탄 듯이 행동하느냐?"

o 부질없다
  부질은 불질. 담금질을 위해 쇠를 불에 담구는 행위.
  불질 안한 쇠붙이는 재질이 물러서 쓸모없다는 데서 온 말.
  쓸데없다.
  "나의 청소년 시절은 부질없는 방황의 연속이었다."

o 불거지다
  두드러지게 커지거나 갑자기 생기다.
  "이마에 혹이 불거지더니 고열이 나기 시작했다."

o 성상 _ 星霜
  세월. 한 해.
  한 해에 별은 하늘을 한 번 돌고, 서리는 한 철 내린다는
  뜻에서 온 말.
  "대학을 졸업한 지 어느덧 삼십 星霜이 흘렀다."

星 별 성
霜 서리 상

o 세기말적 _ 世紀末的
  절망적이고 퇴폐인 경향이 나타나는.
  "20세기말과 같은 世紀末的 퇴폐풍조가 다시 재연될
  것인가?"

世 인간 세
紀 기록할 기
末 끝 말
的 ~한 적

○ 四面楚歌 _ 사면초가

사방에서(四面) 초나라의(楚) 노랫소리가(歌) 들림.

사면이 적병으로 포위되어 도저히 빠져나갈 수 없는 상태.

楚는 항우(項羽)가 세운 나라. 楚歌는 초나라의 노래.

항우와 유방(劉邦)의 싸움이 막바지에 닿을 무렵, 유방은

해하(垓下)에서 항우의 군대를 겹겹이 포위하였다. 당시 항우는 군사도

흩어지고 군량도 떨어져, 더 이상 싸울 수 없는 상태였다.

유방은 항우 군대의 사기를 떨어뜨리려고 사로잡은 楚나라 포로들에게

四面에서 楚歌를 부르게 하였다.

"고향이 그리워도 못가는 신세♬, 엉~ 엉~."

楚나라 군사들은 四面에서 楚歌가 들려오자 고향 생각에 사기를 잃고

야음을 타 도망쳤다. 결국 항우의 군대는 완전히 패하고 말았다.

面 방향 면
楚 초나라 초
歌 노래 가

○ 弱肉强食 _ 약육강식

약한 자의(弱) 고기는(肉) 강한 자의(强) 먹이가(食) 됨.

냉혹한 생존 경쟁의 세계에서 강한 자만이 살아남는 법칙.

다음은 당나라의 문장가 한유(韓愈)의 글이다.

"무릇 새들이 모이를 쪼다가 머리를 들고 사방을 둘러보는 것이나,

짐승들이 깊숙이 숨어사는 것은 다른 짐승이 해칠까 두려워서이다.

그런데도 약한 자의 고기는(弱肉) 강한 자의 먹이가 된다(强食)."

유학자인 한유가 불교의 후진성을 지적하기 위해 한 말이었으나,

지금은 동물과 인간 사회에서의 냉혹한 생존경쟁의 양상을 일컫는다.

弱 약할 약
肉 고기 육
强 굳셀 강
食 먹을 식

○ 屋上加屋 _ 옥상가옥

집(屋) 위에(上) 거듭 집을(屋) 더함(加).

공연히 쓸데없는 일을 더함.

"상임이사회가 있는데 그 위에 특별이사회를 두는 이유가 뭐지?"

"그야말로 屋上加屋이지."

屋 집 옥
加 더할 가

o 起死回生 _ 기사회생
죽음에서(死) 일어나(起) 삶으로(生) 되돌아옴(回).
죽을 위기에서 다시 살아남.
"초반에 연패를 면치 못하던 대한민국 대표팀이
起死回生해서 우승을 차지했다."

起 일어날 기
死 죽을 사
回 돌릴 회
生 살 생

o 물에 빠지면 지푸라기라도 잡는다
위급한 상황에 처하면 하찮은 것이라도 붙잡아 도움을 받으려 한다.
"물에 빠지면 지푸라기라도 잡는다더니, 회사가 부도 위기에 놓였을
때는 정말 지푸라기라도 잡고 싶더군."

o 무소식이 희소식
소식이 없는 것은 잘 있다는 기쁜 소식이나 다름이 없음.
"너무 걱정하지 마세요. 무소식이 희소식이라잖아요."

o 삼삼하다
사람이나 물건이 멋있어 그 모습이 눈에 선하다.
"야! 저 물건 삼삼한데."
"정말 삼삼하군."

o 불문不問에 부치다
묻지 아니하고 그대로 내버려두다.
"이번 사고는 불문에 부칠 것이니 다음부터 조심하시오."

不 아닐 불
問 물을 문

o 슬하 _ 膝下
부모님의 무릎(膝) 아래(下).
부모님의 사랑 아래.
"부모님 膝下를 떠나니 키워주신 은혜가 얼마나 큰지
알겠습니다."

膝 무릎 슬
下 아래 하

o 절찬리 _ 絕讚裏
더할 나위 없는(絕) 칭찬(讚) 속에(裏).
"우리가 제작한 영화가 전국 극장에서 絕讚裏에 상영되고
있습니다."

絕 빼어날 절
讚 기릴 찬
裏 속 리

○ 溫故知新 _ 온고지신
옛것을(故) 익혀(溫) 새것을(新) 앎(知).
공자 曰, "옛것을 익혀서 새것을 알면 비로소 스승이 될 수 있다."
→ 溫故而知新(온고이지신)이면 可以爲師矣(가이위사의)라.
공자를 중심으로 한 유가(儒家)에서는 고대 하(夏), 은(殷) 왕조의
문화를 이상적인 것으로 여기고 이를 복원하고 계승하려는 노력을 했다.
공자의 이 말씀은 옛것을 익히고 새롭게 발전시키려 했던 유가의
학풍을 단적으로 보여준다. 교육은 과거의 것을 배워 새로운 것을
창조할 수 있는 능력을 배양하는 것이라고 여긴 것이다.

| 溫 익힐 온 |
| 故 옛 고 |
| 知 알 지 |
| 新 새로울 신 |

○ 百年河淸 _ 백년하청
백년을(百年) 기다린다 해도 황하의 물이(河) 맑아지랴(淸).
아무리 기다려도 어떤 일이 이루어지기 어려움.
河는 중국의 黃河(황하).
黃河는 중원의 황토 위를 흐르기 때문에 그 물이 흐리다.
百年을 기다리고 千年을 기다린다 해도 결코 맑아지기를
기대할 수 없다.
춘추좌씨전(春秋左氏傳)에 이런 말이 있다.
"황하의 흐린 물이 맑아지기를 기다리고 있으면 사람은 늙어 죽고
만다네."
百年河淸은 아무리 오래 기다린다 해도 어떤 일이 이루어지지 않음을
뜻하는 말이다.

| 百 백 백 |
| 年 해 년 |
| 河 강 하 |
| 淸 맑을 청 |

○ 勞心焦思 _ 노심초사
애를(心) 쓰며(勞) 속을(思) 태움(焦).
"불초소자를 위해 勞心焦思하신 부모님을 생각하니 눈물이 앞을
가립니다."

| 勞 수고로울 로 |
| 心 마음 심 |
| 焦 태울 초 |
| 思 생각 사 |

136

o 信賞必罰 _ 신상필벌
공이 있는 사람에게는 공정하게(信) 상을 주고(賞) 죄를
지은 사람에게는 반드시(必) 벌을 줌(罰).
상과 벌을 원칙에 따라 엄정히 행함.
"국가의 재건을 위해 信賞必罰을 엄히 할 것이다."

信 반드시 신
賞 상줄 상
必 반드시 필
罰 벌 벌

o 선무당이 사람 잡는다
선무당은 서투르고 미숙하여 굿을 제대로 하지 못하는 무당.
서투른 사람이 잘하는 척 나섰다가 일을 망치다.
"선무당이 사람 잡는다고 자네는 왜 공연히 나서서 일을 망쳐 놓는가."

o 계란에도 뼈가 있다
모처럼 좋은 기회를 얻었으나 역시 잘 되지 않다.
한자어로는 鷄卵有骨(계란유골)이다. 의미가 비슷한 속담으로
'운수 사나운 놈은 뒤로 넘어져도 코가 깨진다'가 있다.
"안 되는 사람은 계란에도 뼈가 있다더니, 내 신세가 바로 그 꼴일세."

o 볼썽사납다
체면이나 예모가 없어서 남 보기에 언짢다.
"그렇게 볼썽사나운 옷차림을 하고 어디 가니?"

o 삼천포三千浦로 빠지다
삼천포(三千浦)는 경상남도에 있는 포구.
말이 곁길로 빠지거나 일이 엉뚱하게 돌아가다.
"홍 선생님은 수업시간에 설명하시다가 자주 삼천포로 빠지신다."

千 일천 천
浦 개 포

o 청백리 _ 清白吏
맑고(清) 깨끗한(白) 관리(吏).
"황희 정승은 清白吏의 표상이라 할 수 있다."

清 맑을 청
白 흰 백
吏 관리 리

o 상극 _ 相剋
서로(相) 대립하고 해치려 함(剋).
"대대로 相剋이었던 집안의 남녀가 사랑에 빠지면서
비극이 시작되었지."

相 서로 상
剋 이길 극

○ 棟梁之材 _ 동량지재

마룻대와(棟) 들보처럼(梁) 국가의 중책을 맡을(之) 인재(材).
棟梁은 마룻대와 들보이다.
마룻대는 집의 지붕을 떠받치는 중요 목재요,
들보는 기둥과 기둥 사이에 가로로 얹혀 집의 상부를 받쳐주는
목재이다.
모두 집을 지탱하는 중요한 구성 요소들이다.
棟梁之材는 마룻대와 들보로서 쓰일 재목으로,
장차 국가의 중책을 맡길 만한 빼어난 인재를 뜻한다.

棟 마룻대 동
梁 들보 량
之 ~할 지
材 재목 재

○ 杜門不出 _ 두문불출

문을(門) 잠그고(杜) 나가지(出) 않음(不).
杜門은 문을 잠그는 것이요, 不出은 세상에 나가지 않는 것이다.
고려 말에 杜門洞七十二賢(두문동칠십이현)이 있었다.
이성계의 역성혁명 후에 고려에 대한 충절을 지킨 분들이
많았는데, 그 중 杜門洞으로 들어가서 세상에 나오지 않았던 72명의
충신들을 그렇게 불렀다.
두문동은 지금의 경기도 개풍군 광덕면 광덕산 서쪽의 골짜기이다.
조선 왕실은 군사를 보내어 이들을 포위하고 불을 질러 태워 죽였다.

杜 잠글 두
門 문 문
不 아니 불
出 나아갈 출

○ 面從腹背 _ 면종복배

겉으로는(面) 따르는 척 하고(從) 뱃속으로는(腹) 배반함(背).
"부하들을 엄히 대하기만 하면 面從腹背하는 자가 생기기
마련이란다."

面 얼굴 면
從 따를 종
腹 배 복
背 배반할 배

○ 命在頃刻 _ 명재경각

목숨이(命) 경각에(頃刻) 달려 있음(在).
곧 숨이 넘어갈 지경에 다다름.

命 목숨 명
在 있을 재
頃 잠깐 경
刻 시각 각

"동궁의 병이 깊어 命在頃刻에 이르자 궁궐 내의 분위기는 온통 침울해졌다."

o **닭 쫓던 개 지붕 쳐다보듯 한다**
애써 하던 일이 실패로 돌아가 멍하니 바라만 보고 있다.
"닭 쫓던 개처럼 지붕만 쳐다보지 말고, 이제 자네도 새 사람을 찾아보게나."

o **새 술은 새 부대에**
부대는 물건을 담기 위해 가죽 등으로 만든 큰 자루.
새로운 내용물은 새 자루에 담아야 한다.
"새 술은 새 부대에 담으라고 했으니, 새로운 마음으로 새해를 시작합시다."

o **반죽이 좋다**
성품이 유들유들해서 쉽게 노여워하거나 부끄러움을 타지 않다.
"장사를 하려면 반죽이 좋아야 한다네."

o **박차拍車를 가하다**
박차(拍車)는 구두 뒤축에 다는 쇠, 이것으로 말의 배를 차서 빨리 달리도록 함.
속도를 더 내기 위하여 노력과 열성을 더하다.
"70년대 우리는 수출 증대를 위해 박차를 가하였다."

拍 칠 박
車 수레 차

o **세계관 _ 世界觀**
세계를 보는 견해.
"문학작품은 당시 사회상과 작가의 世界觀을 반영한다."

世 인간 세
界 경계 계
觀 볼 관

o **세칭 _ 世稱**
세상에서(世) 흔히 말하는 것(稱).
"世稱 일류대학을 졸업했다고 해서 훌륭한 인물이 되는 것은 아니라네."

世 세상 세
稱 일컬을 칭

○ 登高自卑 _ 등고자비

높은 곳을(高) 오르더라도(登) 낮은 곳(卑)부터(自) 시작해야 함.

높은 지위에(高) 오를수록(登) 스스로를(自) 낮춤(卑).

속담에 '천리 길도 한 걸음부터'라는 말이 있다.

아무리 먼 길이라도 한 걸음부터 시작해야 한다는 뜻이다.

이와 통하는 말이 登高自卑이다. 높은 데 오르려면 낮은 곳에서부터

시작해야 한다는 의미이다. 목표가 크다 할지라도

그 시작은 낮은 곳부터 시작해서 단계적으로 밟아 나아가야 한다.

다른 의미로, 높은 지위에 오를수록 스스로 낮추어야 한다는 뜻도

있으니, '벼는 익을수록 고개를 숙인다'는 속담과 의미가 통한다.

> 登 오를 등
> 高 높을 고
> 自 ~부터 자
> 卑 낮을 비

○ 莫逆之友 _ 막역지우

허물이(逆) 없는(莫)(之) 가까운 벗(友).

매우 친한 벗. 막역한 벗.

莫逆은 두 사람이 매우 친밀하여 허물이나 거스름이 없는

것이다.

그리하여 莫逆한 사이를 莫逆之間이라 하고,

莫逆한 사귐을 莫逆之交라고 한다.

莫逆之友는 허물이 없는 가까운 벗이다.

벗과 관련된 말들을 더 소개한다.

忘年之友(망년지우): 서로의 나이 차를 잊고 사귀는 벗.

竹馬故友(죽마고우): 대나무말 타고 놀던 어릴 적부터의 벗.

> 莫 없을 막
> 逆 거스를 역
> 之 ~하는 지
> 友 벗 우

○ 門前成市 _ 문전성시

문(門) 앞이(前) 시장을(市) 이룸(成).

방문객이 많아 문 앞이 시장을 이루다시피 붐빔.

"허준이 명의라고 소문이 나자 삽시간에 환자들로 門前成市를

이루었다."

> 門 문 문
> 前 앞 전
> 成 이룰 성
> 市 시장 시

○ 博學多識 _ 박학다식
널리(博) 배워(學) 아는 것이(識) 많음(多).
"시국의 난제를 해결하지 못하는데 博學多識이 무슨
소용이 있으리오."

박 넓을 박
學 배울 학
多 많을 다
識 알 식

○ 대청 빌리면 안방 빌리자 한다
사람의 욕심은 끝이 없다.
비슷한 속담으로 '말 타면 경마 잡히고 싶다'가 있다.
"욕심이 끝이 있나? 대청 빌리면 안방 빌리자 하는 법이지."

○ 도둑이 제 발 저리다
죄를 지으면 자신도 모르게 불안한 감정을 드러내고 만다.
"도둑이 제 발 저리다고 요즘 들어 최 씨의 눈치가 수상쩍단 말이야."

○ 배짱이 맞다
서로 뜻과 마음이 맞다.
"둘은 서로 배짱이 맞아 곧 십년지기처럼 되었다."

○ 방불髣髴하다
거의 비슷하다.
"사고현장은 지옥을 방불할 만큼 끔찍하였다."

髣 비슷할 방
髴 비슷할 불

○ 세파 _ 世波
모질고 거친 세상의(世) 풍파(波).
"오랜만에 나타난 그의 모습은 世波에 시달린 듯 몹시
찌들어 보였다."

世 인간 세
波 물결 파

○ 사갈시 _ 蛇蝎視
미워하여 뱀이나(蛇) 전갈을(蝎) 보듯이 함(視).
"선생은 친일 인사들을 蛇蝎視하여 그들과 어떠한 타협도
하지 않았다."

蛇 뱀 사
蝎 전갈 갈
視 볼 시

머리에 쏙! 넣기

1. 다음 뜻을 가진 한자성어를 보기에서 고르시오.

[보기] 門前成市 溫故知新 言語道斷 我田引水 百尺竿頭

① 백 척이나 되는 장대 끝처럼 위태로운 상황. (   )
② 자기에게 이로운 대로만 행동함. (   )
③ 말문이 막혀 말할 수 없음. (   )
④ 옛것을 익혀서 새것을 앎. (   )

2. 다음 속담의 (   ) 안에 알맞은 말을 넣으시오.

① 도둑이 제 (   ) 저리다.
② 대청 빌리면 (   ) 빌리자 한다.
③ 닭 쫓던 개 (   ) 쳐다본다.
④ 선무당이 (   ) 잡는다.

3. 다음 (   ) 안에 알맞은 말을 보기에서 골라 넣으시오.

[보기] 부질 삼천포 삼삼 불문 박차

① 이번 사고는 (   )에 부칠 것이니 다음부터 조심하시오.
② 야! 저 물건 (   )한데.
③ 홍 선생님은 수업시간에 설명하시다가 자주 (   )로 빠지신다.
④ 70년대 우리는 수출 증대를 위해 (   )를 가하였다.

4. 다음 (   ) 안에 알맞은 말을 보기에서 고르시오.

[보기] 膝下 絕讚裏 世波 淸白吏 星霜

① 그는 거친 (   )에 시달려 몹시 찌들어 보였다.
② 조선 전기의 황희 정승은 (   )의 표본이라 할 수 있다.
③ 부모님 (   )를 떠나니 키워주신 은혜가 얼마나 큰지 알겠습니다.
④ 대학을 졸업한 지 어느덧 삼십 (   )이 흘렀다.

치다

㉠ 힘껏 때리다.
"떡보는 우악스럽게 상대를
쳤다."

㉡ 악기를 연주하다.
"혜정이는 짬을 내어 피아
노를 친다."

㉢ 날개를 세차게 흔들다.
"송골매는 먹이를 향해
날개를 치며 날아갔다."

㉣ 가지를 잘라내다.
"나무는 가지를 적당히 쳐
주어야 잘 자란다."

㉤ 화투 · 포카 · 당구를 하다.
"한국 사람들은 모였다 하면
화투를 치니 참으로 한심하지."

㉥ 붓으로 그림을 그리다.
"추사 선생은 조용히 앉아
사군자를 치셨다."

㉦ 전보를 보내다.
"전화가 없는 곳에는 전보를
치는 것이 좋다."

㉧ 시험을 보다.
"이번 중간고사를 잘 치러
기분이 좋다."

㉨ 소금 따위를 뿌리다.
"국이 싱거우니 소금을 쳐라."

㉩ 체로 가루를 받아내다.
"도토리 가루를 곱게 잘 쳐야
맛있는 묵을 먹을 수 있단다."

㉪ 휘장을 늘어뜨리다.
"햇빛이 강하니 커튼을 치는
것이 좋겠다."

㉫ 소리를 지르다.
"누군가 갑자기 고함을 쳤다."

㉬ 못된 짓을 하다.
"저 녀석 또 사고를 쳤구먼."

㉭ 더러운 것을 버리다.
"엄마는 아기가 싼 똥을 쳤다."

o 管鮑之交 _ 관포지교

관중과(管) 포숙아(鮑)의(之) 사귐(交).

서로에 대한 믿음과 의리가 두터운 사귐.

管鮑는 管仲(관중)과 鮑叔牙(포숙아)의 줄임말이다.

管仲은 춘추시대에 제(齊)나라의 재상으로 유명한 인물이요,

鮑叔牙는 그의 벗이다.

管仲이 크게 성공했던 데에는 그를 이해하고 아껴준 鮑叔牙의

도움이 컸다.

그리하여 鮑叔牙를 일컬어 曰, "나를 낳아준 분은 부모님이요,

나를 진정으로 알아준 사람은 鮑叔牙이다."

사람들은 그들의 두터운 사귐을 기려 管鮑之交라고 하였다.

管 대통 관
鮑 절인고기 포
之 ~의 지
交 사귈 교

o 刮目相對 _ 괄목상대

눈을(目) 비비고(刮) 상대방을(相) 대함(對).

학식이나 재주가 매우 늘어 눈을 비비고 다시 볼 정도임.

刮目은 눈을 비비다, 相對는 ~을 대하다.

오(吳)나라 손권(孫權)의 부하 장수였던 여몽(呂蒙)은 용맹하였으나

무식하였다.

손권이 여몽에게 공부할 것을 권하였다.

얼마 후에 학식이 뛰어난 노숙(魯肅)이 여몽을 찾아갔다가 그의

박식함에 깜짝 놀라고 말았다. 여몽이 曰,

"선비는 모름지기 헤어진 지 사흘이면 刮目相對해야 한다네."

刮 비빌 괄
目 눈목
相 서로 상
對 대할 대

o 知己之友 _ 지기지우

자기를(己) 알아주는(知)(之) 벗(友).

"知己之友는 자기를 알아주는 벗이란 뜻에서 知音(지음)과

통한다."

知 알 지
己 자기 기
之 ~한 지
友 벗 우

o 風月主人 _ 풍월주인
風月은 바람과 달. 자연.
바람과(風) 달의(月) 주인(主人).
아름다운 자연을 즐기는 사람.
"자연에 묻혀 사는 그대야말로 진정한 風月主人이구려."

風 바람 풍
主 주인 주

o 남의 염병이 내 고뿔만 못하다
염병은 전염병의 하나인 장티푸스. 고뿔은 감기.
사람은 누구나 자신의 고통을 큰 것으로 여긴다.
"누구나 자신의 고통이 크게 느껴져서 남의 염병이 내 고뿔만 못한
것이지요."

o 남의 장단에 춤춘다
자기의 주견 없이 남이 하는 대로 따라하다.
"남의 장단에 춤추지 말고 줏대 있게 살아야 한다."

o 무람없다
무람은 부끄러워하고 조심하는 태도.
예의를 지키지 않고 버릇없다.
"어른 앞에서 무람없이 굴지 말아라."

o 무료無聊하다
즐거움이 없고 심심하다.
"요즘 저는 무료하게 하루하루를 보내고 있습니다."

無 없을 무
聊 즐거울 료

o 관건 _ 關鍵
빗장과(關) 자물쇠(鍵).
문제 해결의 핵심 요인.
"북한이 기아문제를 해결하기 위한 關鍵은 저들의 개혁개방
의지에 달려 있다."

關 빗장 관
鍵 자물쇠 건

o 구상 _ 具象
뚜렷한 형체를(象) 갖춤(具).
"형체를 갖추는 것이 具象(구상)이요, 생각을 정리하고
계획을 짜는 것이 構想(구상)이다."

具 갖출 구
象 모양 상

date 1 ___/___
date 2 ___/___
date 3 ___/___

○ 愚公移山 _ 우공이산

우공이(愚公) 산을(山) 옮김(移).
어떤 일이라도 끊임없이 노력하면 반드시 이루어짐.
열자(列子) 탕문편(湯問篇)에 나오는 고사이다.
아흔을 넘긴 愚公이 집 앞을 가로막은 山을 옮기는 일에 착수했다.
지수(智叟)라는 사람이 비웃으며 曰, "당신은 참으로 어리석구려,
지금 나이가 몇인데 山을 옮기겠다는 것이오."
"내가 죽으면 내 아들이 있고 내 아들이 죽으면 다시 그 아들이 있으니,
자자손손 山을 옮기다 보면 어쨌든 山의 크기는 작아지지 않겠소?"
그러자 愚公의 끈질긴 정성에 하늘이 감동하여 두 아들을 보내
山을 옮겨주었다고 한다.

愚 어리석을 우
公 귀인 공
移 옮길 이
山 산 산

○ 雨後竹筍 _ 우후죽순

비 온(雨) 뒤(後) 무성히 자라나는 대순(竹筍).
어떤 일이 일시에 무성히 일어남.
이런 시가 있다.
"竹筍은 송이지의 뿔, 고사리 싹은 어린아이의 주먹."
竹筍은 대나무의 순으로 그 모양이 송아지 뿔처럼 귀엽게 생겼다는
표현이다.
비 온 뒤 대숲에 가면, 竹筍이 송아지 뿔처럼 무성하게 돋아남을
볼 수 있다. 이를 캐서 기름에 튀기기도 하고 삶아 먹기도 한다.
雨後竹筍은 비온 뒤에 竹筍이 무성하듯이,
어떠한 현상이나 일이 일시에 무성히 일어남을 뜻하는 말이다.

雨 비 우
後 뒤 후
竹 대 죽
筍 대순 순

○ 綠陰芳草 _ 녹음방초

여름철의 자연 경관.
푸르게 우거진 나무들과(綠陰) 꽃처럼 어여쁜 풀들(芳草).
"여름이 오면 綠陰芳草가 가랑비 오는 중에 푸르도다."

綠 푸를 록
陰 그늘 음
芳 꽃 방
草 풀 초

o 綠衣紅裳 _ 녹의홍상

젊은 여인이 즐겨 입는 푸른(綠) 저고리에(衣) 다홍(紅) 치마(裳).

"화창한 봄날, 綠衣紅裳 곱게 입은 처녀들이 봄나들이를
갑니다."

綠 푸를 록
衣 옷 의
紅 붉을 홍
裳 치마 상

o 양지가 있으면 음지도 있다

밝은 곳이 있으면 어두운 곳도 있다.

"세상사에는 양지가 있으면 음지도 있는 법이지."

o 애호박 삼 년을 삶아도 이빨도 안 들어간다

말이 사리에 맞지 않아 도무지 수긍이 되지 않다.

"애호박 삼 년을 삶아도 이빨도 안 들어갈 소리 하지 말게나."

o 샌님

생원(生員)님의 준말.

生員은 조선시대 과거시험인 생원과에 합격한 사람.

얌전한 사람.

"저 샌님이 어떻게 그리 큰 용기를 내었을까?"

o 생때같다

몸이 튼튼하고 아무런 병이 없다.

생떼같다(×)

"6·25동란으로 생때같은 젊은이들이 불귀의 객이 되었다."

o 정체성 _ 正體性

참되고(正) 변하지 않는 모습(體), 또한 그 성질(性).

"해외 입양아 스티브는 자신의 正體性을 찾고자 조국을
방문하였다."

正 바를 정
體 몸 체
性 성질 성

o 조예 _ 造詣

어떤 분야에서 지식, 기술, 경험 등이 나아가고(造)
이른(詣) 정도.

"추사 선생은 서예뿐 아니라 금석학에도 造詣가 깊으셨다."

造 나아갈 조
詣 이를 예

○ 一片丹心 _ 일편단심

변치 않을 한(一) 조각(片) 붉은(丹) 마음(心).

나라에 대한 충절의 마음, 임에 대한 변치 않는 마음.

조용필의 노래 〈一片丹心 민들레야〉의 일부이다.

"一片丹心 민들레는 떠나지 않으리.♬"

임에 대한 변치 않는 마음을 노래한 것이다.

一片은 한 조각이요, 丹心은 붉은 심장이다.

다음은 정몽주 선생의 시조 〈丹心歌〉이다.

"이 몸이 죽고 죽어 일백 번 고쳐 죽어

백골이 진토 되어 넋이라도 있고 없고

임 향한 一片丹心이야 가실 줄이 이시랴."

백골이 흙먼지가 되어도 고려 왕조를 위한 충절을 바꾸지 않겠다는

굳은 마음, 즉 一片丹心을 표현하였다.

片 조각 편
丹 붉을 단
心 마음 심

○ 佳人薄命 _ 가인박명

아름다운(佳) 사람은(人) 운명이(命) 박함(薄).

여자의 용모가 빼어나고 재주가 많으면 운명이 기구함.

佳人은 아름다운 여인이다. 薄命은 복이 없고 기구한 운명이다.

다음은 송(宋)나라의 문인인 소식(蘇軾)의 시이다.

"예로부터 佳人은 薄命하기 마련이니, 문을 닫고 봄이 다하면 버들꽃도

지겠지." 이에서 유래한 佳人薄命,

아름답지만 불우한 운명의 여인을 일컫는 말이다.

이를 美人薄命이라고도 한다.

佳 아름다울 가
薄 얇을 박
命 목숨 명

○ 背山臨水 _ 배산임수

산을(山) 등지고(背) 강물을(水) 임함(臨).

"집터나 묘터의 명당은 背山臨水를 기본 조건으로 한다."

背 등질 배
臨 임할 임

o 自繩自縛 _ 자승자박
자신의(自) 줄로(繩) 제 몸을(自) 묶음(縛).
자신의 언행으로 말미암아 스스로 얽혀 들어가 곤란하게 됨.
"큰소리 뻥뻥 치던 최 사장이 요즘 곤란을 겪고 있다지?"
"自繩自縛이지."

自 스스로 자
繩 끈 승
縛 묶을 박

o 언 발에 오줌 누기
문제를 임시방편으로 해결하여 일을 악화시킴.
비슷한 의미의 속담으로 '아랫돌 빼서 윗돌 괴고 윗돌 빼서 아랫돌
괴기'가 있다.
"그런 미봉책은 언 발에 오줌 누기요 아랫돌 빼서 윗돌 괴기입니다."

o 용의 꼬리보다 닭의 머리가 낫다
우수한 집단에서 뒤를 쫓기보다는 덜 우수한 집단에서 우두머리 되는
것이 낫다.
"용의 꼬리보다는 닭의 머리가 낫다고 유망한 중소기업에서 뜻을
펼치려 합니다."

o 소담스럽다
보기에 탐스럽다.
"올해도 울밑에는 국화가 소담스럽게 피었겠지."

o 장사진長蛇陣을 이루다
군대의 진법의 하나로 긴(長) 뱀(蛇) 모양으로 길게 늘어선
진(陣). 많은 사람이 줄지어 길게 늘어서다.
"극장 앞에는 영화를 보려는 사람들로 長蛇陣을 이루었다."

長 긴 장
蛇 뱀 사
陣 진 진

o 졸고 _ 拙稿
졸렬한(拙) 원고(稿). 자신의 글을 낮추어 이르는 말.
"자신의 글을 낮추어 拙稿라고 하고, 자신의 작품을 낮추어
졸작(拙作)이라 하며, 자신의 저서를 낮추어 졸저(拙著)라고 합니다."

拙 졸렬할 졸
稿 원고 고

o 편견 _ 偏見
한쪽으로 치우친(偏) 견해(見).
"장애인에 대한 偏見이 장애인 고용정책의 시행을 저해하고 있다."

偏 치우칠 편
見 볼 견

o **日就月將 _ 일취월장**

날로(日) 나아가고(就) 달로(月) 나아감(將).

就(취)와 將(장)은 모두 '발전해 나아가다'는 뜻이다.

시경(詩經)에 이런 노래가 있다.

"이 못난 소자 비록 총명하지 못하지만

날로(日) 달로(月) 나아가(就 · 將)

학문이 광명에 도달할 것이오."

주(周)나라 성왕(成王)의 노래이다.

자신의 재능이 부족하지만 부지런히 익힌다면 日就月將할 것이라는

내용이다.

日 날 일
就 나아갈 취
月 달 월
將 나아갈 장

o **苛政猛於虎 _ 가정맹어호**

가혹한(苛) 정치는(政) 범(虎)보다(於) 무서움(猛).

과중한 세금과 강제 노역은 범보다 더 무서움.

공자가 제자들과 함께 태산 기슭을 지나고 있을 때, 무덤 앞에서

한 여인이 울고 있었다. 사연을 묻자 이렇게 대답했다.

"이 곳은 범의 피해가 극심합니다. 오래 전 시아버님이 범에게

당하셨고, 작년에는 남편이 당했는데, 이번에는 아들까지 해를

당하였습니다."

"그러면 왜 이곳을 떠나지 않으십니까?"

"그래도 이곳은 탐관오리들의 악행이 없습니다. 그래서 떠나지

못하지요." 공자는 길게 탄식하며 말했다.

"제자들아, 들었느냐? 苛政猛於虎란다."

苛 가혹할 가
政 정사 정
猛 사나울 맹
於 ~보다 어
虎 범 호

o **名實相符 _ 명실상부**

이름과(名) 실상이(實) 서로(相) 딱 들어맞음(符).

"우리 학교는 名實相符하게 세계 수준의 영재교육기관이다."

名 이름 명
實 열매 실
相 서로 상
符 맞을 부

150

o **一筆揮之 _ 일필휘지**
하나의(一) 붓으로(筆) 단숨에 휘갈겨(揮) 써내려감.
좋은 솜씨로 단숨에 써내려감.
"선조 임금은 한석봉이 붓을 들어 一筆揮之하자 감탄해
마지않았다."

筆 붓 필
揮 휘두를 휘
之 그것 지

o **어느 집 개가 짖느냐**
누가 무슨 소리를 해도 귀담아 듣지 아니함.
"전 씨는 요즘 무슨 말을 해도 어느 집 개가 짖느냐 하는 태도로
일관한다."

o **우는 아이 젖 준다**
달라고 청하는 사람에게 주기 마련이다.
"우는 아이 젖 주는 법이니 당당히 보상을 요구하세요."

o **서슬이 시퍼렇다**
서슬은 쇠붙이로 만든 연장이나 유리 조각 따위의 날카로운 부분.
권세와 기세가 대단하다.
"안동 김문의 서슬이 시퍼런지라 상갓집 개 마냥 지내며 목숨을
부지했지요."

o **저어하다**
염려하고 두려워하다.
"스승의 명성에 폐나 끼치지 않을까 몹시 저어했습니다."

o **조짐 _ 兆朕**
장래의 길흉 여부를 짐작하게 할 만한 단서.
"오늘 아침에 까치 우는 소리가 요란하게 들렸으니 참으로
좋은 兆朕이구나."

兆 조짐 조
朕 조짐 짐

o **편달 _ 鞭撻**
채찍질하고(鞭) 매질함(撻).
"졸업 후에도 선생님의 계속적인 지도와 鞭撻을 바랍니다."

鞭 채찍질할 편
撻 매질할 달

o 塗炭 _ 도탄

진흙탕과(塗) 숯불구덩이(炭).

포악한 임금과 관리의 학정으로 백성들이 당하는 심한 고통.

하나라 걸왕이 포악한 정치를 펴자, 은나라 탕왕이 군사를 일으켜
걸왕을 치고 천자에 올랐다.

서경에 曰, "하나라 걸왕이 덕이 없어 백성들이 塗炭에 빠지니,
하늘에서 탕왕께 용기와 지혜를 주시어 올바른 일을 하게 하셨네."

塗炭이란 진흙탕과 숯불구덩이이다.

포악한 정치로 백성들이 당하는 심한 고통을 일컫는 말이다.

흔히 '塗炭에 빠지다'라고 표현한다.

| 塗 진흙 도
| 炭 숯 탄

o 亡羊之歎 _ 망양지탄

갈림길이(岐) 많아서(多) 찾던 양을(羊) 잃어버림(亡).

학문의 길은 여러 갈래여서 올바른 길을 찾기가 어려움.

전국시대 위(魏)나라 학자 양자(楊子)의 이웃 사람들이 양을
잃어버려 찾아 나섰다. 그들이 한참 후 돌아와서는 曰,

"갈림길이 많아서 양을 잃어버렸습니다."

이에 양자가 제자들에게 曰,

"갈림길이 많아 양을 잃어버린 것처럼 배우는 사람도 갈래가 많아서
결국 진리를 얻지 못하고 생을 마치게 된단다."

제자들에게 배움의 길을 바르게 택하여 진리를 얻어야 한다고 가르친
것이다. 이에서 유래한 多岐亡羊(다기망양), 갈림길이 많아 바른
학문의 길을 찾기가 어렵다는 뜻이고, 학문의 길을 찾기가 힘들어서
하는 탄식이 亡羊之歎이다.

| 亡 잃을 망
| 羊 양 양
| 之 ~한 지
| 歎 탄식할 탄

o 骨肉相爭 _ 골육상쟁

형제끼리(骨肉) 서로(相) 싸움(爭). = 골육상잔(骨肉相殘)

"6·25동란은 우리 민족 최대의 骨肉相爭의 비극이었다."

| 骨 뼈 골
| 肉 고기 육
| 相 서로 상
| 爭 다툴 쟁

o **空手來空手去** _ 공수래공수거
인생은 빈손으로(空手) 왔다가(來) 빈손으로(空手)
돌아가는(去) 것임.
"너무 욕심 내지 말게나. 인생은 어차피 空手來空手去라네."

空 빌 공
手 손 수
來 올 래
去 갈 거

o **남이 장에 간다 하니 거름 지고 나선다**
남의 하는 일을 성급하게 따라하다.
"남이 장에 간다 하니 거름 지고 나서지 말고, 자네 소신껏 살게나."

o **송충이는 솔잎을 먹어야지 갈잎을 먹으면 죽는다**
분수에 넘치는 짓을 하면 화를 당한다.
"종놈으로 태어나 글은 배워 무엇 하겠나. 송충이는 솔잎을 먹어야지
갈잎을 먹으면 죽는 법이야."

o **아삼륙**
중국인들이 즐겨하는 놀이인 마작의 이삼륙(二三六)에서 온 말.
서로 꼭 맞는 단짝.
"김 대리와 우 대리는 누가 봐도 아삼륙이다."

o **아귀餓鬼다툼을 벌이다**
아귀(餓鬼)는 굶주린 귀신.
아귀처럼 달려들어 서로 다투다.
"궁하던 시절이다 보니 빵조각 하나를 가지고도 餓鬼다툼을 벌였지요."

餓 굶주릴 아
鬼 귀신 귀

o **혁명** _ 革命
하늘이 명을 바꿈.
이전 왕조를 몰아내고 새로운 왕조를 세움.
종래의 관습·제도·방식 등을 깨뜨리고 새로운 것을 세움.
"컴퓨터는 가히 革命이라 불릴 정도로 많은 변화를 가져왔다."

革 고칠 혁
命 운명 명

o **형극** _ 荊棘
가시나무.
"일제 치하에서 많은 애국지사들이 荊棘의 길을 걸으셨지요."

荊 가시나무 형
棘 가시나무 극

머리에 쏙! 넣기

1. 다음 뜻을 가진 한자성어를 보기에서 고르시오.

[보기] 背山臨水 刮目相對 知己之友 名實相符 管鮑之交

① 관중과 포숙 같은 도타운 사귐. ( )
② 명성과 실상이 서로 부합함. ( )
③ 학식이 많이 늘어 눈을 비비고 다시 볼 정도임. ( )
④ 산을 등지고 강물을 임함. ( )

2. 다음 속담의 ( ) 안에 알맞은 말을 넣으시오.

① 송충이는 ( )을 먹어야지 갈잎을 먹으면 죽는다.
② 어느 집 ( )가 짖느냐 한다.
③ 언 발에 ( ) 누기.
④ 양지가 있으면 ( )가 있다.

3. 다음 ( ) 안에 알맞은 말을 보기에서 골라 넣으시오.

[보기] 장사진 생때같은 아귀다툼 아삼륙 소담스럽게

① 극장 앞에는 영화를 보려는 사람들로 ( )을 이루었다.
② 올해도 울밑에는 국화가 ( ) 피었겠지.
③ 6·25동란으로 ( ) 젊은이들이 불귀의 객이 되었다.
④ 궁하던 시절이다 보니 빵조각 하나를 가지고도 ( )을 벌였지요.

4. 다음 ( ) 안에 알맞은 말을 보기에서 고르시오.

[보기] 正體性 關鍵 拙稿 造詣 偏見

① 북한이 기아문제를 해결하기 위한 ( )은 저들의 개혁개방 의지에 달려
   있다.
② 해외 입양아 스티브는 자신의 ( )을 찾고자 조국을 방문하였다.
③ 추사 선생은 서예뿐 아니라 금석학에도 ( )가 깊으셨다.
④ 장애인에 대한 ( )이 장애인 고용정책의 시행을 저해하고 있다.

타다

㉠ 불이 붙다.
"수경이가 다니던 봉제 공장이 불에 타서 재만 남았지요."

㉡ 탈것에 몸을 싣다.
"애야, 빨리 차에 타거라. 학교에 늦겠다."

㉢ 액체나 가루를 섞다.
"물을 적당히 타야지 반죽이 너무 질면 안 된다."

㉣ 월급, 상 따위를 받다.
"상우는 미술대회에서 우수상을 탔다."

㉤ 수박 등을 쪼개다.
"흥부네 가족은 커다란 톱으로 호박을 타기 시작했다."

㉥ 악기를 치다.
"그녀는 고운 손으로 가야금을 탔다."

㉦ 계절의 영향을 받다.
"가을을 타는 남자."

㉧ 목화의 씨를 빼고 활줄로 튀기어 퍼지게 하다.
"어머니는 솜을 타서 폭신한 이불을 만들어 주셨다."

○ 死後藥方文 _ 사후약방문

환자가 죽은(死) 뒤의(後) 약처방문(藥方文).

이미 때 늦어 소용없는 조치.

사후약방문?

환자가 죽은 뒤에 약방의 문(門)을 두드린다는 뜻일까? No!

藥方文은 약방의 문이 아니라 환자에게 이런 저런 약을 써서

치료하라는 처방(處方)을 적은 글(文)이다.

요즘에는 처방전(處方箋)이라고 한다.

死後에 藥 처방전이 무슨 소용이 있겠는가.

때 늦은 후회, 때 늦은 조치는 소용이 없다는 말이다.

의미가 통하는 속담으로 '소 잃고 외양간 고치기', '죽은 아들 불알

만지기'가 있다.

死 죽을 사
後 뒤 후
藥 약 약
方 방법 방

○ 三顧草廬 _ 삼고초려

풀로 엮은(草) 오두막을(廬) 세 번이나(三) 찾아감(顧).

인재를 얻기 위해 수고를 아끼지 않음.

草廬는 초가집이다.

임금이 몸을 낮추어 신하를 찾아가는 것을 顧라 한다.

한 번 찾으면 一顧요, 두 번이면 二顧, 세 번이면 三顧이다.

촉(蜀)나라를 세운 유비(劉備), 그를 도왔던 제갈량(諸葛亮).

그들의 만남은 결코 우연이 아니라 유비의 끈질긴 노력의 결과였다.

유비가 제갈량의 草廬를 三顧하니, 제갈량이 그 정성에 감동하여

유비를 도와 함께 촉의 기틀을 세워나갔다.

이렇듯이 뛰어난 인재를 얻기 위해 정성을 다하는 것을 三顧草廬라고 한다.

顧 찾을 고
草 풀 초
廬 오두막집 려

○ 優柔不斷 _ 우유부단

마음이 여려서(優柔) 과감하게 결단하지(斷) 못함(不).

"셰익스피어의 햄릿은 優柔不斷한 인물의 전형으로 꼽히고 있다."

優 넉넉할 우
柔 부드러울 유
斷 끊을 단

o 有名無實 _ 유명무실
이름만(名) 있고(有) 실상은(實) 없음(無).
"이름만 있고 실상이 없는 것이 有名無實이요, 이름과
실상이 딱 맞는 것이 명실상부(名實相符)이다."

有 있을 유
名 이름 명
無 없을 무
實 열매 실

o 물은 낮은 데로 흐른다
일은 순리대로 돌아가기 마련이다.
"물은 낮은 데로 흐르는 법이니, 이번 일도 순리대로 해결될 걸세."

o 물이 깊어야 고기가 모인다
덕망이 있어야 사람이 따른다.
"산이 깊어야 새들이 날고 물이 깊어야 고기가 모인다고, 덕망이
높아야 사람이 따르는 법이지."

o 불티나다
불티가 사방으로 튀다.
물건을 내놓기가 무섭게 금방 팔리다.
"강원도 횡성군 안흥면의 안흥찐빵은 맛이 좋아 불티나게 팔린다."

o 불문곡직不問曲直하다
曲直(곡직)은 잘함과(直) 잘못함(曲).
일의 잘잘못을 따지지 않다.
"김 대령은 황급히 들어와 不問曲直하고 부하들을
야단쳤다."

不 아니 불
問 물을 문
曲 굽을 곡
直 곧을 직

o 승화 _ 昇華
고체가 바로 기체로 변함.
억압, 부조리, 모순 등을 고귀한 아름다움으로 변화시킴.
"다산 선생은 유배지에서 보고 들은 사회 모순을 시로
昇華시켰다."

昇 오를 승
華 빛날 화

o 시금석 _ 試金石
귀금속의(金) 순도를 시험하는 데(試) 쓰는 돌(石).
사람이나 사물의 가치를 판단하는 기준.
"인쇄술은 한 민족의 문화수준을 가늠하는 試金石이다."

試 시험 시
金 쇠 금
石 돌 석

손에 잡히는 어휘

○ 袖手傍觀 _ 수수방관

소매에(袖) 손을 넣고(手) 곁에서(傍) 바라보기만 함(觀).
袖手는 소매에 손을 넣고 있는 것이요,
傍觀은 곁에서 바라만 보는 것이다.
옆에서 큰 일이 벌어졌다면 당연히 두 팔 걷어붙이고 나서야 할
것이다.
그런데 옆에서 袖手하고 傍觀만 하고 있다면 무관심하고 소극적인
자세라고 하겠다.
유사한 의미의 속담으로 '이웃집 불구경하듯 하다', '강 건너
불구경하듯 하다'가 있다.

袖 소매 수
手 손 수
傍 곁 방
觀 볼 관

○ 水魚之交 _ 수어지교

물과(水) 물고기(魚)의(之) 만남(交).
임금과 신하 사이의 친밀한 관계.
水魚는 물과 물고기이니 서로 떨어질 수 없는 관계이다.
촉(蜀)의 유비(劉備)는 삼고초려(三顧草廬)로 제갈공명을
초빙하여 군사(軍師: 군사 분야의 스승)로 삼았고, 공명도 유비에게
충성을 다했다.
관우(關羽)와 장비(張飛)는 유비가 공명을 대우함이 너무 지나치다고
불만을 터뜨렸다.
이에 유비가 두 아우를 꾸짖어 曰,
"나에게 공명이 있는 것은 마치 水魚之交와 같다. 그러니 다시는 이를
논하지 말라."

水 물 수
魚 물고기 어
之 ~의 지
交 사귈 교

○ 耳懸鈴鼻懸鈴 _ 이현령비현령

귀에(耳) 걸면(懸) 귀걸이요(鈴) 코에(鼻) 걸면(懸) 코걸이임(鈴).
어떤 사실을 제멋대로 이렇게 저렇게 해석하여 가져다 붙임.
"법이 권력자에 의해 耳懸鈴鼻懸鈴 되어서는 안 된다."

耳 귀 이
懸 매달 현
鈴 방울 령
鼻 코 비

o 一瀉千里 _ 일사천리
물이 단번에(一) 천리를(千里) 내리 달려감(瀉).
어떤 일이 거침없이 기세 좋게 진행됨.
"여럿이 달려들어 힘을 모으자 일이 一瀉千里로
진행되었다."

瀉 흐를 사
千 일천 천
里 리 리

o 뱁새가 황새를 쫓아가다가 가랑이가 찢어진다
분수와 능력에 넘는 짓을 하다가 화를 당한다.
"과욕을 부리지 말거라. 뱁새가 황새를 쫓아가다가는 가랑이가
찢어지는 법이란다."

o 번개가 잦으면 천둥 한다
조짐이 자주 나타나면 끝내 일이 벌어지게 마련이다.
유사한 속담으로 '방귀가 잦으면 똥 싸기 쉽다'가 있다.
"번개가 잦으면 천둥 한다더니 A그룹의 비자금설이 사실로 밝혀졌다."

o 사사私私롭다
공적이지 않고 개인적이다.
"황 선생님은 사사로운 일과 공적인 일을 엄격히 구분하라고
당부하셨지."

私 사사로울 사

o 사족四足을 못 쓰다
四足은 짐승의 네 다리.
사람의 팔 다리를 낮추어 일컫는 말.
팔과 다리를 못 쓸 정도로 무엇에 반하거나 혹하다.
"저 양반은 그저 술이라면 사족을 못 쓴다니까."

四 넉 사
足 다리 족

o 전말 _ 顚末
일의 처음부터(顚) 끝까지의(末) 경과.
"검찰수사로 사건의 顚末이 드러났다."

顚 머리 전
末 끝 말

o 전제 _ 前提
어떤 사실이나 현상을 이루기 위해 먼저(前) 내세우는(提) 것.
"그들은 결혼을 前提로 사귀고 있다."

前 앞 전
提 들 제

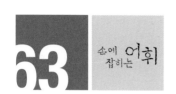

date 1 ___/___
date 2 ___/___
date 3 ___/___

○ 弱冠 _ 약관
나이 스무 살의 별칭.
몸은 커졌지만 아직 심지가 약하고(弱) 갓을 쓰는(冠) 나이.
예기(禮記)에 曰, "사람이 스무 살이 되면 弱이라 하여 冠을 쓴다."
弱은 약하다는 뜻이다.
신체는 커졌지만 아직 약하다고 해서 弱이라 한 것이다.
冠은 머리에 쓰는 갓이다. 나이 스물이 되면 비로소 갓을 쓰는 예식인
관례(冠禮)를 치루고 성인으로 대우하였기에 冠이라 한 것이다.
스무 살이면 아직 치기가 남아 있는 동시에 어른으로서 첫발을 내딛는
때이다.
弱冠은 그 특징을 잘 포착하여 만든 말이라고 하겠다.

> 弱 약할 약
> 冠 갓 관

○ 三旬九食 _ 삼순구식
삼십 일에(三旬) 아홉 끼니를(九) 먹음(食).
집안이 매우 가난함.
旬은 열흘이다. 二旬은 이십 일이요, 三旬은 삼십 일이다.
食은 먹는 것이다. 一食은 한 끼, 三食은 세 끼, 九食은 아홉 끼를 먹는
것이다.
三旬九食은 삼십 일, 즉 한 달에 아홉 끼를 먹는 것이니, 똥구멍이
찢어질 정도로 가난하다는 말이다.
참고로 초순(初旬)은 하루에서 열흘까지, 중순(中旬)은 열하루에서
스무날까지, 하순(下旬)은 스무 하루에서 그믐까지이다.
또한 육순(六旬)은 예순 살이요, 칠순(七旬)은 일흔 살, 팔순(八旬)은
여든 살이다.

> 旬 열흘 순
> 食 먹을 식

○ 勸善懲惡 _ 권선징악
선을(善) 권장하고(勸) 악을(惡) 징계함(懲).
"고전소설은 대개 勸善懲惡의 교훈을 담고 있지요."

> 勸 권할 권
> 善 선 선
> 懲 징계할 징
> 惡 악 악

○ 流水不腐 _ 유수불부
흐르는(流) 물은(水) 썩지(腐) 아니함(不).
"流水不腐란 말이 있듯이, 사람은 늘 갈고 다듬어야 한단다."

流 흐를 류
水 물 수
腐 썩을 부

○ 쏘아 놓은 살이요 엎지른 물이다
이미 저지른 행동을 다시 고쳐 할 수 없다.
비슷한 속담으로 '쑨 죽이 밥 될까'가 있다.
"이미 쏘아 놓은 살이요 엎지른 물이니, 후회해도 소용이 없다."

○ 밑 빠진 독에 물 붓기
계속 힘써 봐야 헛고생이 될 뿐임.
비슷한 속담으로 '시루에 물 붓기'가 있다.
"지난 10년간 수억의 자금을 투자했지만 밑 빠진 독에 물
붓기였습니다."

○ 산통算筒 깨다
算筒은 점쟁이들이 점을 칠 때 쓰는 산가지를 넣는 통.
점쟁이의 밥줄인 산통을 깨서 점을 칠 수 없게 하다.
어떤 일을 하지 못하도록 완전히 망쳐 놓다.
"공연히 산통 깨지 말고 어서 들어가 있게나."

算 셈할 산
筒 통 통

○ 불미不美스럽다
아름답지 못하고 추잡하다.
"이런 불미(不美)스런 일로 만나 뵙게 되어서 유감입니다."

美 아름다울 미

○ 전형 _ 典型
어떤 부류의 특징을 가장 잘 나타내는 본보기.
"흥부는 고전소설에서 착하게 살아가는 인물의 典型이다."

典 법 전
型 틀 형

○ 시비 _ 是非
옳고(是) 그름(非).
"맹자는 是非를 가리는 마음을 근거로 사람의 본성이
지혜롭다고 주장하였지."

是 옳을 시
非 그를 비

date 1 ___ / ___
date 2 ___ / ___
date 3 ___ / ___

○ 喪家之狗 _ 상가지구

상가(喪家)의(之) 개(狗).
몹시 초라하고 수척한 사람을 비유함.
喪家는 사람이 죽어 장례를 치르는 집이니, 흔히 상갓집이라 한다.
상갓집의 개가 바로 喪家之狗. 喪家에서는 경황이 없어 개에게
먹이를 챙겨주지 못한다. 그래서 상갓집 개는 모양새가 초라하기 마련이다.
공자가 정(鄭)나라에 있을 때였다. 제자들이 스승 공자를 찾아다니자
한 행인이 말해 주었다. "저 동문 근처에 한 사람이 있던데, 그 지친
모습이 마치 喪家之狗 같더이다."
조선의 흥선대원군도 집권 이전에는 처지가 매우 처량하여
喪家之狗라고 불릴 정도였다.

> 喪 잃을 상
> 家 집 가
> 之 ~의 지
> 狗 개 구

○ 手不釋卷 _수불석권

손에서(手) 책을(卷) 놓지(釋) 아니함(不). 부지런히 독서함.
釋卷은 책을 놓다. 不釋卷은 책을 놓지 않다.
오(吳)나라 손권(孫權)의 부하 여몽(呂蒙)은 용맹하였으나 매우
무식하였다. 손권이 여몽에게 학문을 권장하여 曰,
"광무제(光武帝)는 바쁠 때도 늘 手不釋卷하였고, 조조(曹操) 역시
늙어서도 배우기를 좋아하였네."
이에 자극 받은 여몽은 열심히 공부하여 높은 식견을 갖게 되었다.
이에서 유래한 手不釋卷은 손에서 책을 놓지 않는다는 말이니,
늘 열심히 공부한다는 뜻이다. 여몽이 학문에 힘썼던 일은
괄목상대(刮目相對)를 참고하기 바란다.

> 手 손 수
> 不 아니 불
> 釋 놓을 석
> 卷 책 권

○ 隱忍自重 _ 은인자중

고통과 굴욕을 숨기고(隱) 참으며(忍) 스스로(自) 신중히
행동함(重).
"시국이 매우 불안하니 나서지 말고 隱忍自重해야 할 것이야."

> 隱 숨을 은
> 忍 참을 인
> 自 스스로 자
> 重 무거울 중

o 吟風弄月 _ 음풍농월
바람과(風) 달을(月) 읊음(吟·弄).
자연을 읊고 노래함.
"오랜 벼슬살이에 지쳐 이제 고향에 내려가 吟風弄月하며
지내려 하네."

吟 읊을 음
風 바람 풍
弄 희롱할 농
月 달 월

o 바늘구멍으로 하늘 보기
소견이 매우 좁음.
비슷한 말로 '댓구멍으로 하늘 보기'가 있다.
"김 생원은 소견이 좁아서 바늘구멍으로 하늘을 보는 사람이라오."

o 아니 땐 굴뚝에 연기 날까
원인이 없으면 결과도 없다.
"저 두 사람이 요새 사귄다는 소문이 있던데 정말이야?"
"아니 땐 굴뚝에 연기 날까."

o 비를 긋다
비를 잠시 피하여 그치기를 기다리다.
"저 집 처마 밑에서 잠시 비를 긋고 가세."

o 사근사근하다
성격이 부드럽고 친절하다.
"사장님의 성격이 사근사근해서 단골손님이 많았지요."

o 심미안 _ 審美眼
아름다움을(美) 식별하는(審) 안목(眼).
"예술가의 審美眼은 타고난 재능에 부단한 노력이 더해진
것이지."

審 살필 심
美 아름다울 미
眼 눈 안

o 전도 _ 顚倒
앞뒤, 상하 등이 뒤바뀜.
"주객顚倒, 본말顚倒, 가치顚倒 등 참으로 많이 쓰이는
말이군요."

顚 거꾸로 전
倒 넘어질 도

○ 麥秀之嘆 _ 맥수지탄

보리가(麥) 껑충하게 자란 것을(秀) 보고 고국의 망함을(之) 탄식함(嘆).

秀는 식물의 줄기 또는 줄기가 쭉 뻗어 올라가다.

麥秀는 보리의 줄기가 무성하게 자라다.

은(殷)나라가 망하고 한참 뒤, 은나라 출신인 기자(箕子)가

옛 도읍지를 찾았다.

화려했던 궁궐은 폐허가 되어 보리 줄기만 무성하게 자라고 있었다.

기자는 서글픈 마음을 이기지 못하여 麥秀歌(맥수가)를 불렀다.

"보리 줄기는 무럭무럭 자라나고, 벼와 기장은 윤이 흐르는구나.♬"

이 麥秀歌를 전해들은 백성들은 슬픔에 눈물을 흘렸다고 한다.

> 麥 보리 맥
> 秀 줄기 수
> 之 ~의 지
> 嘆 탄식할 탄

○ 孟母斷機之敎 _ 맹모단기지교

맹자의(孟) 어머니가(母) 짜던 옷감을(機) 끊으신(斷)(之) 가르침(敎).

학문은 중도에 그만두어서는 안 되고 꾸준히 계속해야 함.

孟母는 孟子의 어머니.

孟母가 三遷之敎로써 맹자에게 공부에 흥미를 붙여준 이후이다.

맹자가 집을 떠나 먼 곳에서 공부를 하다가 중단하고 집으로 돌아왔다.

孟母가 마침 옷감을 짜고 있다가 물었다.

"공부는 어떻게 되었느냐?"

"그저 그렇습니다."

孟母는 갑자기 짜던 옷감을 칼로 끊어 버렸다.

맹자가 놀라 이유를 물으니 대답하기를, "네가 학업을 그만두는 것은

마치 내가 짜던 옷감을 끊어 버리는 것과 같단다."

어머니의 따끔한 가르침에 맹자는 크게 뉘우치고 이후 노력하여 큰

학자가 되었다.

> 孟 맏 맹
> 斷 자를 단
> 機 베틀 기
> 敎 가르칠 교

○ 冠婚喪祭 _ 관혼상제

관례(冠), 혼례(婚), 상례(喪), 제례(祭).

> 冠 갓 관
> 婚 혼인 혼

"사람이 태어나 죽기까지 치르는 예식이 冠婚喪祭입니다." | 喪 장례식 상
| 祭 제사 제

o **九死一生 _ 구사일생**
아홉 번(九) 죽으려다(死) 한 번(一) 겨우 살아남(生). | 九 아홉 구
죽을 위기에서 겨우 살아남. | 死 죽을 사
"히말라야 등정에 나섰던 대원들이 九死一生으로 살아 | 生 살 생
돌아왔다."

o **쇠뿔도 단김에 빼라**
일은 하는 김에 해치워야 한다.
"쇠뿔도 단김에 빼랬다고 작정하고 나선 김에 일을 끝냅시다."

o **수염이 석자라도 먹어야 양반이다**
사람은 누구나 먹어야 살 수 있다.
"수염이 석자라도 먹어야 양반이라고, 먹고 살 궁리를 해야지 허구한
날 책만 붙들고 있으면 무엇해요?"

o **알토란 같다**
알토란은 흙을 털어내고 잔뿌리를 제거한 토란.
옹골차고 단단하다. 살림을 알뜰하게 하다.
"내 딸년 자랑이 아니라, 정말 알토란 같이 살림을 잘해."

o **암팡지다**
몸이 작아도 힘차고 다부지다.
"그녀는 작지만 암팡진 구석이 있어."

o **형상화 _ 形象化**
어떤 사물이나 현상, 개념, 생각 등을 그림이나 문학작품에 | 形 모양 형
반영하여 구체화함. | 象 모양 상
"권 화백은 사회문제를 예술로 形象化하는 데 성공하였다." | 化 될 화

o **형이상 _ 形而上**
형체가 없어 감각으로 그 존재를 파악할 수 없는 관념적 영역. | 形 모양 형
↔ 형이하(形而下) | 而 말이을 이
"形而上의 원리를 연구하는 학문을 形而上學이라고 하지." | 上 위 상

머리에 쏙! 넣기

1. 다음 뜻을 가진 한자성어를 보기에서 고르시오.

[보기] 勸善懲惡 三旬九食 手不釋卷 三顧草廬 麥秀之嘆

① 인재를 얻기 위해 수고를 아끼지 않음. ( )
② 손에서 책을 놓지 않음. ( )
③ 선을 권장하고 악을 징계함. ( )
④ 삼십 일에 아홉 끼를 먹을 정도로 가난함. ( )

2. 다음 속담의 ( ) 안에 알맞은 말을 넣으시오.

① 수염이 석자라도 먹어야 ( )이다.
② ( )도 단김에 빼라.
③ 밑 빠진 ( )에 물 붓기.
④ 쏘아 놓은 살이요 엎지른 ( )이다.

3. 다음 ( ) 안에 알맞은 말을 보기에서 골라 넣으시오.

[보기] 불티 불미 산통 알토란 사족

① 내 딸년 자랑이 아니라, 정말 ( ) 같이 살림을 잘해.
② 이런 ( )스런 일로 만나 뵙게 되어서 유감입니다.
③ 공연히 ( ) 깨지 말고 어서 들어가 있게나.
④ 저 양반은 그저 술이라면 ( )을 못 쓴다니까.

4. 다음 ( ) 안에 알맞은 말을 보기에서 고르시오.

[보기] 顚末 典型 昇華 是非 顚倒

① 다산 선생은 유배지에서 보고 들은 사회 모순을 시로 ( )시켰다.
② 검찰 수사로 사건의 ( )이 드러났다.
③ 흥부는 고전소설에서 착하게 살아가는 인물의 ( )이다.
④ 맹자는 ( )를 가리는 마음이 있음을 근거로 사람은 선천적으로 지혜롭다
고 주장하였다.

어휘력 비타민

반대되는 뜻의 말들

肯定(긍정) 그러하다고 인정함.
否定(부정) 그렇지 않다고 인정함.

緊張(긴장) 팽팽하게 펼침.
弛緩(이완) 풀리어 느슨해짐.

內包(내포) 어떤 개념이 안으로 포함하는 성질.
外延(외연) 어떤 개념이 밖으로 미치는 지시 범위.

達辯(달변) 유창한 말솜씨.
訥辯(눌변) 더듬거리는 말솜씨.

悲觀(비관) 절망적으로 바라봄.
樂觀(낙관) 희망적으로 바라봄.

貧賤(빈천) 가난하고 천함.
富貴(부귀) 부유하고 귀함.

永劫(영겁) 영원한 세월.
刹那(찰나) 매우 짧은 시간.

絕對(절대) 어떠한 조건이나 제약이 없음.
相對(상대) 다른 것과 관계가 깊고 조건이나 제약이 있음.

主觀(주관) 주체된 입장에서 봄.
客觀(객관) 손님된 입장에서 봄.

○ 目不忍見 _ 목불인견

눈으로(目) 차마(忍) 보지(見) 못함(不).
不忍(불인)은 차마 ~하지 못하다.
不忍見(불인견)은 차마 보지 못하다.
'차마'는 '참다'의 부사형이다.
왜 차마 보지 못하는 것일까?
매우 끔찍하거나 꼴불견, 즉 꼴사나워서이다.
目不忍見은 끔찍하거나 꼴불견이어서 눈으로 차마 보지 못한다는
뜻이다.

目 눈 목
忍 참을 인
見 볼 견

○ 物我一體 _ 물아일체

외부의 사물과(物) 내가(我) 한(一) 몸이(體) 됨.
물질과 나, 객관과(物) 주관의(我) 구별이 없이 하나가 된 경지.
我는 자기 자신이고, 物은 자신을 제외한 모든 존재이다.
我와 物이 하나의 몸, 즉 一體가 되는 것이 物我一體이다.
외물(外物)과 자아(自我) 또는 객관(客觀)과 주관(主觀)이 일체된
상태를 말한다.
장자가 호접몽(胡蝶夢)에서 "내가 나비 꿈을 꾼 것인지 아니면 나비가
나를 꿈꾸고 있는 것인지 알 수 없다"고 한 것이 바로 物我一體의
경지이다.

物 사물 물
我 나 아
體 몸 체

○ 九折羊腸 _ 구절양장

아홉 번이나(九) 꺾인(折) 양의(羊) 창자(腸)처럼 산길이
꼬불꼬불하고 험함.
"九折羊腸의 산길을 한참 걸어서 갯마을에 도착했다."

九 아홉 구
折 꺾일 절
羊 양 양
腸 창자 장

○ 一網打盡 _ 일망타진

한 번의(一) 그물질로(網) 고기떼를 모두(盡) 때려잡음(打).

범죄자들을 한 번에 잡아들임.
"경찰청에서는 12월을 범죄 소탕의 달로 정해 폭력배들을
一網打盡하였다."

網 그물 망
打 칠 타
盡 다할 진

o 숭어가 뛰니까 망둥이도 뛴다
남이 한다고 해서 무조건 따라하다.
"숭어가 뛰니까 망둥이도 뛴다고 남들이 한다고 해서 무조건
따라 한단 말이오."

o 꿀 먹은 벙어리
속에 있는 생각을 겉으로 나타내지 않는 사람.
"꿀 먹은 벙어리처럼 있지 말고 속 시원히 말을 해봐라."

o 야冶하다
꾸민 차림이 상스럽고 천하다
"그녀의 야한 옷차림이 남자들의 시선을 끌었다."

冶 꾸밀 야

o 어깃장을 놓다
어깃장은 대문의 비틀림을 막기 위해 대각선으로 붙이는 나무.
일을 어그러지게 하거나 훼방하다.
"그 자가 우리 일에 어깃장을 놓고 있으니 걱정이다."

o 혜성 _ 彗星
꼬리별. 어떤 분야에 갑자기 두각을 나타낸 사람.
"彗星처럼 나타난 신인 가수를 소개합니다."

彗 꼬리별 혜
星 별 성

o 귀납 _ 歸納
개별적인 사실들을 근거로 해서 일반적인 결론을
이끌어냄. ↔ 연역(演繹)
"나비는 다리가 6개, 개미도 6개, 벌도 6개, 이로써 歸納하면
곤충은 다리가 6개이군요."

歸 돌아갈 귀
納 들일 납

date 1 ___ / ___
date 2 ___ / ___
date 3 ___ / ___

○ 百家爭鳴 _ 백가쟁명

많은(百) 학파들이(家) 다투어(爭) 떠들어댐(鳴).

춘추전국시대 여러 학파들이 활발하게 주의 주장을 폈던
상황을 일컬음.

춘추전국시대는 정치적으로 불안정하였지만 사상적으로는
황금시대로 일컬어진다.

사상적 통제가 느슨하여 제자백가로 불리는 각양각색의 학자와
학파들이 다투어 주의 주장을 펴니 이로써 다양한 학문과 사상이
출현하였다.

유가(儒家)·도가(道家)·음양가(陰陽家)·법가(法家)·명가(名家)·묵가
(墨家)·종횡가(縱橫家)·잡가(雜家)·농가(農家) 등이 그들이다.

| 百 일백 백
| 家 일가 가
| 爭 다툴 쟁
| 鳴 울 명

○ 無爲徒食 _ 무위도식

하는 일(爲) 없이(無) 다만(徒) 먹기만 함(食).

無爲는 하는 일이 없다.

徒는 다만, 徒食은 다만 먹기만 하다.

無爲徒食은 하는 일 없이 다만 먹기만 하다.

無爲自然(무위자연)은 인위적으로 또는 억지로 함이 없이 절로 그렇게
된다는 의미의 말이니 無爲徒食과는 구별해서 사용해야 한다.

| 無 없을 무
| 爲 할 위
| 徒 다만 도
| 食 먹을 식

○ 一石二鳥 _ 일석이조

하나의(一) 돌로(石) 두 마리의(二) 새를(鳥) 잡음.

비슷한 뜻의 말로 일거양득(一擧兩得)이 있다.

"一石二鳥는 영어 속담 One stone two birds에서 온 말이라 하지요."

| 石 돌 석
| 鳥 새 조

○ 快刀亂麻 _ 쾌도난마

잘 드는(快) 칼로(刀) 뒤얽힌(亂) 삼을(麻) 잘라 가지런히 추림.

복잡한 사건을 단번에 명쾌하게 처리함.

| 快 쾌할 쾌
| 刀 칼 도

"김 회장은 복잡하게 얽힌 일들을 명쾌하게 처리하지요."
"快刀亂麻군요."

亂 어지러울 란
麻 삼 마

o 꿈보다 해몽이 좋다
하찮거나 언짢은 일을 유리하게 둘러대어 해석하다.
"꿈보다 해몽이 좋다고, 자네는 이번 일을 두고 어찌 그리 말하는가?"

o 우물 옆에서 목말라 죽다
융통성과 대처 능력이 전혀 없어 답답하다.
"저렇게 융통성이 없어서야 우물 옆에서 목말라 죽기 십상이다."

o 억장億丈이 무너지다
억장(億丈)이나 되는 높다란 성이 무너지듯이 불행을
당하여 몹시 괴롭고 허망하다.
"사고 소식을 접하고 억장이 무너지는 듯합니다."

億 억 억
丈 길 장

o 중뿔나게
중뿔은 머리 가운데에 난 뿔.
상관없는 사람이 자기 주제와 분수에 맞지 않게.
"이 일과 상관도 없는 자네가 왜 중뿔나게 나서는가?"

o 귀소성 _ 歸巢性
동물이 자기 서식처나 태어난 곳으로(巢) 돌아가려는(歸)
성질(性).
"명절에 고향에 가고 싶은 것은 歸巢性 때문이지요."

歸 돌아갈 귀
巢 둥지 소
性 성질 성

o 풍상 _ 風霜
바람과 서리.
살면서 겪는 고난이나 고통.
"온갖 風霜을 다 겪다 보니 어느 새 고희의 나이가 되었구려."

風 바람 풍
霜 서리 상

○ 苦肉之策 _ 고육지책

제 살을(肉) 괴롭게 하며 내는(苦)(之) 계책(策).

자기의 일부를 희생시키면서 내는 대책.

苦肉이란 제 몸뚱이에 고통을 가하는 것이다.

문제 해결을 위한 계책은 자기희생이 없어야 상책이지만,

부득이 苦肉하면서 계책을 낼 수밖에 없는 상황도 있다.

이런 계책을 苦肉之策이라고 하며, 줄여서 苦肉策이라고도 한다.

미봉책(彌縫策)은 임시로 내는 계책.

고식책(姑息策)도 임시로 내는 계책.

호구책(糊口策)은 입에 겨우 풀칠하기 위한 계책.

| 苦 괴로울 고 |
| 肉 고기 육 |
| 之 ～하는 지 |
| 策 꾀 책 |

○ 姑息之計 _ 고식지계

우선(姑) 숨이나 돌리고자(息) 임시변통으로 내는(之) 계책(計).

우선 일시적 안정을 얻기 위한 계책.

姑는 우선, 息은 숨을 쉬다.

姑息은 우선 숨이나 돌리다.

姑息之計는 우선 위기를 모면하고 숨이나 돌리자고 내는 임시 계책이다.

당장 급한 불을 끄기 위한 임시 대책이지 근본 해결책은 되지 못한다.

이를 姑息策(고식책)이라고도 한다.

임시로 내는 계책이란 의미에서 彌縫策(미봉책)과 통용한다.

유사한 뜻의 속담으로는 '언 발에 오줌 누기', '아랫돌 빼서 윗돌 박기'가 있다.

| 姑 구차할 고 |
| 息 쉴 식 |
| 之 ～하는 지 |
| 計 계책 계 |

○ 卓上空論 _ 탁상공론

탁자(卓) 위에서(上) 펼치는 헛된(空) 논의(論).

"성리학을 흔히 卓上空論이라 폄하하지만 도덕적·관념적 측면에서는 최고의 깊이를 보여준 학문이다."

| 卓 탁자 탁 |
| 空 빌 공 |
| 論 논의할 론 |

o 權不十年 _ 권불십년
권세는(權) 십 년을(十年) 넘지 못함(不).
권세는 오래가지 못함.
"전직 대통령들을 보면 권력이란 참으로 무상하다는 생각이 들어."
"權不十年이지."

o 달걀로 바위 치기
불가능한 일을 하려다가 자신이 망가짐.
"지금 우리가 H그룹과 맞서는 것은 달걀로 바위 치기입니다."

o 싼 게 비지떡
비지떡은 비지에 쌀가루나 밀가루를 넣고 반죽하여 둥글넓적하게
부친 떡.
값이 헐한 것은 질도 그만큼 떨어짐.
"싼 게 비지떡이라고, 지난 달 노점에서 산 손목시계가 벌써 고장났어."

o 진배없다
못하거나 다를 것이 없다.
"내 컴퓨터는 3년이나 썼지만 새것이나 진배없다."

o 애가 끊다
애는 창자.
창자가 끊어질 듯이 슬프거나 괴롭다.
"어디선가 일성호가(一聲胡笳)는 남의 애를 끊나니."

o 풍자 _ 諷刺
넌지시 빗대어(諷) 상대의 잘못을 찌름(刺).
"연암 박지원의 〈호질〉은 선비들의 허위를 諷刺하였다."

o 환기 _ 喚起
불러(喚) 일으킴(起).
"공익광고를 통하여 화재에 대한 주의를 喚起시켰다."

○ 無爲自然 _ 무위자연

인위를(爲) 보탬이 없이(無) 저절로(自) 그러함(然).
인공적인 보탬이 없는 자연 그대로의 상태.
爲는 人爲로, 사람의 의지와 노력으로 행함이요,
無爲는 인위적으로 함이 없는 것이다.
自然은 절로 그러함, 또는 절로 그렇게 되는 존재이다.
따라서 無爲自然이란 인위적인 것이 없이 저절로 그러한 상태를 뜻한다.
초목을 보면 절로 자라서 꽃피고 열매 맺고 지지 않는가?
노자(老子)는 만물의 근원인 도의 성질이 '저절로 그러하듯이(自然)'
사람을 다스리는 정치도 無爲가 최상이라고 했다. 인위적인 통제나
간섭을 가급적 가하지 말아야 한다는 말이다.

| 無 없을 무 |
| 爲 할 위 |
| 自 스스로 자 |
| 然 그러할 연 |

○ 墨守 _ 묵수

묵자의(墨) 지킴(守).
자기의 소신을 철저하게 끝까지 지킴.
墨은 춘추전국시대 사상가 墨子이다. 성이 墨이요 이름은 翟(적)이다.
墨子는 사람들을 차별 없이 두루 사랑하자는 겸애(兼愛)와 반전평화를
외쳤던 사상가이다. 墨子를 중심으로 한 학파를 墨家라고 한다.
墨家는 집단을 이루어 검소하게 살았다. 신의와 명분을 중시하였고
규율이 엄격하여 어긴 사람은 중벌에 처해졌다.
이들 집단이 신의와 명분을 철저히 지켰던 것을 墨翟之守라고 하였고,
이를 줄여 墨守라고 하였다. 墨守는 후에 자신이 믿는 것을 철저하게
지킨다는 뜻으로 쓰이게 되었다.

| 墨 먹 묵 |
| 守 지킬 수 |

○ 要領不得 _ 요령부득

요령(要領)은 사물의 가장 중요한 부분.
말이나 글, 일의 핵심을 잡지(得) 못함(不).
"사건을 해결하려고 아무리 애를 써도 要領不得인걸."

| 要 중요할 요 |
| 領 옷깃 령 |
| 得 얻을 득 |

○ 搖之不動 _ 요지부동
흔들어도(搖) 움직이지(動) 아니함(不).
"독립투사의 의지는 참으로 굳어서 왜경의 가혹한
고문에도 搖之不動이었다."

搖 흔들 요
之 그것 지
動 움직일 동

○ 쌀광에서 인심 난다
살림이 넉넉해야 남에게 인심도 베푼다.
"쌀광에서 인심 난다고, 살림이 넉넉하면 그만큼 인정을 베풀며 살게
마련이지."

○ 길고 짧은 것은 대보아야 안다
잘하고 못하고는 실지 겨루어 보아야 한다.
"길고 짧은 것은 대보아야 아는 것이니 어디 한번 두고 봅시다."

○ 애물단지
애물은 애를 태우게 만드는 사람이나 물건. 단지는 작은 항아리.
몹시 애를 태우고 속을 썩이는 사람이나 물건.
"어릴 적 애물단지였던 녀석이 어느덧 자라 의젓한 청년이 되었지요."

○ 애잔하다
애처롭고 애틋하다.
"〈메디슨 카운티의 다리〉는 중년 남녀의 애잔한 사랑을 그린 작품이다."

○ 도착 _ 倒錯
앞뒤가 뒤바뀌어 거꾸로 되거나 정상에서 벗어남.
"사회가 혼란할수록 정신적으로 倒錯의 증세를 보이는
환자가 많아지지요."

倒 거꾸로 도
錯 섞일 착

○ 희생 _ 犧牲
제사에서 신께 받치는 짐승.
자신을 돌보지 않고 남을 위함.
"애국 열사들의 犧牲이 있었기에 조국이 일제치하에서
해방될 수 있었습니다."

犧 희생 희
牲 희생 생

o 捲土重來 _ 권토중래

실패한 뒤에 세력을 길러 땅을(土) 말듯한 기세로(捲) 다시(重)
공격해 옴(來).

捲土는 멍석을 말듯이 땅을 마는 것이니 대단한 기세를 말한다.

사면초가를 당한 항우(項羽)가 유방(劉邦)의 포위망을 뚫고
빠져나와 오강(烏江)에 이르렀을 때, 오강의 정장(亭長)이
항우에게 청하였다.

"강동(江東)은 천리의 넓은 땅이요 몇 십만의 백성들이 살고 있으니,
그 곳에 가서서 훗날을 도모할 수 있습니다. 어서 강을 건너시지요."

그러나 항우는 강을 건너지 않고 최후의 결전을 벌이다가 장렬히 죽었다.

후에 당나라 시인 두목(杜牧)은 이를 아쉬워하며 이런 시를 남겼다.

"승패는 미리 알 수 없는 것이니 수치를 참는 것도 남아라네.
강동에 빼어난 인재가 많았으니 捲土重來도 가능했을 터인데."

捲 말 권
土 흙 토
重 다시 중
來 올 래

o 琴瑟 _ 금슬

거문고와(琴) 비파(瑟).

부부간의 애정, 화목.

琴과 瑟은 각각 현악기의 이름이다.

그 음이 서로 잘 어우러져 협주하기에 알맞다.

부부간의 사랑이 두터운 경우에 琴瑟이 좋다고 한다.

琴과 瑟이 서로 조화를 이루듯이, 남녀가 어울리는 것을 琴瑟에
비유한 것이다.

시경(詩經)에 이런 노래가 있다.

"저 아리따운 아가씨와 琴瑟처럼 벗하고 싶구나."

여인에게 반한 청년이 그녀와 琴瑟같은 사랑을 나누고 싶다고 노래한
것이다.

본래 '금슬'이지만 사람들이 '금실'로 발음하다 보니, 요즘은 '금슬'과
'금실'을 다 표준어로 정하였다.

琴 거문고 금
瑟 비파 슬

176

o 波瀾萬丈 _ 파란만장
  물결이(波瀾) 만(萬) 길이나(丈) 됨.
  우여곡절이 많고 변화가 심함.
  "우리 민족에게 지난 20세기는 波瀾萬丈한
  세월이었습니다."

波 물결 파
瀾 물결 란
萬 일만 만
丈 길 장

o 破竹之勢 _ 파죽지세
  대나무를(竹) 쪼개는 듯한(破)(之) 맹렬한 기세(勢).
  "우리 군은 破竹之勢로 진격하여 적의 아성을 함락시켰다."

破 깨뜨릴 파
竹 대나무 죽
之 ~한 지
勢 기세 세

o 죽이 끓는지 밥이 끓는지 모른다
  일이 어떻게 되어 가는지 전혀 모르다.
  "제 남편은 집안일에 무심해서 죽이 끓는지 밥이 끓는지도 모릅니다."

o 지렁이도 밟으면 꿈틀한다
  아무리 약하고 보잘 것 없는 사람이라도 업신여기면 발끈한다.
  "지렁이도 밟으면 꿈틀한다고 저도 더 이상 못 참습니다."

o 진솔眞率하다
  참되고 거짓이 없다.
  "문학에서 진솔한 표현이 독자에게 감동을 주기 마련이다."

眞 참 진
率 꾸밈없을 솔

o 질박質朴하다
  바탕 그대로 꾸밈이 없고 소박하다.
  "그의 질박한 말투에서 인생의 경륜을 느낄 수 있었다."

質 바탕 질
朴 소박할 박

o 피상적 _皮相的
  皮相(피상)은 겉모습. ↔ 진상(眞相)
  일의 본질을 추구하지 않고 겉으로 드러나는 현상에만
  관계하는.
  "사태의 본질을 파악하지 못하면 皮相的 판단에 그치고 말지."

皮 겉 피
相 모양 상
的 ~한 적

o 필연성 _ 必然性
  반드시(必) 그렇게 될 수밖에 없는(然) 성질(性).
  "우리 민족은 세계의 중심이 될 必然性이 있다."

必 반드시 필
然 그럴 연
性 성질 성

머리에 쏙! 넣기

1. 다음 뜻을 가진 한자성어를 보기에서 고르시오.

   [보기] 破竹之勢 九折羊腸 無爲徒食 物我一體 無爲自然

   ① 아홉 번 굽이굽이 꺾인 산길. (　)
   ② 하는 일 없이 먹기만 함. (　)
   ③ 외물과 내가 한 몸이 됨. (　)
   ④ 인위를 보탬이 없이 절로 그러함. (　)

2. 다음 속담의 (　) 안에 알맞은 말을 넣으시오.

   ① (　)도 밟으면 꿈틀한다.
   ② 죽이 끓는지 (　)이 끓는지 모른다.
   ③ 싼 게 (　).
   ④ 숭어가 뛰니까 (　)도 뛴다.

3. 다음 (　) 안에 알맞은 말을 보기에서 골라 넣으시오.

   [보기] 억장 어깃장 진배없다 중뿔나게 애잔하다

   ① 그자가 우리 일에 (　)을 놓고 있으니 걱정이다.
   ② 사고 소식을 접하고 (　)이 무너지는 듯 했다.
   ③ 이 일과 상관도 없는 자네가 왜 (　) 나서는가?
   ④ 내 컴퓨터는 3년이나 썼지만 새것이나 (　).

4. 다음 (　) 안에 알맞은 말을 보기에서 고르시오.

   [보기] 諷刺 犧牲 風霜 倒錯 喚起

   ① 애국 열사들의 (　)이 있었기에 조국이 해방될 수 있었습니다.
   ② 공익광고를 통하여 화재에 대한 주의를 (　)시켰다.
   ③ 연암 박지원의 〈호질〉은 선비들의 허위를 (　)하였다.
   ④ 온갖 (　)을 다 겪고 보니 어느 새 고희의 나이가 되었구려.

구별해서 사용해야 하는 말들

看過(간과) 그냥 보아 넘김.
默過(묵과) 말없이 넘어감.

啓發(계발) 사람의 숨은 재능을
열어 펼쳐줌.
開發(개발) 땅의 자원을 열어
펼쳐줌.

構想(구상) 생각을 정리하고
계획을 짬.
具象(구상) 형체를 갖춤.

對等(대등) 서로 비슷한 세력이
맞섬.
對立(대립) 서로 반대되거나
모순됨.

發見(발견) 알려지지 않은 사물
을 맨 처음 찾아냄.
發明(발명) 새로운 기계 · 물건
을 처음 고안해 내거나 만들어
냄.

傍證(방증) 간접적으로 증명함,
또는 간접적인 증거.
反證(반증) 반대될 만한 증거.

非凡(비범) 보통스럽지 않음.
凡常(범상) 보통스러움.
平凡(평범) 보통스러움.

指向(지향) 일정한 목표를 가리
키며 향함.
止揚(지양) 그 자체는 부정하면
서 한층 높은 단계로 나아감.

必然性(필연성) 반드시 그렇게
될 수밖에 없는 성질.
當爲性(당위성) 마땅히 하여야
할 성질.
蓋然性(개연성) 대개 그럴 것
같은 성질.

混同(혼동) 섞이어 하나가 됨.
混沌(혼돈) 뒤범벅이 되어 구별
이 확실하지 않음.

71

손에 잡히는 어휘

date 1 ___ / ___
date 2 ___ / ___
date 3 ___ / ___

○ 三人成虎 _ 삼인성호

세 사람이면(三人) 없는 범도(虎) 만들어 냄(成).
거짓말이라도 여럿이 하면 참인 듯이 들림.
전국시대 위(魏)나라 혜왕(惠王)과 그의 신하 방총(龐葱)의 대화이다.
"지금 어떤 一人이 저잣거리에 범이 나타났다 보고하면 그 말을
믿으시렵니까?" "그 말을 누가 믿겠소."
"그럼 二人이 와서 범이 나타났다 하면 믿으시겠습니까?"
"혹시 그럴 수도 있겠지."
"만약 三人이 그런 말을 한다면 어찌시겠습니까?"
"그렇다면 아마 믿을 것이오."
여기서 유래한 三人成虎는 거짓말이라도 여러 사람에게 자꾸 들으면
진실이라고 믿게 된다는 말이다.

成 이룰 성
虎 범 호

○ 脣亡齒寒 _ 순망치한

입술이(脣) 없으면(亡) 이가(齒) 시림(寒).
이해관계가 서로 밀접하여 한 쪽이 망하면 다른 쪽도 화를
면하기 어려움.
脣은 입술, 齒는 이. 脣과 齒는 서로 돕는 상보적인 관계이다.
춘추시대 진(晉)나라의 헌공(獻公)이 괵(虢)나라를 치기 위해 우(虞)나라에
길을 빌려 달라고 요청하였다. 우나라의 궁지기(宮之奇)가 왕에게 아뢰었다.
"속담에 脣亡齒寒이라 하였으니, 이는 우리와 괵을 두고 한 말입니다.
괵은 우리의 울타리이니, 괵이 망하면 우리도 망하게 됩니다. 길을
빌려주어서는 안 됩니다."
그러나 왕은 이 말을 듣지 않고 길을 빌려 주었다.
과연 진은 괵을 멸하고 돌아오는 길에 우까지 쳐서 멸하였다.

脣 입술 순
亡 망할 망
齒 이 치
寒 찰 한

○ 一字無識 _ 일자무식

한(一) 글자도(字) 아는 것이(識) 없음(無).

字 글자 자
無 없을 무
識 알 식

"소인은 一字無識이라 검은 것은 글씨요, 흰 것은 종이라는 것만
알 뿐입니다."

o 一場春夢 _ 일장춘몽
한(一) 바탕의(場) 봄(春) 꿈(夢). 인생과 부귀영화의 덧없음.
"죽음을 눈앞에 두니 세상살이가 一場春夢임을 알겠소."

場 마당 장
春 봄 춘
夢 꿈 몽

o 돌다리도 두들겨 보고 건너라
매사에 조심하여 위험을 예방하다.
비슷한 말로 '얕은 내도 깊게 건너다'가 있다.
"그는 돌다리도 두들겨 보고 건널 정도로 신중한 사람이다."

o 동냥 쪽박 깨진 셈
꼭 필요한 도구를 훼손하여 못쓰게 만듦.
"그놈이 내 밥줄인 포장마차를 부쉈으니 동냥 쪽박 깨진 셈이지요."

o 오금을 박다
오금은 무릎의 뒤쪽 부분. 정신 놓고 있을 때 오금을 치면 휘뚝하는데
이를 '오금을 박다'라고 한다.
상대의 허점을 집어 따끔하게 공격하다.
"이번 기회에 그놈의 오금을 박아 놔야 정신을 차릴 것이오."

o 오금을 못 쓰다
마음이 몹시 끌리거나 두려워서 꼼짝 못하다.
"그 사람은 남들에게는 큰소리치면서도 마누라 앞에서는 오금을 못
쓴다."

o 금기 _ 禁忌
어떤 사회나 집단에서 금하고(禁) 꺼리는(忌) 일이나 행동.
"이슬람교도는 돼지고기 먹는 것을 禁忌하고, 힌두교도는
쇠고기 먹는 것을 禁忌한다."

禁 금할 금
忌 꺼릴 기

o 금명간 _ 今明間
오늘이나(今) 내일(明) 사이에(間).
"정가의 분위기로 보아 今明間 중대 발표가 있을 것 같다."

今 이제 금
明 밝을 명
間 사이 간

o 識字憂患 _ 식자우환

글자를(字) 아는 것이(識) 도리어 근심이(憂患) 됨.

유비(劉備)의 휘하에 지략가 서서(徐庶)가 있었다.

조조(曹操)가 서서의 어머니인 위부인을 이용해 서서를
자기편으로 꾀려 하였다. 그러나 위부인은 학식이 있고 의리가 굳은
분이었기에 쉽지 않았다. 조조는 사람을 시켜 위부인의 글씨체를
모방한 편지를 써서 서서에게 전하도록 하였다. 편지를 받고 집에
돌아온 아들을 본 위부인은 그것이 위조된 편지 때문이란 것을 알고는
본인이 글자를 아는 것을 자책하며 "識字憂患이로다"라고 하였다.
여기서 유래한 識字憂患은 글자를 아는 것이 도리어 근심이 된다는
말이다.

識 알 식
字 글자 자
憂 근심할 우
患 근심 환

o 洛陽紙價貴 _ 낙양지가귀

낙양의(洛陽) 종이(紙) 값이(價) 귀해짐(貴).

책이 좋은 평판을 얻어서 매우 잘 팔림.

진(晋)나라의 문인 좌사(左思)는 집에 틀어박혀 창작에 몰두하였다.
그는 삼국시대 촉(蜀)의 도읍인 성도(成都), 오(吳)의 도읍인
건업(建業), 위(魏)의 도읍인 업(鄴)의 장관을 노래한
삼도지부(三都之賦)라는 작품을 지어 발표하였다.
그러자 사람들이 앞을 다투어 이 글을 베껴서 읽으니 당시 수도였던
洛陽의 紙價가 올라 貴하게 되었다.
이에서 유래한 洛陽紙價貴, 문학작품이 좋은 평판을 받아 잘 팔리는
경우를 일컫게 되었다.

洛 낙수 낙
陽 볕 양
紙 종이 지
價 값 가
貴 귀할 귀

o 一波萬波 _ 일파만파

하나의(一) 물결이(波) 일어나자 만 개의(萬) 물결이(波) 따라
일어남.

작은 하나의 일이 큰 파장을 일으킴.

波 물결 파
萬 일만 만

"전라도 고부에서 관아 습격 사건이 일어나자 민중봉기가
一波萬波로 확산되었다."

o 隔世之感 _ 격세지감
세대가(世) 서로 멀리 떨어진(隔)(之) 느낌(感).
세상이 많이 바뀌어서 딴 세대가 된 것 같은 느낌.
"우리 세대와 요즘 젊은 세대를 비교해 보면 참으로
隔世之感이 든다오."

隔 떨어질 격
世 세대 세
之 ~한 지
感 느낄 감

o 우물에 가서 숭늉 찾는다
성질이 매우 급하다.
비슷한 속담으로 '싸전에 가서 밥 달라 한다'가 있다.
"성질 급하기는, 차라리 우물에 가서 숭늉 찾지 그러냐?"

o 되로 주고 말로 받다
준 것의 몇 배를 돌려받다.
"되로 주고 말로 받는다고, 이웃집에서 감사하다며 쌀 한 말을
보내왔어요."

o 오롯이
고요하고 쓸쓸하게.
"그 시절 나는 할머니와 함께 그 마당 넓은 집에서 오롯이 살았다."

o 전철前轍을 밟다
前轍은 앞서간 수레의 바퀴 자국. 앞선 사람들의 행적.
앞사람의 잘못을 되풀이하다.
"이제 다시는 군사독재정권의 전철을 밟지 맙시다."

前 앞 전
轍 수레바퀴
   자국 철

o 편벽 _ 偏僻
한 쪽으로 치우쳐 사고하거나 행동함.
"어릴 시절의 제한된 경험은 사람을 자칫 偏僻되게 만든다."

偏 치우칠 편
僻 치우칠 벽

o 편력 _ 遍歷
두루(遍) 거침(歷).
"그 사람이 젊은 시절 여성 遍歷이 심하더니 끝내
패가망신하였다오."

遍 두루 편
歷 거칠 력

○ 騎虎之勢 _ 기호지세
범을(虎) 탄(騎)(之) 것처럼 중도에 그만둘 수 없는 형세(勢).
騎虎는 범을 타다.
범을 탄 기세라면, 매우 기운찬 기세일까? No!
수(隋)나라를 세운 문제(文帝) 양견(楊堅)이 북주(北周)의 재상으로
있을 때였다. 문제의 부인은 남편이 대사를 도모하기 위해
입궁하였음을 눈치 채고 사람을 시켜 응원하기를, "騎虎之勢이니 내릴
수 없습니다. 반드시 뜻을 이루소서."
양견은 이에 용기를 얻어 북주를 멸하고 수나라를 세울 수 있었다.
이에서 연유한 騎虎之勢는 범의 등에서 내릴 수 없어 계속 타고 가야
하는 것처럼, 일을 도중에 그만둘 수 없는 형세를 이르는 말이다.

騎 말탈 기
虎 범 호
之 ~하는 지
勢 형세 세

○ 刻舟求劍 _ 각주구검
뱃전에(舟) 새겨(刻) 칼을(劍) 찾음(求).
시대나 상황의 변화를 모르는 어리석음.
초(楚)나라에 배를 타고 강을 건너는 자가 있었다. 그런데 그만
허리에 찼던 劍을 강물에 떨어뜨렸다. 그는 즉시 劍이 떨어진 뱃전에
금을 새기며 曰, "여기 뱃전에 금을 새겨 놓은 곳이 내 劍이 떨어진 곳이야."
잠시 후 배가 나루터에 다다르자, 그는 뱃전에 새긴 금을 확인하고는
그 아래 물로 들어가 劍을 찾으려 했지만 찾을 수 없었다. 이에 대해
한비자 曰, "나라를 다스리는 것도 이와 같다. 세월이 가고 세상이 바뀌었거늘
옛 법을 그대로 적용한다면, 이는 그 자가 刻舟求劍하는 꼴과 같다."
이에서 유래한 刻舟求劍은 고지식하여 시대의 흐름을 알지 못하거나,
옛 관습에 얽매여 융통성이 없다는 뜻이다.

刻 새길 각
舟 배 주
求 구할 구
劍 칼 검

○ 八方美人 _ 팔방미인
여러 방면의 일에(八方) 능통하고 빼어난(美) 사람(人).
"저 사람은 춤이면 춤, 노래면 노래 두루 빼어난 八方美人이야."

八 여덟 팔
方 방위 방
美 아름다울 미

184

o 表裏不同 _ 표리부동
　겉과(表) 속이(裏) 같지(同) 않음(不).
　"겉과 속이 다른 것을 表裏不同이라 하고, 겉과 속이
　같은 것을 표리일치(表裏一致)라고 한다."

表 겉 표
裏 속 리
同 같을 동

o 상갓집 개만도 못하다
　상갓집의 개는 천덕꾸러기인데 처지가 그만도 못하다.
　"순조 이후 권력에서 소외된 우리 남인은 상갓집 개만도 못한
　신세가 되었지요."

o 서 발 막대 거칠 것 없다
　가난한 집안에 아무 세간이 없다.
　"집에 서 발 막대 거칠 것 없던 흥부는 호구지책으로 매품을 팔기로
　작정하였다."

o 책상물림
　글만 읽어서 세상 물정에 어두운 사람.
　"방에서 책만 읽으면 책상물림이 되기 쉬우니 밖에 나가서 세상
　경험을 두루 하시오."

o 잘록하다
　긴 물건의 한 부분이 패어 오목하다.
　"황진이는 오똑한 코와 하얀 피부, 잘록한 허리, 어디 하나
　부족한 데가 없는 미모였다오."

o 함축적 의미 _ 含蓄的 意味
　겉으로 드러내지 않고 속으로 감추어진 뜻.
　"명시적 의미가 밖으로 분명히 드러난 뜻이라면
　含蓄的 意味는 내포된 의미이다."

含 품을 함
蓄 쌓을 축
意 뜻 의
味 맛 미

o 해후 _ 邂逅
　우연히 뜻하지 않게 다시 만남.
　"무심코 종로거리를 걷다가 오랜만에 그녀와
　邂逅하였지요."

邂 만날 해
逅 만날 후

○ 南柯一夢 _ 남가일몽

집 남쪽(南) 느티나무 가지(柯) 아래에서의 한(一) 꿈(夢).
부귀영화의 덧없음.
南柯는 집의 남쪽 느티나무 가지.
중국의 광릉에 순우분(淳于棼)이란 젊은이가 살았다.
어느 날 南柯 아래에서 잠이 들었고, 꿈속에서 괴안국(槐安國) 왕의
사위가 되어 온갖 부귀영화를 누렸다. 그런데 잠에서 깨어보니 모든 게
꿈이었다.
이에서 유래한 南柯一夢은 부귀영화의 덧없음을 뜻한다.
비슷한 의미의 말로 邯鄲之夢(한단지몽)이 있다.

南 남녘 남
柯 가지 가
夢 꿈 몽

○ 焚書坑儒 _ 분서갱유

진시황이 사상탄압을 목적으로 책을(書) 불태우고(焚)
유생들을(儒) 땅에 묻음(坑).
진시황 34년에 승상 이사(李斯)가 건의하였다.
"지금 천하가 통일되어 백성들은 법을 잘 지키며 농공에 힘쓰고
있습니다. 그런데 유생들이 불만을 품고 떠들어대고 있습니다.
모든 책들을 몰수하여 태워야 합니다."
진시황은 이 말을 받아들여 협서율(挾書律: 책을 끼고 다니는 것을
엄금하는 법률)을 반포하고, 의약, 농사, 점술에 관한 책과 진나라
역사서를 제외한 모든 책을 태우도록 하였다. 이것이 바로 焚書이다.
이듬해에 함양에 사는 유생들이 焚書를 비방한다는 첩보가 들어오자
460명의 유생들을 붙잡아 생매장하였다. 이 사건을 坑儒라고 한다.

焚 태울 분
書 책 서
坑 묻을 갱
儒 선비 유

○ 犬猿之間 _ 견원지간

개와(犬) 원숭이(猿)의(之) 사이(間).
개와 원숭이 사이처럼 매우 나쁜 사이.
"김 진사와 이 생원은 보기만 하면 으르렁거리는 犬猿之間이다."

犬 개 견
猿 원숭이 원
之 ～의 지
間 사이 간

o 一葉片舟 _ 일엽편주
하나의(一) 나뭇잎(葉)처럼 작은 조각(片) 배(舟).
"백마강 달밤에 一葉片舟 두둥실 떠간다."

葉 잎사귀 엽
片 조각 편
舟 배 주

o 서울 가서 김 서방 찾는 격이다
분명한 방안 없이 막연하게 일을 행하다.
"지금 무턱대고 가봐야 서울 가서 김 서방 찾는 격이네."

o 도마에 오른 고기
어찌할 수 없는 막다른 처지.
"뇌물사건에 연루된 공직자들은 도마에 오른 고기 신세가 되었다."

o 쐐기를 박다
쐐기는 나무로 짠 물건의 틈새에 끼워서 움직이지 않도록 하는
나뭇조각.
쐐기를 박아 물건을 고정시키듯이, 뒤탈이 없도록 단단히 다짐해 두다.
"김 국장은 쐐기를 박으려는 듯 강한 어조로 말하였다."

o 여반장如反掌이다
매우 쉬워 마치 손바닥을(掌) 뒤집는 거와(反) 같다(如).
"이 문제 풀기는 그야말로 여반장이지."

如 같을 여
反 뒤집을 반
掌 손바닥 장

o 해학 _ 諧謔
우스갯소리.
"풍자가 웃음을 통해 넌지시 찌르는 것이라면, 諧謔은
부드러운 웃음을 유발하는 우스갯소리이지요."

諧 우스갯소리 해
謔 우스갯소리 학

o 극적 _ 劇的
극을(劇) 방불하게 하는(的).
극에서와 같은. dramatic.
"그들 자매는 6·25동란에 헤어졌다가 얼마 전 劇的으로
상봉하였다."

劇 극 극
的 ~한 적

75 손에 잡히는 어휘

date 1 ___ / ___
date 2 ___ / ___
date 3 ___ / ___

◦ 乾坤一擲 _ 건곤일척
하늘과(乾) 땅을(坤) 걸고 한번(一) 던짐(擲).
천지를 걸고 한판 승부를 벌임.
유방(劉邦)과 항우(項羽)가 홍구(鴻溝)를 경계로 하여
강화조약을 맺었다.
항우가 군대를 이끌고 돌아갔고, 유방도 철수하려 하였다.
장량과 진평이 유방을 말리며 曰, "지금 항우의 군사는 지쳐 있으며
식량도 떨어졌습니다. 지금이 저들을 격멸할 기회입니다."
이에 유방은 군사를 돌려 항우를 물리치고 한나라를 세웠다.
당나라의 문장가인 한유(韓愈)가 홍구를 지나면서 이런 시를 지었다.
"누가 군왕으로 하여금 말머리를 돌려 하늘과 땅을 걸고 한판 승부를
벌이도록 권하였나." → 건곤일척(乾坤一擲)
유방이 군사를 돌려 항우를 대패시킨 사건을 乾坤一擲이라고 평한 것이다.

乾 하늘 건
坤 땅 곤
擲 던질 척

◦ 格物致知 _ 격물치지
사물을(物) 궁구하여(格) 앎을(知) 이룸(致).
사물을 철저히 연구하여 그 이치를 잘 알게 됨.
格物은 사물의 이치를 끝까지 연구하다.
致知는 이치를 완전히 알아내다.
대학(大學)에 曰, "세상의 모든 사물은 나무 한 그루, 풀 한 포기
할 것 없이 모두 그 이치를 갖추고 있다. 그래서 格物致知하게 된다."
格物致知는 사물을 치밀하게 관찰하고 그 이치를 파고드는 연구
자세이다.

格 궁구할 격
物 사물 물
致 이룰 치
知 알 지

◦ 靑天霹靂 _ 청천벽력
맑게 갠(靑) 하늘에(天) 날벼락(霹靂).
뜻밖에 일어난 큰 변동이나 갑자기 생긴 큰 사건.
"아버지의 죽음은 어린 광수에게 靑天霹靂과도 같은 사건이었다."

靑 푸를 청
天 하늘 천
霹 벼락 벽
靂 벼락 력

o 青雲之志 _ 청운지지
푸른(靑) 구름과 같은(雲)(之) 높은 뜻(志)이나 이상.
"정 교수님은 1960년대에 靑雲之志를 품고 미국 유학길에
올라 학문적 성공을 거두었지요."

靑 푸를 청
雲 구름 운
之 ~한 지
志 뜻 지

o 염불에는 마음이 없고 잿밥에만 마음이 있다
할 일에는 관심이 없고 딴 욕심만 채우려고 한다.
"저들의 거동을 보니, 염불에는 마음이 없고 잿밥에만 마음을 두고
있어."

o 영리한 고양이 밤눈 어둡다
영리한 사람이라도 부족한 부분이 있다.
"영리한 고양이 밤눈 어둡다고, 김 대리 자네도 못하는 게 있군."

o 조촐하다
아담하고 깨끗하다.
외모가 말쑥하고 깔끔하다.
"수상자를 위해 조촐한 축하 자리를 마련하였으니 많은 참석
바랍니다."

o 정곡正鵠을 찌르다
鵠(곡)은 과녁, 正鵠(정곡)은 과녁의 한가운데.
어떤 문제의 핵심을 찌르다.
"노 의원은 시국토론에서 상대편 주장의 正鵠을 찔러
박수갈채를 받았다."

正 바를 정
鵠 과녁 곡

o 편린 _ 片鱗
한 조각의(片) 비늘(鱗).
사물의 지극히 작은 한 부분.
"사물의 片鱗만을 보고 그 가치를 판단해서는 안 된다."

片 조각 편
鱗 비늘 린

o 편향 _ 偏向
한쪽으로 치우침.
"나는 젊은 시절 偏向된 사상에 사로잡혀 있었다."

偏 치우칠 편
向 향할 향

머리에  쏙! 넣기

1. 다음 뜻을 가진 한자성어를 보기에서 고르시오.

   [보기] 刻舟求劍 識字憂患 隔世之感 騎虎之勢 南柯一夢

   ① 부귀영화는 한 바탕의 꿈임. ( )
   ② 글자를 아는 것이 도리어 근심이 됨. ( )
   ③ 시대나 상황의 변화를 모르는 어리석음. ( )
   ④ 세대가 서로 멀리 떨어진 느낌. ( )

2. 다음 속담의 ( ) 안에 알맞은 말을 넣으시오.

   ① 영리한 ( ) 밤눈 어둡다.
   ② 염불에는 마음이 없고 ( )에만 마음이 있다.
   ③ 서 발 ( ) 거칠 것 없다.
   ④ 되로 주고 ( )로 받는다.

3. 다음 ( ) 안에 알맞은 말을 보기에서 골라 넣으시오.

   [보기] 오금 전철 오롯이 책상물림 여반장

   ① 그는 남들에게는 큰소리치면서도 마누라 앞에서는 ( )을 못 쓴다.
   ② 그 시절 나는 할머니와 함께 이 마당 넓은 집에서 ( ) 살았다.
   ③ 방에서 책만 읽으면 ( )이 되기 쉬우니 밖에 나가서 세상 경험을 하시오.
   ④ 이 문제 풀기는 그야말로 ( )이지.

4. 다음 ( ) 안에 알맞은 말을 보기에서 고르시오.

   [보기] 禁忌 片鱗 偏向 遍歷 劇的

   ① 나는 젊은 시절 ( )된 사상에 사로잡혀 있었다.
   ② 사물의 ( )만을 보고 가치를 판단해서는 안 된다.
   ③ 그들 자매는 6·25동란에 헤어졌다가 얼마 전 ( )으로 상봉하였다.
   ④ 이슬람교도는 돼지고기 먹는 것을 ( )한다.

음이 같고 뜻이 다른 한자말들

感想(감상) 마음속에 느끼어 일어난 생각.
"독서한 후에 감상을 적어봅시다."

感傷(감상) 슬프게 느끼어 마음 아파함.
"음악을 듣더니 묘한 감상에 빠졌다."

鑑賞(감상) 예술 작품을 이해하고 즐김.
"음악을 감상하다."

事實(사실) 실제로 있는 일.
"틀림없는 사실이다."

寫實(사실) 사물을 있는 그대로 그려냄.
"사회의 어두움을 사실적으로 묘사했다."

史實(사실) 역사에 기록된 사실.
"事實이 역사로 기록되면 史實이 된다."

示唆(시사) 미리 슬쩍 보여 주어 일러 줌.
"그 말이 시사하는 바가 크다."

時事(시사) 당시에 일어난 세상의 여러 가지 일.
"택시 운전기사들은 달리는 시사 해설가라고 불린다."

典型(전형) 어떤 부류의 특징을 가장 잘 나타내고 있는 본보기.
"흥부는 고전소설에서 선한 인물의 전형이다."

銓衡(전형) 됨됨이·재능 등으로 사람을 가려 뽑음.
"우리 회사는 서류 전형으로 신입 사원을 선발한다."

正義(정의) 올바른 도리.
"정의를 구현하다."

情誼(정의) 서로 사귀어 친하여진 정.
"그 동안의 정의를 봐서라도 한 번 눈감아 주게나."

定義(정의) 어떤 말이나 사물의 개념을 명확히 밝히어 규정함.
"민주주의를 명확히 정의하여 보아라."

date 2 ___/___
date 3 ___/___

○ 漸入佳境 _ 점입가경
점점(漸) 들어갈수록(入) 멋진(佳) 경지(境).
문장, 예술 작품, 경치 등이 갈수록 멋지고 아름다워짐.
진(晉)나라의 화가인 고개지(顧愷之)는 사탕수수를 먹을 때 맛이
단 밑동 부분을 놓아두고 줄기 부분을 먼저 먹었다. 사람들이 그
까닭을 묻자 답하기를, "점점 좋은 맛을 느끼기 위해서라네." → 漸入佳境
漸入佳境은 문장을 읽어감에 점점 그 묘미를 더하거나, 예술을
감상함에 갈수록 더 멋지거나, 산수의 경치가 갈수록 더 아름다운
경우를 일컫는다.

漸 차차 점
入 들 입
佳 아름다울 가
境 경지 경

○ 高麗公事三日 _ 고려공사삼일
고려(高麗)의 공사는(公事) 사흘을(三日) 못 감.
우리나라의 공적인 법령, 정치 등은 오래가지 못함.
公事는 국가의 법령, 정치, 행정 등의 공적인 일이다.
세종실록에 曰, "시작할 때에는 부지런하고 끝마칠 때에는 태만한
것이 인지상정이지만, 우리나라 사람들은 더욱 심하다. 그래서
'高麗公事三日'이라는 속담도 있다."
조선 후기의 학자 홍만종(洪萬宗) 선생은 高麗公事三日을 이렇게 설명했다.
"우리나라 사람들은 인내심이 부족해서 법령 바꾸기를 보통으로 안다.
사흘밖에 가지 않는다고 한 것은 정치나 법령이 오래가지 못한다는 말이다."

高 높을 고
麗 고울 려
公 공변될 공
事 일 사

○ 焦眉之急 _ 초미지급
눈썹이(眉) 탈 듯이(焦)(之) 위급함(急).
"이 장계를 급히 조정에 전하여라. 焦眉之急이니 서둘러야
한다."

焦 탈 초
眉 눈썹 미
之 ~한 지
急 급할 급

○ 下石上臺 _ 하석상대
아랫돌(下石) 빼서 위에 박기(上臺).

石 돌 석
臺 대 대

192

"문제를 근원적으로 해결하지 않고 下石上臺하면 곧 재발하게 될 것이야."

○ 오뉴월 닭이 여북해서 지붕을 허비랴
오뉴월 궁한 때에 행여나 먹을 것이 있을까 하고 여기저기를 뒤지다.
"백성들은 오뉴월 닭이 지붕 후비듯이, 산으로 들로 먹을 것을 찾으러 다녔다."

○ 급하다고 바늘허리에 실 매어 쓸까
일에는 정해진 방법과 절차가 있어 급해도 이를 따라 해야 이루어진다.
"일에는 순서가 있는 법이니, 아무리 급해도 바늘허리에 실 매어 쓸까."

○ 종지부終止符를 찍다
종지부(終止符)는 문장의 마침표.
어떤 일을 완전히 마치다.
"위화도 회군은 고려왕조의 종지부를 찍고 새 왕조를 탄생시키는 계기가 되었다."

終 마칠 종
止 그칠 지
符 부호 부

○ 주마등走馬燈 같다
주마등(走馬燈)은 등의 한 가지.
등 안에 말의 형상을 설치하여 등을 돌리면 말이 빨리 달리는 것처럼 보임.
추억, 생각 등이 빠르게 스쳐 지나가다.
"고향에 오면 어린 시절의 추억이 주마등 같이 스쳐 지나간다."

走 달릴 주
馬 말 마
燈 등 등

○ 포효 _ 咆哮
사나운 짐승이 소리를 내어 크게 울부짖음(咆哮).
"천하장사 타이틀을 거머쥔 이만기 선수가 기쁨에 넘쳐 咆哮하고 있습니다."

咆 울부짖을 포
哮 울부짖을 효

○ 표리 _ 表裏
겉과(表) 속(裏).
"겉과 속이 조화를 이룰 경우에 '表裏를 이루다'라고 하고, 다를 경우에 '表裏不同(표리부동)하다'라고 한다."

表 겉 표
裏 속 리

○ 實事求是 _ 실사구시

실제적인(實) 일에서(事) 올바름을(是) 찾음(求).

是는 옳음, 참됨, 진리이니, 求是는 옳음을 구하다, 진리를 탐구하다.

조선후기 실학자 추사 김정희(金正喜) 선생은 實事求是를
정의하여 曰,

"實事求是는 학문의 가장 중요한 방도이다. 만약 실재하지 않은 것으로
일을 삼고 헛된 것으로 방편을 삼으며 옳은 것을 찾지 않고 먼저 들은
말로 주를 삼는다면, 그것은 성현의 도에 등지고 달려가는 꼴이다."

선생은 당시 학문 연구의 태도가 관념적인 세계에 치중하여 그 폐단이
드러나자 이를 극복하기 위한 방도로서 實事求是의 학문 태도를
강조한 것이다.

| 實 실제 실 |
| 事 일 사 |
| 求 찾을 구 |
| 是 옳을 시 |

○ 道聽塗說 _ 도청도설

길거리에서(道 · 塗) 들을 수 있는(聽) 이야기(說).

길거리에서 나도는 말들.

한서(漢書) 예문지(藝文志)에 이런 기록이 있다.

"소설이란 대개 패관(稗官)들에게서 나온 것으로
街談巷說(가담항설)이나 道聽塗說로 만들어진 것이다."

패관이란 민간에 떠도는 민요나 이야기를 채집하던 하급관리였다.

街談巷說과 道聽塗說은 길거리에서 사람들이 주고받는 이야기로서,
소설로 발전하는 바탕이 된 것이다.

| 道 길 도 |
| 聽 들을 청 |
| 塗 길 도 |
| 說 말 설 |

○ 孤立無援 _ 고립무원

고립되어(孤立) 구원해줄(援) 사람이 없음(無).

"당시 우리 부대원들은 孤立無援에 처하여 기아와 추위에 떨어야
했다."

| 孤 홀로 고 |
| 立 설 립 |
| 無 없을 무 |
| 援 이끌 원 |

○ 自畵自讚 _ 자화자찬

자신이(自) 그리고(畵) 자신이(自) 칭찬함(讚).
자신이 한 일을 자신이 칭찬함.
"自畵自讚 같습니다만, 저명한 미술평론가들이 제 그림에
주목하고 있습니다."

自 스스로 자
畵 그릴 화
讚 기릴 찬

○ 둘러치나 메어치나 일반
둘러침은 휘둘러서 내려침. 메어침은 어깨 너머로 들어 올렸다가
내려침.
이렇게 하나 저렇게 하나 결과는 마찬가지임.
"당국에서는 시민들을 위한 정책이라고 홍보하지만, 둘러치나
메어치나 일반 아닌가."

○ 양손에 떡을 쥐다
좋은 것을 양손에 쥐고 있어 무엇을 먼저 해야 할지 모르다.
"양손에 떡을 쥐고 있자니 들뜬 마음에 무엇을 먼저 먹어야 할지 모르겠네."

○ 오달지다
조금도 허술한 데가 없고 야무지다.
"저 놈은 어린 녀석이 오달진 데가 있어."

○ 오지랖이 넓다
오지랖은 옷의 앞자락.
주제넘게 남의 일에 함부로 간섭하다.
"저 여편네는 오지랖이 넓어서 동네방네 일을 다 참견하고 다니지."

○ 기린아 _ 麒麟兒
麒麟은 상상의 상서로운 동물.
슬기와 재주가 넘쳐 촉망받는 젊은이.
"새로운 상품을 출시한 김 사장은 정보통신업계의
麒麟兒로 부상했다."

麒 기린 기
麟 기린 린
兒 아이 아

○ 기복신앙 _ 祈福信仰
복을(福) 내려주기를 비는(祈) 신앙(信仰). 구복신앙(求福信仰).
"한국의 종교는 祈福信仰의 성격이 강하다고 하던데
정말인가요?"

祈 바랄 기
福 복 복
信 믿을 신
仰 우러를 앙

○ 積小成大 _ 적소성대

작은 것을(小) 쌓아서(積) 큰 것을(大) 이룸(成).

주역(周易)에 曰, "군자는 작은 것을 쌓아서 높고 큰 것을
이룬다." → 積小成大

군자는 작은 일을 소홀히 하지 않고 성실하게 행동해서 높고 큰 것을
이룬다는 말이다. 유사한 의미의 말로 積土成山(적토성산)이 있으니
흙을 쌓아서 산을 이룬다는 뜻이다.

유사한 속담으로 '티끌 모아 태산'이 있다.

積 쌓을 적
成 이룰 성

○ 鼓腹擊壤 _ 고복격양

배를(腹) 두드리며(鼓) 땅을(壤) 침(擊).

태평성대를 구가함.

鼓腹은 배를 두드리는 것이요, 擊壤은 땅을 치는 것이다.

억울하고 원통해서인가? No! 태평을 구가하는 것이다.

어진 임금의 대명사로 알려진 요(堯) 임금이 민정을 살피러 거리로
나갔다.

한 노인이 배불리 먹고는 배를(腹) 두드리고(鼓) 땅을(壤) 치면서(擊)
태평가를 부르고 있었다.

"해 뜨면 들에 나가 일하고 해지면 들어와서 쉰다네. ♪"

이처럼 鼓腹擊壤은 정치가 잘 되어서 백성들이 태평성대를 구가한다는
뜻이다.

고복가(鼓腹歌), 격양가(擊壤歌)는 태평성대를 구가하는 노래이다.

鼓 두드릴 고
腹 배 복
擊 칠 격
壤 땅 양

○ 金蘭之交 _ 금란지교

쇠처럼 단단하고(金) 난초처럼 향기로운(蘭)(之) 사귐(交).

"오성 이항복과 한음 이덕형은 죽마고우로 자라 평생 金蘭之交를
나누었다네."

金 쇠 금
蘭 난초 란
之 ~의 지
交 사귈 교

o **針小棒大** _ 침소봉대
바늘만큼(針) 작은 것을(小) 몽둥이만큼(棒) 크게
과장함(大).
작은 일을 가지고 크게 허풍을 떪.
"김허풍 씨는 어릴 적부터 針小棒大하는 버릇이 있었지."

針 바늘 침
小 작을 소
棒 몽둥이 봉

o **여자 팔자 뒤웅박 팔자**
뒤웅박은 박에 구멍을 내고 속을 파내어 곡식 등을
담아두도록 한 용기.
여자 팔자는 어떤 남편을 만나느냐에 달려 있음.
"여자 팔자 뒤웅박 팔자라고 남자를 잘 만나야 한단다."

o **올라가지 못할 나무는 쳐다보지도 말라**
분수에 넘치는 것은 아예 쳐다보지도 말아야 한다.
"돌쇠야. 올라가지 못할 나무는 아예 쳐다보지도 말거라."

o **속절없다**
아무리 뭔가 하려 해도 별도리가 없다.
"그녀를 연모하면서도 오래도록 속절없이 애만 태우고 있었지요."

o **주먹구구**
주먹구구는 주먹을 쥐고 하는 구구셈
정확하지 않게 계산하거나 어림짐작으로 일을 처리함.
"주먹구구로 물건을 만들어 해외시장에 수출하던 때는 지났습니다."

o **주창** _ 主唱
주의나 사상 등을 주도적으로 주장함.
"선생은 독립의 당위성을 主唱하여 만세운동이 전국적으로
번지게 하였다오."

主 주인 주
唱 부르짖을 창

o **풍미** _ 風靡
바람으로(風) 초목이 쓰러짐(靡).
어떤 사조나 현상 등이 널리 사회를 휩쓺.
"18세기 말에서 19세기 초까지 유럽에서는 낭만주의가
風靡하였다."

風 바람 풍
靡 쓰러질 미

79 손에 잡히는 어휘

南橘北枳 _ 남귤북지

남쪽의(南) 귤이(橘) 북쪽에서는(北) 탱자가(枳) 됨.
사람은 처한 환경에 따라 성품이나 재능이 변함.
橘은 귤이요, 枳는 탱자이다.
춘추시대 제(齊)나라 재상 안영(晏嬰)이 초(楚)나라 영왕(靈王)의
초청을 받아 갔다. 영왕이 안영을 골려주려고 절도죄를 지은
죄인 하나를 불러 놓고 물었다. "네 놈은 어느 나라 출신이냐?"
"제나라입니다." 영왕은 보란 듯이 안영을 보며 물었다. "제나라 사람은
원래 도둑질을 잘 하는 모양이군요?" 안영이 태연하게 답하였다.
"회남(淮南)의 橘을 회북(淮北)으로 옮기면 枳가 되는 것은 토질
때문입니다. 저 사람이 초나라로 와서 도둑질을 한 것을 보면 이곳
풍토가 좋지 않은가 봅니다."

南 남녘 남
橘 귤나무 귤
北 북녘 북
枳 탱자나무 지

安貧樂道 _ 안빈낙도

가난을(貧) 편히 여기며(安) 도를(道) 즐김(樂).
공자가 가장 총애하는 제자는 안회(顔回)였다. 공자가 처음
안회를 만났을 때, 안회가 종일토록 얌전히 있어 멍청이로
여겼다가, 가만히 살펴보니 배운 것을 반드시 실천할 뿐 아니라
하나를 들으면 열을 알 정도로 총명하였다. 또한 가난하여 가난한
마을에 살았는데도 이를 편히 여기고 자신이 추구하는 도를 즐겼다.
공자는 이를 매우 칭찬하여 "한 그릇의 밥을 먹고 한 바가지의 물을
마시며 누추한 마을에 사는 것을 모두 싫어하는데, 안회는 그 즐거움을
계속 지켜나가니 참으로 어질도다."라고 하였다.
안회와 같은 삶의 태도를 일컬어 후대 사람들은 安貧樂道라고 하였다.
가난을 편히 여기며 자신이 추구하는 도를 즐긴다는 말이다.

安 편안할 안
貧 가난할 빈
樂 즐길 락
道 도 도

惑世誣民 _ 혹세무민

세상을(世) 미혹시키고(惑) 백성을(民) 속임(誣).

惑 미혹할 혹
世 세상 세

이단의 설로 세상 사람들을 미혹시키고 속임.
"동학군의 지도자들은 惑世誣民의 죄로 처단되었다."

誣 속일 무
民 백성 민

○ 孤掌難鳴 _ 고장난명
외(孤) 손바닥으로는(掌) 소리 내기가(鳴) 어려움(難).
일은 서로 손발이 맞아야 해낼 수 있음.
"손발이 맞아야 일을 할 것이 아닌가?"
"아무렴, 孤掌難鳴이지."

孤 홀로 고
掌 손바닥 장
難 어려울 난
鳴 울 명

○ 섶을 지고 불로 들어가다
섶은 땔감. 화를 부르는 어리석은 행동을 하다.
"억울하다고 해서 관가를 습격하는 짓은 섶을 지고 불로 들어가는 것과 같소."

○ 소경 문고리 잡기
우연히 어떤 일을 이루어 냄.
"무사히 일을 끝냈다고 하지만, 실은 소경 문고리 잡은 격이지요."

○ 씨가 먹히다
씨는 천의 씨줄. 천을 짤 때 가로 줄이 씨줄이고 세로 줄이 날줄임.
말이나 행동이 조리에 맞고 실속이 있다.
"씨가 먹힐 소리를 해야 들어 줄 것이 아닌가."

○ 씨알머리가 없다
씨알은 곡식의 종자나 새의 알.
혈통이 좋지 않아 보고 배운 것이 없다. 실속이 없거나 하찮다.
"나잇살이나 먹은 녀석이 참으로 씨알머리가 없구먼."

○ 행각 _ 行脚
여기 저기 돌아다님.
"두 사람이 사랑의 도피 行脚을 벌이자 온 마을이 그 일로
시끄러웠다."

行 다닐 행
脚 다리 각

○ 현학적 _ 衒學的
자신의 학문과 지식을(學) 자랑하는(衒)(的).
"이 사람 요새 독서를 많이 하더니 꽤나 衒學的으로 변했군."

衒 팔 현
學 배울 학
的 ~하는 적

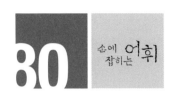

○ 鷄肋 _ 계륵

닭갈비(鷄肋).

닭갈비처럼 별 쓸모는 없으나 버리기는 아까운 것.

조조(曹操)가 한중(漢中)에서 유비(劉備)와 결전을 벌일 때였다.

당직 사령이 조조에게 그 날의 암호를 무엇으로 정할지 물으러 왔다.

마침 닭을 먹고 있던 조조는 曰, "鷄肋으로 하라."

암호를 전해들은 양수(楊脩)는 즉시 철군 준비를 하였다.

동료들이 그 이유를 묻자 답하기를, "鷄肋이란 먹을 만하지는

않지만 그렇다고 버리기도 아까운 것이요. 장군께서 지금 한중 땅이

鷄肋같다고 생각하고 있는 것이 틀림없소. 곧 철군 명령을 내릴

것이외다. 그래서 미리 짐을 꾸리는 것이지요."

과연 조조는 며칠 뒤에 철군 명령을 내렸다.

이로 인해 鷄肋은 별로 요긴하지는 않지만 버리기에는 아까운 것을

뜻하게 되었다.

鷄 닭 계
肋 갈빗대 륵

○ 頂門一鍼 _ 정문일침

정수리에(頂門) 한 대의(一) 침을(鍼) 놓음.

정신을 차리도록 하는 따끔한 충고 한마디.

頂門은 정수리이다. 갓난아기는 이곳이 말랑말랑하고 벌렁벌렁하여

뇌숨을 쉬는 곳이고, 자라서도 인체에서 가장 중요한 급소이다.

頂門一鍼이란 정수리에 침 한대를 박는다는 것인데, 생명을 위협하는

치명적인 행위이다. 얼빠진 사람에게 정신을 차리도록 하는 따끔한

충고 한마디를 뜻한다.

흔히 '頂門一鍼을 가하다'로 쓰인다.

頂 정수리 정
門 문 문
鍼 바늘 침

○ 五里霧中 _ 오리무중

오리가(五里) 안개(霧) 속(中).

사방이 온통 안개여서 일의 방향이나 갈피를 잡지 못함.

里 리 리
霧 안개 무
中 가운데 중

"김 형사. 사건이 점점 五里霧中으로 빠져들고 있어서 걱정이야."

o 安分知足 _ 안분지족
자기의 분수를(分) 편히 여기고 (安) 만족할 줄(足) 앎(知).
"조선의 선비들은 安分知足을 삶의 중요한 덕목으로
여겼다네."

安 편안할 안
分 분수 분
知 알 지
足 족할 족

o 열 번 찍어 안 넘어가는 나무 없다
아무리 뜻이 굳은 사람이라도 여러 번 유혹하면 넘어간다.
"열 번 찍어 안 넘어가는 나무 없는 법이니, 줄기차게 도전해 보거라."

o 열 손가락 깨물어 안 아픈 손가락 없다
자식은 누구나 없이 모두 귀하다.
"열 손가락 깨물어 안 아픈 손가락 없다고 어느 자식이건 모두 귀한
법이란다."

o 손금 보듯 하다
낱낱이 다 알다.
"세상 돌아가는 일을 손금 보듯 하다니 놀랍구면."

o 손방이다
손방은 아주 할 줄 모르는 솜씨
어떤 일을 전혀 할 줄 모르다.
"목공에는 손방이었던 사람이 이젠 숙련된 목수가 되었어."

o 준동 _ 蠢動
벌레가 꿈틀거리며(蠢) 움직임(動).
"종묘사직을 위협하는 무리들이 蠢動하고 있사옵니다."

蠢 꿈틀거릴 준
動 움직일 동

o 지양 _ 止揚
그 자체는 부정하면서 한층 더 높은 단계로 발전해 나아감.
"학연, 지연을 따져 파벌을 조성하는 행위는 반드시
止揚해야 할 병폐이다."

止 그칠 지
揚 날릴 양

머리에 쏙! 넣기

1. 다음 뜻을 가진 한자성어를 보기에서 고르시오.

   [보기] 鼓腹擊壤 自畵自讚 安貧樂道 安分知足 實事求是

   ① 자기의 분수를 편히 여기고 만족할 줄 앎. ( )
   ② 실제적인 일에서 진리를 찾음. ( )
   ③ 가난을 편히 여기고 자신의 도를 즐김. ( )
   ④ 제가 그리고 제가 칭찬함. ( )

2. 다음 속담의 ( ) 안에 알맞은 말을 넣으시오.

   ① 소경 ( ) 잡기.
   ② 섶을 지고 ( )로 들어가려 한다.
   ③ 양손에 ( )을 쥐다.
   ④ 오뉴월 닭이 여북해서 ( )을 허비랴.

3. 다음 ( ) 안에 알맞은 말을 보기에서 골라 넣으시오.

   [보기] 오지랖 손금 주마등 종지부 주먹구구

   ① 위화도 회군은 고려왕조의 ( )를 찍고 새 왕조를 탄생시키는 계기가
     되었다.
   ② 고향에 오면 어린 시절의 추억이 ( ) 같이 스쳐 지나간다.
   ③ 저 여편네는 ( )이 넓어서 동네방네 일을 다 참견하고 다닌다오.
   ④ 세상 돌아가는 일을 ( ) 보듯 하다니 놀랍구먼.

4. 다음 ( ) 안에 알맞은 말을 보기에서 고르시오.

   [보기] 止揚 風靡 主唱 表裏 蠢動

   ① 학연, 지연을 따져 파벌을 조성하는 행위는 반드시 ( )해야 할 병폐이다.
   ② 종묘사직을 위협하는 무리들이 ( )하고 있사옵니다.
   ③ 18세기 말에서 19세기 초까지 유럽에서는 낭만주의가 ( )하였다.
   ④ 선생은 독립의 당위성을 ( )하여 만세운동이 전국적으로 번지게 하였다오.

상반된 뜻을 지닌 글자로 이루어진 말들

貴賤(귀천) 귀함과 천함. "직업에 貴賤이 없다."

起伏(기복) 형세의 높음과 낮음. "감정의 起伏이 심하다."

頭緖(두서) 시작과 끝. "일의 頭緖가 없다."

騰落(등락) 오름과 내림. "주가의 騰落을 주시하다."

名實(명실) 이름과 실제. "名實이 서로 부합하다."

本末(본말) 근본과 말단. "本末이 전도되었다."

浮沈(부침) 떠오름과 가라앉음. "역사는 끝없이 浮沈한다."

貧富(빈부) 가난함과 부유함. "貧富의 차가 심하다."

成敗(성패) 성공과 실패. "개개인의 노력에 成敗가 달려 있다."

是非(시비) 옳음과 그름. "是非를 분명히 가리다."

榮辱(영욕) 영화로움과 욕됨. "온갖 榮辱을 겪다."

優劣(우열) 잘남과 못남. "서로 비등하여 優劣을 가리기가 힘들다."

利害(이해) 이로움과 해로움. "利害를 따져서 행동하다."

雌雄(자웅) 암컷과 수컷. "저 꾀꼬리들 雌雄이 서로 의지하는구나."

眞僞(진위) 참과 거짓. "말의 眞僞를 파악하다."

進退(진퇴) 나아감과 물러섬. "進退를 제 때에 해야 한다."

向背(향배) 좇음과 등짐. "아직 向背를 결정하지 못하다."

興亡盛衰(흥망성쇠) 흥하고 망하고 성하고 쇠함. "興亡盛衰를 거듭하다."

喜悲(희비) 기쁨과 슬픔. "喜悲가 교차하다."

得失(득실) 얻음과 잃음. "得失의 차를 따지다."

明暗(명암) 밝음과 어두움. "모든 일에는 明暗이 있다."

自他(자타) 자신과 다른 사람. "自他가 공인하는 바이다."

○ 壓卷 _ 압권

과거시험에서 가장 우수한 두루마리 답안이 다른 두루마리를(卷)
누름(壓).

여럿 가운데 가장 빼어난 부분이나 작품.

과거 시험의 답안지는 두루마리 형태였다. 한자로는 卷이다.

응시자들이 卷을 제출하면, 담당관이 이를 채점하여 가장 잘된 卷을
다른 卷 위에 올려놓는 관습이 있었다. 마치 잘된 卷이 다른 卷들을
누르고(壓) 있는 모양이었다.

여기서 생긴 말이 壓卷.

여럿 중에서 가장 빼어난 작품을 일컫는다.

가장 빼어나다는 의미에서 白眉(백미)와 통한다.

壓 누를 압
卷 두루마리 권

○ 語不成說 _ 어불성설

말이(語) 말이(說) 되지(成) 못함(不).

말이 사리에 맞지 않음.

語와 說은 말이다.

成說은 말이 되다.

不成說은 말이 되지 않는다. 즉, 말을 하였으나 그것이 말이 되지
않는다는 뜻이다. 말을 한다고 해서 다 말이 되는 것이 아니라 사리와
어법에 맞아야 한다.

이와 관련하여 연상되는 말로 言語道斷(언어도단)이 있다.

말문이 막혀서 말하려 해도 할 수 없다는 뜻이다.

語 말 어
不 아니 불
成 될 성
說 말 설

○ 前代未聞 _ 전대미문

앞(前) 시대에는(代) 듣지(聞) 못함(未).

이제까지 들어보지 못함.

"지난 밤 우리는 前代未聞의 참사 소식을 접하였습니다."

前 앞 전
代 시대 대
未 아닐 미
聞 들을 문

o 前人未踏 _ 전인미답
  앞(前) 사람들은(人) 아직 밟아보지(踏) 못함(未).
  "에디슨은 발명분야에서 前人未踏의 업적을 남겼다."

  前 앞 전
  未 아닐 미
  踏 밟을 답

o 될성부른 나무는 떡잎부터 알아본다
  크게 될 사람은 어릴 적부터 뭔가 남다르다.
  "될성부른 나무는 떡잎부터 알아본다고 율곡 선생은 아홉 살에
  한시를 지었다지."

o 봉사 단청 구경
  내용도 모르면서 건성으로 보다.
  "봉사 단청 구경하듯 하지 말고 내용을 면밀히 살펴보아야 한다."

o 올곧다
  마음이 바르고 곧다.
  "선생은 평생 대쪽같이 올곧게 사신 분이다."

o 완곡婉曲하다
  듣는 사람의 마음이 상하지 않도록 모나지 않고 부드럽다.
  "아버님이 노여워하시지 않도록 완곡하게 말씀드려라."

  婉 은근할 완
  曲 자세할 곡

o 비등 _ 沸騰
  끓어(沸) 오름(騰).
  "당국에서는 여론이 沸騰하자 사태의 심각성을 깨달았다."

  沸 끓을 비
  騰 오를 등

o 논거 _ 論據
  주장을 뒷받침하기 위한 논리의(論) 근거(據).
  "말이 설득력을 얻기 위해서는 적절한 論據를 제시해야
  한다."

  論 논할 논
  據 근거 근

拈花微笑 _ 염화미소

꽃을(花) 집자(拈) 살짝(微) 웃음(笑).

마음에서 마음으로 전함.

석가가 제자들에게 설교를 하다가 말없이 연꽃을 집어 들어
보였다.

모두들 영문을 몰라 어리둥절하는데, 가섭(迦葉)이 微笑지었다.

석가 曰, "나는 글로 기록하지 않고, 가르침 외에 따로 전하는 것이
있다(不立文字 敎外別傳). 그것을 가섭에게 전하노라."

석가가 꽃을 집어 들었다고 해서 拈花요, 가섭이 살짝 웃었다고 해서
微笑이다.

여기서 유래한 拈花微笑는 마음에서 마음으로 가르침을 전한다는 뜻의
말이다.

拈 집을 념
花 꽃 화
微 작을 미
笑 웃을 소

賊反荷杖 _ 적반하장

도둑이(賊) 도리어(反) 몽둥이를(杖) 듦(荷).

죄를 범한 사람이 도리어 성을 냄.

속담 '도둑이 도리어 몽둥이를 든다'를 한역한 것이다.

조선후기의 학자 홍만종(洪萬宗) 선생이 曰,

"賊反荷杖은 잘못한 자가 도리어 성내고 덤비는 것을 빗댄 말이다."

혼내는 사람과 혼나야 할 사람이 뒤바뀌었다는 말이다.

'방귀 낀 놈이 성 낸다'는 속담과 의미가 통한다.

賊 도둑 적
反 도리어 반
荷 멜 하
杖 몽둥이 장

不可抗力 _ 불가항력

사람의 힘으로는(力) 대항할(抗) 수 없음(不可).

"천재지변은 인간으로서는 不可抗力의 재난이다."

可 가할 가
抗 맞설 항
力 힘 력

先公後私 _ 선공후사

공적인 일을(公) 먼저 하고(先) 사사로운 일을(私) 뒤에 함(後).

先 먼저 선
公 공변될 공

"우리는 충무공 이순신 장군의 先公後私의 자세를 배워야
합니다."

o 얼음에 박 밀듯하다
말이나 글을 거침없이 줄줄 외거나 읽다.
"아들아, 과거시험에 합격하려면 사서삼경을 얼음에 박 밀듯 읽고
외어야 해."

o 여우를 피해가니 호랑이가 나타난다
힘든 일을 넘기니 더 힘든 일이 기다리고 있다.
"여우를 피해가니 호랑이가 나타난다고, 개천을 건너자 계곡이 앞을
가로막았다."

o 튼실하다
튼튼하고 실하다.
"우리 애가 잘 먹고 운동도 열심히 하더니 몸이 많이 튼실해졌어요."

o 소위所謂 ~라는 것
이른(謂) 바(所) ~라는 것.
"소위 민주라는 것은 국민이 나라의 주인이라는 말입니다."

所 바 소
謂 이를 위

o 주구 _ 走狗
주인을 위해 달리는(走) 개(狗).
권세가의 앞잡이.
"일제의 走狗였던 자가 해방 후에 경찰 간부로 채용되다니
통탄할 노릇이야."

走 달릴 주
狗 개 구

o 주지 _ 周知
두루(周) 앎(知).
"여러분도 周知하다시피."
"周知의 사실입니다만."

周 두루 주
知 알 지

207

○ 自暴自棄 _ 자포자기

자신에게(自) 모질게 굴고(暴) 자신을(自) 버림(棄).
절망 상태에 빠져서 자신을 포기하고 돌아보지 않음.
自暴는 자신에게 모질게 굴다, 自棄는 자신을 버리다.
맹자(孟子) 曰,
"스스로에게 모질게 구는 사람과는(自暴) 더불어 말할 것이 없고,
스스로를 버리는 사람과는(自棄) 더불어 행할 것이 없다. 입만 열면
예의를 비방하는 것을 自暴라 하고, 스스로 인의(仁義)를 행할 수
없다고 하는 것을 自棄라고 한다."
맹자는 인간이 마땅하게 지켜야 할 예의와 인의를 스스로 저버리고
인간다운 삶을 포기하는 것을 自暴自棄라고 한 것이다.

| 暴 모질게굴 포
| 棄 버릴 기

○ 助長 _ 조장

싹을 뽑아서 자라는 것을(長) 도움(助).
순리대로 하지 않고 억지로 하다가 도리어 일을 그르침.
맹자 曰, "송(宋)나라 사람이 곡식의 줄기가 빨리 자라지 않는 것을
속상하게 여겨 그 줄기를 잡아 뽑고 집에 와서 말하기를 '아! 피곤하다.
곡식의 줄기가 잘 자라도록(長) 도왔다(助)'고 하였다. 그의 아들이
달려가 보니 싹이 모두 말라 있었다."
맹자는 일이란 순리대로 해야지 조급한 마음에 억지로 서둘러
하려다가는 도리어 그르치게 된다는 점을 지적한 것이다.
이에서 유래한 助長은 조급한 마음에 억지로 힘을 가해 도리어 일을
망친다는 뜻이다. 주로 나쁜 일을 부추긴다는 부정적 의미로 사용된다.

| 助 도울 조
| 長 자랄 장

○ 危機一髮 _ 위기일발

한 올의(一) 머리카락으로(髮) 천근의 무게를 견디는 정도의
위기(危機).
"회사의 재정은 더욱 악화되어 危機一髮의 지경에 이르렀다."

| 危 위태할 위
| 機 기회 기
| 髮 머리털 발

o 戰戰兢兢 _ 전전긍긍
두려워서 벌벌 떨며(戰戰) 조심함(兢兢).
"그는 사건을 저지른 이후 범행이 탄로날까봐
戰戰兢兢하였다."

戰 떨 전
兢 조심할 긍

o 등치고 간 내먹다
겉으로 위하는 척 하면서 뒤로는 해를 끼치다.
비슷한 말로 '등치고 배 문지르다'가 있다.
"악덕 기업은 소비자를 위한다고 표방하지만, 등치고 간 내먹는 경우가
허다하다."

o 고양이 앞에 쥐
무서운 사람 앞에서 설설 김.
"기고만장한 그 사람이 회장님 앞에서는 고양이 앞에 쥐처럼 굴던데."

o 손을 타다
물건의 일부가 없어지다.
"귀한 물건이니 손 타지 않도록 잘 간수하거라."

o 의지가지없다
조금도 의탁할 곳이 없다.
"늙어 의지가지없는 신세가 되지 않으려면 주변사람들에게 잘 하세요."

o 지향 _ 指向
일정한 목표를 가리키며(指) 향함(向).
"우리 학교 교육이 指向하는 바는 각계의 창조적인
지도자를 양성하는 것입니다."

指 가리킬 지
向 향할 향

o 논증 _ 論證
타당한 논거로써 주장의 진실 여부를 증명해 냄.
"論證은 논리적 방식으로써 주장을 증명해 내는 것이지요."

論 논할 논
證 증거 증

○ 巧言令色 _ 교언영색

말을(言) 교묘하게 하고(巧) 얼굴빛을(色) 예쁘게 꾸밈(令).

남의 환심을 사기 위해 말을 교묘하게 하고 표정을 좋게 꾸밈.

공자 曰, "말을 교묘하게 꾸미고 얼굴빛을 예쁘게 꾸미는 자

중에 선한 사람이 드물다." → 巧言令色.

巧言은 말을 듣기 좋도록 교묘하게 꾸미는 것이요,

令色은 얼굴빛을 예쁘게 꾸미는 것이다.

이익을 탐하는 마음이 클수록 말과 얼굴빛을 꾸미기 마련이다.

마음은 선하거나 바르지 않으면서 겉으로 꾸미는 태도를 경계한

것이다.

巧 교묘할 교
言 말 언
令 예쁠 영
色 얼굴빛 색

○ 酒池肉林 _ 주지육림

술로(酒) 연못을(池) 이루고 고기로(肉) 숲을(林) 이룸.

극히 호사스럽고 방탕한 술잔치.

하(夏)나라의 걸왕(桀王)과 은(殷)나라의 주왕(紂王)은 폭군의

대명사로 손꼽힌다.

걸왕은 궁궐에 연못을 만들고 거기에 향기로운 술을 가득 채웠다.

그야말로 酒池이다. 또 못가에 고기를 잔뜩 쌓아 숲을 만들었으니,

그야말로 肉林이었다. 민심을 잃은 걸왕은 결국 은나라 탕왕에게

죽음을 당하였다. 주왕도 막대한 재물을 쏟아 화려한 궁궐을 짓고

술과 고기로 酒池肉林을 만들었다가 역시 민심을 잃고 주(周)나라

무왕(武王)에게 죽음을 당하였다.

酒 술 주
池 연못 지
肉 고기 육
林 숲 림

○ 糊口之策 _ 호구지책

입에(口) 풀칠이나 할(糊)(之) 방책(策).

겨우 먹고 살아갈 수 있는 방책.

"산 사람 입에 거미줄 칠 수 없기에 糊口之策으로 이 일을 하고

있습니다요."

糊 풀칠할 호
口 입 구
之 ~할 지
策 꾀 책

o 悠悠自適 _ 유유자적
한가로이(悠悠) 스스로(自) 즐김(適).
"농부가 땀 흘리며 일하는 들판이 悠悠自適하는
양반들에게는 아름다운 관조의 대상이었지요."

悠 한가할 유
自 스스로 자
適 즐길 적

o 내가 할 말을 사돈이 한다
내가 나무랄 일인데 상대방이 오히려 나를 나무란다.
비슷한 말로 '사돈 남 말 한다'가 있다.
"내가 할 말을 사돈이 한다고 어찌 당신이 뻔뻔스럽게 그런 말을 할 수 있소?"

o 곶감 꼬치에서 곶감 빼먹듯
애써 모아 두었던 것을 당장 달콤한 맛에 조금씩 써버림.
"물려받은 재산을 곶감 꼬치에서 곶감 빼먹듯이 다 써버렸다."

o 무서리
늦가을에 처음 내리는 묽은 서리.
"노오란 네 꽃잎이 피려고 간밤엔 무서리가 저리 내리고 내게는 잠도
오지 않았나보다."

o 손톱도 안 들어가다
사람됨이 무척 야무지고 인색하다.
"손톱도 안 들어갈 사람한테 말해 보아야 입만 아프지."

o 굴지 _ 屈指
손가락을(指) 꼽아(屈) 셀 만함.
"모두가 힘써 일한 결과 우리 회사는 이제 세계 屈指의
기업으로 성장하였습니다."

屈 굽힐 굴
指 손가락 지

o 지척 _ 咫尺
아주 가까운 거리.
"그날 아침에는 안개가 몹시 끼어 咫尺도 구분할 수 없었단다."

咫 길이 지
尺 자 척

211

○ 糟糠之妻 _ 조강지처
술지게미와(糟) 겨로(糠) 끼니를 이으며 함께 고생하던(之) 아내(妻).
糟는 술지게미로 술을 빚고 남은 곡물 찌꺼기이다.
糠은 방아를 찧은 후에 남겨진 껍질 가루이니 겨이다.
가난이 심할 때는 糟糠을 얻어다 먹으며 연명하였다.
糟糠을 먹으며 함께 고생하던 아내가 糟糠之妻이다.
후한(後漢)의 광무제(光武帝)가 홀로된 누이를 재혼시키려고 그녀의
뜻을 물으니 송홍(宋弘) 같은 사람이라면 재혼하겠다고 했다.
광무제가 누이를 병풍 뒤에 숨겨두고 송홍을 불러 물었다.
"속담에 부유해지면 아내를 바꾼다고 하는데 그대는 어떻게
생각하는가?"
송홍이 답하기를 "가난하고 천할 때의 친구는 잊지 말아야 하며,
糟糠之妻는 버리지 말아야 합니다."
광무제는 누이 쪽을 향해 나직하게 말하였다. "일이 안될 것 같구나."

| 糟 술지게미 조
| 糠 겨 강
| 之 ~한 지
| 妻 아내 처

○ 衆口難防 _ 중구난방
여러(衆) 사람의 입을(口) 막기는(防) 어려움(難).
여러 사람이 말하여 막아내기 어려움.
衆口는 여러 사람의 입, 즉 여러 사람의 말이다.
춘추시대 송(宋)나라에 화원(華元)이란 관리는 한때 적군의 포로로
잡혔다가 돌아왔던 인물이다. 그가 성 쌓는 일의 감독관이 되자
인부들이 그를 비웃는 내용의 노래를 불렀다.
화원은 그들을 탓하지 않고 다만 말하기를 "여러 사람이 하는 말이라
막아내기 어렵다." 하고는 떠나 버렸다.
나중에는 훌륭한 인품으로 인해 사람들의 존경을 받게 되었다.

| 衆 무리 중
| 口 입 구
| 難 어려울 난
| 防 막을 방

○ 晝耕夜讀 _ 주경야독
낮에는(晝) 밭을 갈고(耕) 밤에는(夜) 책을 읽음(讀).

| 晝 낮 주
| 耕 밭갈 경

"아버지는 젊은 시절 晝耕夜讀하여 크게 성공하셨지요."

夜 밤 야
讀 읽을 독

○ 異口同聲 _ 이구동성
여러 다른(異) 사람들의 입이(口) 같은(同) 소리를 냄(聲).
여러 사람의 말이 한결 같음.
"많은 사람들이 異口同聲으로 옥이의 바느질 솜씨를
칭찬하였다."

異 다를 이
口 입구
同 같을 동
聲 소리 성

○ 목마른 놈이 우물 판다
필요한 사람이 일을 서둘러 한다.
"목마른 놈이 우물 판다고, 사정 급한 사람이 먼저 나서서 하겠지."

○ 구슬이 서 말이라도 꿰어야 보배
아무리 좋은 것이라도 쓸모 있는 것으로 만들어야 가치가 있다.
"구슬이 서 말이라도 꿰어야 보배라고, 훌륭한 자원이라 해도
갈고 다듬는 과정이 필요하단다."

○ 자린고비
매우 인색한 사람.
"자린고비는 천장에 조기를 매달아 놓고 반찬 삼아 쳐다보면서 밥을 먹었다."

○ 쇠귀신 같다
쇠귀신은 소가 죽어서 된다는 귀신으로 성질이 몹시 질긴 사람을
일컬음. 고집이나 성질이 매우 질기다.
"저 사람은 참으로 쇠귀신 같이 질긴 데가 있어."

○ 복선 _ 伏線
소설의 기법으로 어떤 일이 일어나기 전에 미리 깔아놓는
조짐이나 암시.
"황순원은 〈소나기〉에서 소녀의 꽃묶음이 망가진 것을 앞으로
닥쳐올 소녀의 불행을 암시하는 伏線으로 설정하였다."

伏 엎드릴 복
線 줄 선

○ 진수 _ 眞髓
사물의 가장 중요하고 본질적인 골자.
"최 교수는 그의 논문에서 한국 문화의 眞髓는 판소리라고
주장하였다."

眞 참 진
髓 골수 수

머리에 쏙! 넣기

1. 다음 뜻을 가진 한자성어를 보기에서 고르시오.

[보기] 巧言令色 晝耕夜讀 賊反荷杖 糊口之策 前代未聞

① 겨우 입에 풀칠이나 할 방책. ( )
② 앞 시대에는 전혀 들어보지 못함. ( )
③ 도둑이 도리어 몽둥이를 듦. ( )
④ 말을 교묘하게 꾸미고 얼굴빛을 예쁘게 꾸밈. ( )

2. 다음 속담의 ( ) 안에 알맞은 말을 넣으시오.

① ( )이 서 말이라도 꿰어야 보배.
② 목마른 놈이 ( ) 판다.
③ 내가 할 말을 ( )이 한다.
④ 봉사 ( ) 구경하듯 한다.

3. 다음 ( ) 안에 알맞은 말을 보기에서 골라 넣으시오.

[보기] 완곡하게 올곧게 소위 의지가지 손톱

① 선생은 평생 대쪽같이 ( ) 사신 분이다.
② 아버님이 노여워하시지 않도록 ( ) 말씀드려라.
③ 늙어 ( )없는 신세가 되지 않으려면 주변사람들에게 잘해요.
④ ( )도 안 들어갈 사람한테 말해 보아야 입만 아프지.

4. 다음 ( ) 안에 알맞은 말을 보기에서 고르시오.

[보기] 咫尺 眞髓 走狗 周知 屈指

① 최 교수는 그의 논문에서 한국 문화의 ( )는 판소리라고 주장하였다.
② 안개가 몹시 끼어 ( )도 구분할 수 없었다.
③ 우리 회사는 이제 세계 ( )의 기업으로 성장하였습니다.
④ 일제의 ( )였던 자가 해방 후에 경찰 간부로 채용되다니 통탄할 노릇이야.

性(성)으로 끝나는 말들

主體性(주체성) 어떠한 일을 행함에 줏대 있게 행하는 성질.

開放性(개방성) 문호를 열고 외부와 자유롭게 드나드는 성질.

社會性(사회성) 사회 구성원과 어울리려고 하는 성질.

正體性(정체성) 참되고 변하지 않는 모습의 성질.

絶對性(절대성) 조건에 따라 변하지 않고 일관된 성질.

相對性(상대성) 기준·조건에 따라 변하는 성질.

普遍性(보편성) 널리 두루 미치고 통하는 성질.

特殊性(특수성) 사물·사건이 지니는 특별한 성질.

偏頗性(편파성) 한쪽으로 치우치려는 성질.

時事性(시사성) 당시 세상에 일어나는 여러 일들과 관련 있는 성질.

流動性(유동성) 사정·조건에 따라 변하고 움직이는 성질.

○ 寤寐不忘 _ 오매불망

누군가를 그리워하여 깨나(寤) 자나(寐) 잊지(忘) 못함(不).

寤는 깨어 있는 것이요, 寐는 자는 것이다.

寤寐는 자나 깨나 언제나.

가수 현철의 노래 "앉으나 서나 당신 생각~ 앉으나 서나

당신 생각~♪" 가사의 내용이 누군가를 매우 좋아하여 몹시 그리는

것이니, 이를 한자말로 옮기면 寤寐不忘이다.

시경(詩經)에 이런 노래가 있다.

"아리따운 아가씨를 자나 깨나 찾지만,

찾아도 찾지 못하여 자나 깨나 생각하네."

寤寐不忘은 임을 몹시 그리워하여 자나 깨나 잊지 못한다는 말이다.

寤 깰 오
寐 잘 매
不 아니 불
忘 잊을 망

○ 吳越同舟 _ 오월동주

오나라와(吳) 월나라가(越) 함께(同) 배를 타고 감(舟).

서로 적의를 품은 자들이 같은 처지에 있을 때는 서로 돕게 됨.

원수끼리 같은 자리에서 만남.

손자병법(孫子兵法)에 이런 말이 있다.

"吳나라와 越나라는 예로부터 대대로 철천지원수의 관계이다. 그런데

吳나라 사람과 越나라 사람이 한 배를 타고(同舟) 건넌다고 하자. 만일

큰바람이 불어 배가 뒤집히려 한다면 吳나라 越나라 사람들은 서로

도와 노를 저을 것이다."

여기에서 유래한 吳越同舟는 적의를 품은 자들도 함께 위기에 처하면

극복하려고 돕게 된다는 말이다.

요즈음은 주로 '원수는 외나무다리에서 만난다'는 속담과 같은 의미로

사용된다.

吳 오나라 오
越 월나라 월
同 같을 동
舟 배 주

○ 轉禍爲福 _ 전화위복

재앙이(禍) 바뀌어서(轉) 복이(福) 됨(爲).

轉 바꿀 전
禍 재앙 화

"우리 팀은 아시안컵에서의 패배를 轉禍爲福의 기회로
삼아 월드컵에서 우승하였다."

o 坐不安席 _ 좌불안석
앉아도(坐) 자리가(席) 편안하지(安) 않음(不).
"임금이 벼락같이 진노하자 대소 신료들은 坐不安席이었다."

o 떼어 놓은 당상堂上
당상(堂上)은 정삼품 이상의 벼슬.
일이 확실하여 전혀 어그러질 리 없음.
"김 대감 댁에 진귀한 물품을 진상했으니 참봉 자리는 떼어 놓은
당상이지."

o 뚝배기보다 장맛
겉모양 보다는 내용이 중요함.
"뚝배기보다는 장맛이라고, 김 양은 마음씨가 아주 비단결 같단다."

o 이골이 나다
이골은 몸에 밴 버릇. 어떤 방면에 익숙해지다.
"목수 일을 시작한 지 20년이 넘으니 이제 이골이 났지."

o 맨송맨송하다
술을 먹어도 취하지 않아 정신이 말짱하다.
할 말(일)이 없어 멍하니 있다. 맹숭맹숭하다(×)
"맨송맨송하니 앉아 있지 말고 묵은 얘기나 털어나 봐."

o 논지 _ 論旨
말이나 글을 통해 논하려는(論) 중심 뜻(旨).
"자네는 연설할 때에 말의 論旨를 시종 잊어서는 안 되네."

o 농성 _ 籠城
성을(城) 에워싸고 지킴(籠).
요구 조건을 내걸고 건물을 지키며 버팀.
"회사의 임금정책에 불만을 품은 근로자들이 조업을 중단하고
籠城에 들어갔다."

87

손에 잡히는 어휘

○ 指鹿爲馬 _ 지록위마

사슴을(鹿) 가리켜서(指) 말이라고(馬) 함(爲).

간사한 꾀로써 윗사람을 농락하고 아랫사람을 겁주어 권세를 부림.

진시황제가 죽고 아들 호해(胡亥)가 황제 자리에 올라 쾌락에
빠졌다. 당시 실권자 조고(趙高)가 황제에게 사슴 한 마리를
바치면서 말했다. "폐하, 좋은 말을 바치옵니다."

"승상은 농담도 잘하시오. 사슴을 가리켜서 말이라고 하다니." →
指鹿爲馬

호해는 웃으며 좌우의 신하들을 둘러보았지만, 감히 나서서 바르게
말하는 사람이 거의 없었다. 조고는 바르게 말한 사람들을 죄를 뒤집어
씌워 죽여 버렸다. 이후로 궁중에서 조고의 말이라면 콩이 팥이라고
해도 감히 반대하는 자가 없게 되었다.

指 가리킬 지
鹿 사슴 록
爲 할 위
馬 말 마

○ 天衣無縫 _ 천의무봉

하늘의(天) 옷처럼(衣) 꿰맨 자국이(縫) 없음(無).

매우 자연스러워 조금도 꾸민 자국이 없는 시와 문장.

천상의 것인 듯 아름다운 경치.

태평광기(太平廣記)에 나오는 다음 이야기에서 유래하였다.

곽한(郭翰)이란 청년이 하늘에 사는 직녀(織女)와 만나 매일 밤 사랑을
나누었다. 어느 날 그가 직녀의 옷을 보니 바느질한 자국이 전혀 없었다.

직녀가 말하기를, "하늘의 옷은 원래 바느질하는 것이 아니라서 꿰맨
흔적이 없습니다." → 天衣無縫

둘이 만난 지 일 년이 되던 날 밤, 직녀는 이별을 고하고 하늘로 올라가
내려오지 않았다.

天 하늘 천
衣 옷 의
無 없을 무
縫 꿰맬 봉

○ 滄海一粟 _ 창해일속

넓은 바다에(滄海) 한 알의(一) 곡식 알맹이(粟).

망망한 우주에서 미미한 인간의 존재.

滄 큰바다 창
海 바다 해
粟 곡식 속

"소동파는 인간 존재의 미미함을 滄海一粟에 비유하였다."

o 唯我獨尊 _ 유아독존
오직(唯) 자기만이(我) 홀로(獨) 귀한 듯이(尊) 행동함.
"그처럼 唯我獨尊으로 행동하다가는 사람들의 미움을 받게
될 걸세."

唯	오직 유
我	나 아
獨	홀로 독
尊	귀할 존

o 못된 송아지 엉덩이에 뿔난다
못된 사람이 나쁜 짓을 한다.
"못된 송아지 엉덩이에 뿔난다고, 녀석이 이제는 싸움질을 일삼고 다니네."

o 못 먹는 감 찔러나 본다
쓸데없는 말을 밉살스럽게 지껄이다.
"왜 멀쩡한 남의 자동차에 발길질인가?"
"못 먹는 감 찔러나 본 것이지."

o 이죽거리다
쓸데없는 말을 밉살스럽게 지껄이다.
"그는 남의 약점을 들추어 가며 이죽거리는 습관이 있다."

o 자웅雌雄을 겨루다
자웅(雌雄)은 수컷과 암컷. 승패, 승부.
승부를 겨루다.
"이번 대회야말로 진정한 승자가 누구인지 자웅을 겨루는 한판이 될 걸세."

雌	암컷 자
雄	수컷 웅

o 봉기 _ 蜂起
벌떼처럼(蜂) 들고 일어섬(起).
"1894년 전라도 고부군의 백성들은 군수 조병갑의 수탈에
蜂起하였다."

蜂	벌 봉
起	일어날 기

o 복마전 _ 伏魔殿
마귀가(魔) 숨어 있는(伏) 집(殿).
비밀리에 나쁜 음모를 꾸미는 무리들이 숨어 있는 곳.
"정당이 伏魔殿으로 전락하지 않으려면 정치인들의 바른
의식이 필요하다."

伏	엎드릴 복
魔	마귀 마
殿	집 전

臥薪嘗膽 _ 와신상담

땔나무에(薪) 눕고(臥) 쓸개를(膽) 맛봄(嘗).
목적을 달성하기 위해 온갖 고난을 참고 의지를 다짐.
춘추시대 서로 원수 국가였던 오(吳)나라와 월(越)나라.
오나라 왕인 합려(闔閭)는 월나라 왕인 구천(句踐)과의 싸움에서
패하고 아들 부차(夫差)에게 유언하였다. "기필코 복수하라."
부차는 아버지의 유언을 잊지 않으려고 땔나무(薪)에 누워(臥) 잠을
잤다. "으! 아프고 괴롭다. 기필코 복수하리라." → 臥薪
드디어 부차는 월나라의 구천을 크게 무찔렀다.
이번에는 구천이 짐승의 쓸개(膽)를 씹으면서(嘗) 설욕의 날을
기다렸다. "으! 쓰다. 기필코 설욕하리라." → 嘗膽
이후 구천은 마침내 오나라를 쳐서 부차를 굴복시켰다.
이에서 유래한 臥薪嘗膽은 고통을 감수하며 의지를 다진다는 뜻으로
사용한다.

臥 누울 와
薪 땔나무 신
嘗 맛볼 상
膽 쓸개 담

自家撞着 _ 자가당착

스스로(自家) 한 언행이 서로 간에 부딪침(撞着). 자기 모순.
自家는 자기 또는 자신이다. 自家運轉(자가운전)이나
自家用(자가용)이 그 용례이다. 撞着은 둘 이상의 것들이 서로 맞지
않고 부딪친다는 뜻이니, 의미상 矛盾과 통한다.
둘을 합친 自家撞着은 자신이 한 말이나 행동이 이치상
서로 맞지 않고 부딪치는 것이다.
유사한 의미의 말로 自己矛盾(자기모순)이 있다.

自 스스로 자
家 집 가
撞 부딪칠 당
着 붙을 착

走馬看山 _ 주마간산

말을(馬) 타고 달리며(走) 산천을(山) 구경함(看).
사물의 겉만을 대강 보고 지나감.
"走馬看山과 유사한 의미의 속담으로는 수박 겉핥기가 있단다."

走 달릴 주
馬 말 마
看 볼 간
山 뫼 산

o 切齒腐心 _ 절치부심
이를(齒) 부러뜨리고(切) 마음을(心) 썩임(腐).
몹시 분하여 설욕하고자 이를 갈고 속을 썩임.
"우리 팀은 지난 대회에서 패한 이래 切齒腐心한 결과
금년에 우승하였다."

切 끊을 절
齒 이 치
腐 썩을 부
心 마음 심

o 마른나무에 꽃이 피랴
가망 없는 일에 희망을 걸 필요 없다.
"북한 경제가 발전 가능성이 있다고 보시나요?"
"글쎄요, 마른나무에 꽃이 필까요?"

o 말이 씨가 되다
늘 말하던 것이 결과로 나타나다.
"말이 씨가 되는 법이니, 너희들은 항상 입조심을 해야 하느니라."

o 인구人口에 회자膾炙되다
회자(膾炙)는 사람들이 즐겨먹는 회와(膾) 불고기(炙).
사람들의(人) 입에(口) 회나 불고기처럼 많이 오르내리다.
"홍길동은 조선전기의 실존 인물로서 그 행적이
人口에 膾炙되다가 〈홍길동전〉으로 소설화되었다."

膾 회 회
炙 불고기 자

o 일침一針을 가하다
따끔하게 한 마디를 충고하다.
"장 박사는 국제학술회의에서 일본의 임나일본부설 주장에
대해 일침을 가하였다."

針 바늘 침

o 다반사 _ 茶飯事
차를 마시고(茶) 밥을 먹듯이(飯) 흔히 있는 일(事).
"학창시절에 공부하다 밤새는 일이야 茶飯事 아니겠어."

茶 차 다
飯 밥 반
事 일 사

o 방증 _ 傍證
간접적으로(傍) 증명함(證).
"피고가 무죄임을 밝히기 위해서는 보다 많은 傍證 자료가
필요합니다."

傍 곁 방
證 증거 증

○ 會者定離 _ 회자정리
만난(會) 사람들은(者) 반드시(定) 헤어짐(離).
법화경(法華經)에 이런 구절이 있다.
"이별을 서운해 하고 괴로워 하지만, 만난 사람들은 반드시
헤어지게 마련이다." → 會者定離
사람은 살아가면서 여러 사람들과 만나고 헤어진다.
만남은 즐겁지만 헤어짐은 슬프고 괴롭다.
그러나 언젠가는 헤어질 수밖에 없는 것이 정해진 이치이다.
會者定離는 만남의 기쁨과 헤어짐의 슬픔에서 벗어나라는 가르침을
담고 있다.

會 모일 회
者 사람 자
定 정해질 정
離 떠날 리

○ 韋編三絕 _ 위편삼절
가죽으로(韋) 책을 묶은 끈이(編) 세 번이나(三) 끊어짐(絕).
책을 묶은 가죽 끈이 세 번 끊어질 정도로 열심히 책을 읽음.
종이를 사용하기 이전까지 책의 재료는 대나무였다.
대나무를 가르고 다듬어 가죽 끈으로 엮어 만든 책을
竹簡(죽간)이라 한다.
공자가 나이 들어 주역(周易) 공부에 심취하였는데 하도 많이 읽어서
엮었던 가죽 끈이 세 번이나 끊어졌다고 한다. → 韋編三絕
공자가 말년에 曰, "내가 몇 년을 더 살아 周易을 공부할 수 있게
된다면, 삶이 조화를 이루어 허물이 없게 될 터인데."라고 하였다.

韋 가죽 위
編 묶을 편
絕 끊을 절

○ 坐井觀天 _ 좌정관천
우물에(井) 앉아(坐) 하늘을(天) 봄(觀).
세상을 보는 안목이 좁음.
"여행을 통한 경험이 坐井觀天하던 나의 안목을 크게 넓혀
주었지."

坐 앉을 좌
井 우물 정
觀 볼 관
天 하늘 천

o 左衝右突 _ 좌충우돌

　왼쪽으로(左) 부딪치고(衝) 오른쪽으로(右) 부딪침(突).

　"최 씨는 늘 左衝右突하며 문제를 일으키고 다닌다오."

左 왼 좌
衝 부딪칠 충
右 오른 우
突 부딪칠 돌

o 메뚜기도 오뉴월이 한철이다

　사람은 운이 트여 잘나갈 때가 있다.

　제 때를 만난 듯이 날뛰다.

　"메뚜기도 오뉴월이 한철이라고, 요즘 장사가 잘 돼서 손이 열 개라도
　모자랄 정도라네."

o 모난 돌이 정 맞는다

　성질이 모난 사람은 남의 미움을 받는다.

　"모난 돌이 정 맞는 법이니, 입바른 소리로 사람들의 미움을 사지
　않도록 해라."

o 입에 발린 소리를 하다

　마음에 없는 말을 겉치레로 하다.

　"내 앞에서 입에 발린 소리나 하려거든 썩 물러가 있게나."

o 입바른 소리를 하다

　상대의 면전에 대고 바른 소리를 하다.

　"훌륭한 통치자가 되려면 입바른 소리 하는 사람을 가까이 두어야
　합니다."

o 도외시 _ 度外視

　한도나 범위(度) 밖으로(外) 여김(視).

　"현실을 度外視해서는 올바른 정책을 세울 수 없다."

度 정도 도
外 바깥 외
視 볼 시

o 백서 _ 白書

　정부가 특정 분야를 분석하고 미래를 전망하여 국민에게
　알리는 공식 보고서.

　"정부는 경제 白書에서 내년 경제성장률을 5%로 내다보았다."

白 흰 백
書 글 서

○ 輾轉反側 _ 전전반측
누워서 몸을 이리저리 뒤척이며 잠을 못 이룸.
시경(詩經)에 이런 노래가 전해온다.
"그리워하고 또 그리워하여 이리 뒤척이고 저리 뒤척이며 잠 못
이루네." → 輾轉反側
군자가 요조숙녀를 그리워하여 잠 못 이루는 모습을 노래한 것이다.
주자(朱子)가 이에 설명을 달았다.
"輾은 반쯤 돌아 몸을 모로 세우는 것이요, 轉은 뒹구는 것이요,
反은 뒤집는 것이요, 側은 옆으로 세우는 것이다."

輾 돌아누울 전
轉 구를 전
反 뒤집을 반
側 모로누울 측

○ 王侯將相 寧有種乎 _ 왕후장상 영유종호
임금과(王) 제후와(侯) 장수와(將) 재상이(相) 어찌(寧) 본래부터
씨가(種) 따로 있겠는(有)가(乎). 왕후장상의 혈통이 본래부터
따로 있는 것이 아니고 누구나 그리 될 수 있음.
王侯將相은 왕, 제후, 장수, 재상 등의 지배층을 두루 일컫는 말이다.
진(秦)나라의 폭정에 시달리다가 최초로 반기를 든 인물은 진승(陳勝)
이었다. 그가 말하기를 "王侯將相이 어찌 본래부터 씨가 따로 있겠는가?"
사람의 신분이란 애초 정해진 것이 아니라는 혁명적 사고이다.
진승의 반란이 도화선이 되어 이후 중국 전역으로 반란이 확대되었다.
고려 중기에 개성의 노비 만적(萬積)도 노비들을 선동하여 曰,
"王侯將相이 어찌 본래부터 씨가 따로 있겠는가?"
하지만 만적의 반역은 성공하지 못하고 발각되어 모조리 죽고 말았다.

侯 제후 후
寧 어찌 녕
種 씨 종

○ 走馬加鞭 _ 주마가편
달리는(走) 말에(馬) 채찍을(鞭) 가함(加).
잘 하는 사람을 더욱 잘 하도록 독려함.
"선생님께서는 너희들이 더욱 잘 하기를 바라시고 야단치신 거란다."
"走馬加鞭하셨군요."

走 달릴 주
馬 말 마
加 더할 가
鞭 채찍 편

o 衆寡不敵 _ 중과부적

많은 수의 무리와(衆) 적은 수는(寡) 서로 대적하지(敵) 못함(不).
적은 수로는 많은 수의 무리와 맞겨루지 못함.
"신립 장군은 탄금대에서 배수진을 치고 왜적을 맞아
싸웠으나 衆寡不敵이었다."

衆 무리 중
寡 적을 과
不 아니 부
敵 대적할 적

o 모로 가도 서울만 가면 된다

수단과 방법, 경로를 달리 하더라도 목표에 도달하면 된다.
"모로 가도 서울만 가면 된다고, 나는 다른 방식으로 도전해 볼 테야."

o 마파람에 게 눈 감추듯

마파람은 남쪽에서 불어오는 바람. 개 눈(×), 게 눈(○)
음식을 순식간에 먹어 치우다.
"칠성이 형제들은 수북한 갈비를 마파람에 게 눈 감추듯 먹어치웠다."

o 입추立錐의 여지餘地가 없다

입추(立錐)는 송곳을 세움.
송곳조차(錐) 세울 만한(立) 남은(餘) 땅이(地) 없을 정도로
빽빽하게 들어차다.
"월드컵축구의 열기로 경기장은 입추의 여지없이 관객들로
들어찼다."

立 설 립
錐 송곳 추
餘 남을 여
地 땅 지

o 일세一世를 풍미風靡하다

바람이 휩쓸 듯이 한 세대를 휩쓸다.
"선생께서는 학자 겸 문인으로서 일세를 풍미하셨지요."

風 바람 풍
靡 쓰러질 미

o 백일몽 _ 白日夢

白日은 한낮. 白日夢은 한낮에 꾸는 꿈.
실현 가능성이 없는 헛된 꿈.
"젊은 놈이 땀 흘려 일할 생각은 않고 白日夢이나 꾸고 있느냐?"

白 흰 백
日 날 일
夢 꿈 몽

o 불한당 _ 不汗黨

때를 지어 다니며 행패를 부리는 못된 무리.
"저런 不汗黨 같은 놈들을 귀신은 뭐하고 안 잡아가나."

不 아니 불
汗 땀 한
黨 무리 당

머리에 쏙! 넣기

1. 다음 뜻을 가진 한자성어를 보기에서 고르시오.

   [보기] 衆寡不敵 會者定離 韋編三絕 走馬看山 臥薪嘗膽

   ① 가죽 끈이 세 번 끊어질 정도로 책을 많이 읽음. ( )
   ② 만난 사람은 반드시 헤어짐. ( )
   ③ 목적을 달성하기 위해 고난을 참으며 의지를 다짐. ( )
   ④ 말을 타고 달리며 산을 구경함. ( )

2. 다음 속담의 ( ) 안에 알맞은 말을 넣으시오.

   ① 마파람에 ( ) 감추듯 한다.
   ② 모로 가도 ( )만 가면 된다.
   ③ 모난 돌이 ( ) 맞는다.
   ④ 뚝배기보다 ( ).

3. 다음 ( ) 안에 알맞은 말을 보기에서 골라 넣으시오.

   [보기] 이골 풍미 이죽 입추 자웅

   ① 목수 일을 시작한 지 20년이 넘으니 이제 ( )이 났지.
   ② 그는 남의 약점을 들추어 가며 ( )거리는 버릇이 있다.
   ③ 이번 대회야말로 진정한 승자가 누구인지 ( )을 겨루는 한판이 될 걸세.
   ④ 선생께서는 학자 겸 문인으로서 일세를 ( )하셨지요.

4. 다음 ( ) 안에 알맞은 말을 보기에서 고르시오.

   [보기] 論旨 蜂起 白日夢 茶飯事 伏魔殿

   ① 젊은 놈이 땀 흘려 노력할 생각은 않고 ( )이나 꾸고 있느냐?
   ② 학창시절에 공부하다 밤새는 일이야 ( ) 아니겠어.
   ③ 정당이 ( )으로 전락하지 않으려면 정치인들의 바른 의식이 필요하다.
   ④ 1894년 전라도 고부군의 백성들은 군수 조병갑의 수탈에 ( )하였다.

어휘력 비타민

的(적)의 쓰임

과녁을 뜻하는 글자이지만,
'○○的'의 꼴에서는 '~다운, ~하는, ~한 성격의, ~한 경향의'의
뜻으로 사용됨.

抽象的(추상적) 낱낱의 대상에서 공통되는 성질을 뽑아 종합한

具體的(구체적) 사물이 실제적이고 개별적인 형태를 갖추고 있는

主觀的(주관적) 개인적인 견해에서 바라보는

客觀的(객관적) 제 삼자의 입장에서 바라보는

悲觀的(비관적) 일이 잘 안 될 것으로 보는

樂觀的(낙관적) 일이 잘 될 것으로 보는

普遍的(보편적) 모든 것에 두루 미치고 통하는

封建的(봉건적) 봉건제의 특징인 전제적 · 계급적 · 인습적인 경향의

前衛的(전위적) 혁신적 정신으로 가장 앞서 나아가는

皮相的(피상적) 겉으로 드러나는 모양, 현상에만 치중하는

寫實的(사실적) 사물 · 사건을 있는 그대로 그려내려는 경향의

○ 雲雨之情 _ 운우지정

구름과(雲) 비(雨)의(之) 정(情). 남녀 간의 사랑.
문선(文選)이란 책에 소개된 다음 이야기에서 유래하였다.
어느 왕이 낮잠을 자는데 꿈에 한 여인이 나타나서 曰,
"저는 무산(巫山)의 여자로서 임금님이 여기 계시다는 말을 듣고
찾아왔습니다. 잠자리를 받들고자 합니다." 왕이 꿈에서 그 여인과
동침하였다. 여인이 曰, "저는 아침이면 구름이(雲) 되어 산에 걸리고,
저녁에는 비가 되어(雨) 산을 내려옵니다."라고 말하고 사라졌다. 왕이
꿈에서 깨어나 이튿날 멀리 巫山을 바라보니 산 위로 구름이 걸려 있었다.
이에서 유래한 말이 雲雨之情과 巫山之夢(무산지몽)이다.
둘 다 남녀 간에 나누는 은밀한 정을 뜻한다.

雲 구름 운
雨 비 우
之 ~의 지
情 정 정

○ 汗牛充棟 _ 한우충동

책이 많아서 소가(牛) 땀을 흘리고(汗) 마룻대까지(棟) 채울 정도임(充).
책이 많음을 비유한 표현임.
당나라 문장가 유종원(柳宗元)이 曰, "공자가 春秋(춘추)를 지은
지 일천 오백 년이 되었고, 그 후로 春秋傳(춘추전)을 지은 학자가
다섯이요, 해설을 붙인 사람들이 천명을 헤아린다. 그들이
지은 책을 집에 두면 마룻대까지 찰 정도이고, 집 밖으로 내보내면
소와 말이 땀을 흘릴 정도이다." → 汗牛充棟
책을 집에 두면 마룻대까지 찬다고 해서 充棟이요,
집 밖으로 내보내면 소와 말이 땀을 흘릴 정도라서 汗牛이다.
그리하여 汗牛充棟은 책이 많음을 비유한 말로 사용하게 되었다.

汗 땀 한
牛 소 우
充 채울 충
棟 마룻대 동

○ 絕世佳人 _ 절세가인

세상에서(世) 빼어난(絕) 아름다운(佳) 사람(人).
"낙양성 십리 허에 높고 낮은 저 무덤은 영웅호걸이 몇몇이며
絕世佳人이 그 누구냐. ♬"

絕 빼어날 절
世 세상 세
佳 아름다울 가

o 芝蘭之交 _ 지란지교
지초와(芝) 난초 같이(蘭) 향기로운(之) 사귐(交).
"옥이 아줌마는 30년째 여고 동창생들과 芝蘭之交를
나누어 왔다."

芝 지초 지
蘭 난초 란
之 ~한 지
交 사귈 교

o 말 가는 데 소도 간다
남이 할 수 있는 일이면 나도 할 수 있다.
"말 가는 데 소도 간다고 저들이 하는 일을 나라고 못하겠어요?"

o 목구멍이 포도청이라
먹고 살기 위해 해서는 안 될 일이나 체면을 구기는 일까지 하다.
"진작 이 짓을 그만두고 싶었지만, 목구멍이 포도청이라 그리 하지
못했어요."

o 인두겁을 쓰다
인두겁은 사람의 탈이나 겉모양.
마음씨나 언행이 사람답지 못하고 매우 나쁘거나 고약하다.
"사람이 인두겁을 쓰고 어찌 그런 짓을 저질렀을까?"

o 일소一笑에 부치다
한번 웃어버리고 말다.
"그는 언론의 보도를 거짓이라며 일소에 부쳐 버렸다."

一 한 일
笑 웃을 소

o 답습 _ 踏襲
앞사람이 밟던 길이나 하던 일을 그대로 밟거나(踏)
이음(襲).
"과거를 踏襲하는 것만으로는 발전할 수 없습니다."

踏 밟을 답
襲 이을 습

o 범상 _ 凡常
凡과 常은 모두 보통이라는 의미.
평범함.
"凡常이 평범하다는 뜻이라면 비범(非凡)은 평범하지 않다는
의미지요."

凡 보통 범
常 보통 상

○ 兎死狗烹 _ 토사구팽

토끼가(兎) 죽으면(死) 사냥개를(狗) 삶음(烹).
쓸모 있을 때는 이용하다가 가치가 없어지면 버림.
한고조 유방(劉邦)은 한신(韓信) 장군의 공으로 천하를 평정한 후
그의 명망과 재능을 시기하여 죽였다. 한신이 죽기 직전에 曰,
"토끼가 죽으면 사냥개가 삶아 먹히고 만다." → 兎死狗烹
김영삼 정부 시절, 한 원로 정객이 정계를 물러나면서 불만스런 감정을
토로하여 曰, "나는 兎死狗烹 당하였다."
쓸모가 있을 때는 이용하다가 소용이 다하면 헌신짝처럼 버린다는
말이다.

> 兎 토끼 토
> 死 죽을 사
> 狗 개 구
> 烹 삶을 팽

○ 風樹之嘆 _ 풍수지탄

바람에 나부끼는(風) 나무(樹)의(之) 탄식(嘆).
부모님이 돌아가셔서 효도할 기회를 잃은 것을 탄식함.
고어(皋漁)라는 사람이 무덤 앞에서 슬피 곡을 하자, 공자가
물었다.
"그대는 상을 당하였구나. 그런데 왜 그리도 슬프게 곡을 하느냐?"
고어가 답하여 曰,
"나무는(樹) 가만히 있고자 하여도 바람이(風) 그치질 않고, 자식이
봉양을 하려고 하여도 부모님께서는 기다려 주지를 않으십니다."
이 말에서 風과 樹를 따서 風樹之嘆이라 하였다.
부모님이 돌아가신 후 효도할 수 없음에 대한 탄식이다.

> 風 바람 풍
> 樹 나무 수
> 之 ~의 지
> 嘆 탄식할 탄

○ 千篇一律 _ 천편일률

천 가지의(千) 책이(篇) 모두 하나의(一) 내용과 형식으로(律)
되어 있음.
"백일장에 출품한 작품들이 千篇一律이어서 실망이 컸지요."

> 千 일천 천
> 篇 책 편
> 律 규칙 률

o 轍環天下 _ 철환천하
轍環은 수레바퀴 자국을 두루 내다.
공자가 왕도정치를 펴기 위해 천하를(天下) 두루
돌아다님(轍環).
"공자는 인(仁)을 근본으로 하는 도덕정치를 펴기 위해
轍環天下하였다."

轍 수레바퀴자국 철
環 돌 환

o 무른 땅에 말뚝 박기
매우 하기 쉬움.
비슷한 속담으로 '누워 떡 먹기', '식은 죽 먹기'가 있다.
"그런 일쯤이야 무른 땅에 말뚝 박기지요."

o 벙어리 냉가슴 앓듯 하다
냉가슴은 몸을 차게 하여 생기는 가슴앓이.
남에게 말도 못하고 혼자 속으로 애태우다.
"김 노인은 지병을 숨기고 벙어리 냉가슴 앓듯 하다가 세상을 떠났다."

o 밥 먹듯 하다
예사로 자주 하다.
"저 사람이 거짓말을 밥 먹듯 하는군."

o 삿대질
싸울 때 상대방의 얼굴을 향해 손가락질을 함.
"수원 댁은 남편이 술에 취해 돌아올 때마다 소리를 지르며 삿대질을
해댔다."

o 부조리 _ 不條理
條理는 말이나 행동의 앞뒤가 들어맞음.
不條理는 이치나 도리에 맞지 않음, 또는 그러한 일.
"황 선생님은 우리 사회의 不條理 현상에 대해 날카롭게 지적하였다."

條 갈래 조
理 이치 리

o 불가사의 _ 不可思議
생각이나(思) 논의도(議) 하지 못할 만큼(不可) 기이함.
"세계에서 가장 이해하기 힘든 일곱 가지 일들을 세계 7대
不可思議라고 한다."

可 할수있을 가
思 생각 사
議 의논할 의

o 邯鄲之夢 _ 한단지몽
한단(邯鄲)에서의(之) 꿈(夢). 부귀영화의 헛됨.
당나라의 전기소설 침중기(枕中記)에 실린 다음 이야기에서
비롯되었다.
邯鄲에 사는 도사 여옹(呂翁)의 곁에서 노생(盧生)이란 젊은이가
자다 꿈을 꾸었다. 꿈에서 노생의 출세 길은 탄탄대로였다.
대갓집 딸과 혼인 → 과거 급제 → 고속 승진 → 서울시장 → 어사대부
겸 이부시랑 → 잠시 좌천 → 3년 후 호부상서 → 재상.
노생은 이처럼 부귀영화를 맛보고 80세로 생애를 마쳤다.
그러나 깨어보니 꿈이었다.
여옹이 노생을 바라보며 曰, "人生이란 다 그런 것이라네."
이에서 생긴 성어가 邯鄲之夢, 인생의 부귀영화는 헛되다는 말이다.
비슷한 의미의 말로 南柯一夢(남가일몽)이 있다.

邯 땅이름 한
鄲 땅이름 단
之 ~의 지
夢 꿈 몽

o 切磋琢磨 _ 절차탁마
자르고(切) 갈며(磋), 쪼고(琢) 갈아서(磨) 훌륭한 장신구와
도구를 만듦. 학문과 덕행을 끊임없이 갈고 닦음.
다음은 시경(詩經)에 실린 노래이다.
"끊는 듯이 하고 가는 듯이 하며, 쪼는 듯이 하고 다듬는 듯이 하도다."
→ 如切如磋(여절여차)하고 如琢如磨(여탁여마)로다.
여기에서 생긴 말이 切磋琢磨이다.
切磋는 뼈나 뿔을 가공하는 것이다. 切은 잘라서 형태를 만드는
것이요, 磋는 이에 더하여 갈고 다듬는 것이다.
琢磨는 옥돌을 가공하는 것이다. 琢은 쪼아 형태를 갖추는 것이요,
磨는 이에 더하여 매끄럽게 가는 것이다.
切하고 琢하는 데 그치지 않고 계속해서 磋하고 磨한다는 것이다.
이렇듯이 학문과 인격을 끊임없이 갈고 닦는 것을 切磋琢磨라고 한다.

切 끊을 절
磋 갈 차
琢 쪼 탁
磨 갈 마

o 主客顚倒 _ 주객전도
주인과(主) 손님의(客) 위치가 서로 뒤바뀜(顚倒).
"객이 주인 행세를 하고 있으니 그야말로 主客顚倒의
상황이군."

主 주인 주
客 손 객
顚 거꾸로 전
倒 넘어질 도

o 天壤之差 _ 천양지차
하늘과(天) 땅(壤)의(之) 차이(差).
"남한과 북한의 경제력은 天壤之差로 벌어졌다."

天 하늘 천
壤 땅 양
之 ~의 지
差 차이 차

o 벼는 익을수록 고개를 숙인다
사람은 덕이 많고 지혜가 많을수록 겸손해진다.
"벼는 익을수록 고개를 숙이는 법이니, 항시 겸손한 자세를 잃지
말거라."

o 비 온 뒤에 땅이 굳어진다
시련을 겪은 뒤에 더욱 강해진다.
"비온 뒤에 땅이 굳어진다고, 젊은 시절의 실패가 나를 강하게
만들었다."

o 생각이 굴뚝 같다
생각이 매우 간절하다.
"춘향을 그리워하는 마음이야 굴뚝 같지만 장원급제한 후에야
만나겠습니다."

o 손에 잡히다
차분하게 마음을 가라앉히어 일할 수 있게 되다.
"큰 문제를 해결하자 일이 손에 잡히더라고."

o 복불복 _ 福不福
복되고(福) 복되지 않음(不福)은 운수에 달려 있어 어찌할 수 없음.
"이 사람아. 세상 모든 일이 福不福인걸 어찌하겠나. 이제 잊어버리게."

福 복 복

o 불세출 _ 不世出
세상에(世) 좀처럼 나타나지(出) 아니할(不) 만큼 뛰어남.
"충무공 이순신 장군은 不世出의 영웅이시다."

世 세상 세
出 날 출

○ 九牛一毛 _ 구우일모
아홉 마리(九) 소(牛) 가운데 하나의(一) 털(毛).   牛 소 우
대단히 많은 것 중에서 아주 적은 부분. 아주 하찮고 미미한 존재.   毛 털 모
사기(史記)의 저자 사마천(司馬遷)은 흉노와의 전투에서 항복한
이능(李陵)을 위해 변론하다가 한무제(漢武帝)의 노여움을 사서 거세를
당하는 형벌인 궁형을 당하였다.
사마천은 참담한 심정을 친구에게 이렇게 글로 적어 보냈다.
"내가 죽는다 하더라도 그것은 마치 九牛 중에서 一毛 없어지는
정도겠지요." → 九牛一毛
사마천은 이후 수치심과 좌절감을 이겨내고 각고의 노력 끝에 사기를
완성하였다.

○ 群鷄一鶴 _ 군계일학
많은(群) 닭(鷄) 중에 한 마리(一) 학(鶴).   群 무리 군
평범한 사람들 가운데 뛰어난 한 사람.   鷄 닭 계
鷄는 평범한 사람, 鶴은 빼어난 사람을 비유한 것이다.   鶴 학 학
진(晉)나라에 죽림(竹林)에서 청담을 즐기며 은둔했던 일곱 명의
현인들이 있었다. 이른바 죽림칠현(竹林七賢)이다.
칠현 중의 한 사람인 혜강이 죽고, 그의 아들 혜소가 무제(武帝)에게
발탁되어 비서승이 되었다. 혜소가 처음 출근하는 날, 이를 지켜본
사람이 평하여 曰,
"혜소는 닭의 무리 속에 빛나는 한 마리의 학이더군." → 群鷄一鶴
뭇사람들 중에 빼어난 한 사람을 일컫는 말이다.

○ 堂狗風月 _ 당구풍월
서당(堂) 개(狗) 삼 년이면 풍월을(風月) 읊는다.   堂 집 당
"堂狗風月이라고, 주방에서 일한 지 삼 년이 되자 요리에   狗 개 구
자신감이 붙었습니다."   風 바람 풍
    月 달 월

o **大同小異** _ 대동소이
조금(小) 다를 뿐(異) 많이(大) 같음(同).
"전국 어디를 가나 관광 상품이 大同小異해서 개성을
찾아보기 어렵다."

o **사흘 길을 하루 가서 열흘 눕는다**
급한 마음에 처음부터 너무 서두르다가 곧 지쳐버린다.
"사흘 길을 하루 가서 열흘 눕는다고, 처음부터 서두르더니 벌써
지쳤구나."

o **산이 높아야 골이 깊다**
사람됨이 커야 포부와 생각이 깊다.
비슷한 말로 '산이 높으면 그늘도 멀다'가 있다.
"산이 높아야 골도 깊듯이, 사람됨이 커야 생각도 깊다."

o **헤살을 놓다**
헤살은 남을 방해하는 행위.
방해를 놓다.
"그는 우리가 하는 일마다 헤살을 놓고 다닌다."

o **호도糊塗하다**
糊塗는 풀칠하고 진흙칠함.
진실을 덮어버리다.
"언론이 진실을 호도해서는 안 된다."

o **묘령** _ 妙齡
스물 안팎의 좋은(妙) 나이(齡).
"총각들은 식당에 들어선 妙齡의 처자에게 모두 시선을
빼앗겼다."

o **무진장** _ 無盡藏
끝(盡) 없이(無) 많이 저장되어 있음(藏).
"보물섬은 無盡藏한 보물들로 가득하였다."

○ 蝴蝶夢 _ 호접몽

장자의 나비(蝴蝶) 꿈(夢). 만물은 하나임.

어느 날 장자가 꿈에 나비가 되어 날아다녔다. 잠에서 깨어보니

자신은 여전히 장자였다. 순간 이런 의문이 들었다.

장자의 꿈에 나비가 된 것인가? 아니면 나비의 꿈에 장자가 된 것인가?

장자이든 나비이든 그 본질은 하나가 아닌가?

장자는 만물제동(萬物齊同), 즉 만물의 근원은 하나라고 생각하였다.

나비이든 장자이든 다만 일시적인 변화이자 현상에 불과하다고 생각한

것이다. 천지는 나와 함께 태어나고, 만물은 나와 더불어 일체라고

하였다. 모든 대립적인 것, 즉 시비, 선악, 빈부, 귀천, 진위 등은

萬物齊同의 견지에서 보면 불필요한 구분이었다.

장자가 萬物齊同의 생각을 우화로 표현한 것이 바로 胡蝶夢이다.

蝴 나비 호
蝶 나비 접
夢 꿈 몽

○ 白面書生 _ 백면서생

얼굴이(面) 흰(白) 글 읽는(書) 사람(生).

오로지 글만 읽고 세상일에 경험이 없는 사람.

白面은 하얀 얼굴이요 書生은 글 읽는 선비이다.

남북조시대 송(宋)나라 문제(文帝) 때의 심경지(沈慶之)는 출중한

장수였다. 어느 날 문제가 문신들을 불러 북위(北魏)를 정벌하기 위한

방책을 물었다. 이에 심경지가 나서서 曰, "폐하, 밭갈이는 농부에게

맡기고 바느질은 아낙에게 맡겨야 합니다. 하온데 폐하께서는 북벌을

白面書生과 논의하시니 어떻게 성취하시겠습니까?" 하지만 문제는

문신들의 의견에 따라 출병하였다가 크게 패하고 말았다.

白 흰 백
面 얼굴 면
書 글 서
生 날 생

○ 畵龍點睛 _ 화룡점정

용을(龍) 그릴 때(畵) 마지막으로 눈동자에(睛) 점을 찍어(點)

그림을 완성시킴.

가장 중요한 부분을 끝내어 일을 완성시킴.

畵 그림 화
龍 용 룡
點 점찍을 점
睛 눈동자 정

"훌륭한 영화에는 대개 畵龍點睛이라고 할 만한 명장면들이
있지요."

o 實踐躬行 _ 실천궁행
  실제(實) 몸소(躬) 이행함(踐·行).
  "선비는 학문을 연마하고 배운 것을 實踐躬行해야 한다."

實 실제 실
踐 밟을 천
躬 몸소 궁
行 행할 행

o 봇짐 내어주며 앉으라 한다
  속으로는 가기를 바라면서도 겉으로 붙드는 체 하다.
  "그 친구 오랜만에 찾아갔더니 봇짐 내어주며 앉으라 하더라고."

o 고기는 씹어야 맛이고 말은 해야 맛이다
  해야 할 말은 속에 두지 말고 시원하게 해야 좋다.
  "고기는 씹어야 맛이고 말은 해야 맛이니, 어서 속 시원하게 털어
  놓게나."

o 다잡다
  다그쳐 바로잡다.
  "선생님은 가끔씩 제자들의 해이해진 마음을 다잡아 주셨다."

o 부산하다
  어수선하고 바쁘다. 떠들썩하고 시끄럽다.
  "시장에 들어서자, 상인들이 상품을 진열하느라 부산하게 움직이고
  있었다."

o 불초소자 _ 不肖小子
  不肖는 훌륭한 부모님을 닮지 못해 어리석음.
  훌륭하신 부모님을 닮지(肖) 못해(不) 어리석은 어린(小) 자식(子).
  "아버님 전 상서, 不肖小子 멀리 타향에서 글월로 문안
  인사드립니다."

肖 닮을 초
小 작을 소
子 아들 자

o 상징 _ 象徵
  생각이나 관념을 구체적인 모양으로 나타냄, 또는 나타내는 사물.
  "무궁화는 우리나라를, 비둘기는 평화를, 십자가는
  기독교를, 총칼은 전쟁을 象徵합니다."

象 모양 상
徵 증거할 징

237

머리에 쏙! 넣기

1. 다음 뜻을 가진 한자성어를 보기에서 고르시오.

   [보기] 切磋琢磨 千篇一律 群鷄一鶴 主客顚倒 雲雨之情

   ① 남녀 간의 은밀한 사랑. (   )
   ② 학문이나 덕행을 끊임없이 갈고 닦음. (   )
   ③ 천 편의 작품이 모두 하나 같음. (   )
   ④ 평범한 사람들 가운데 빼어난 한 사람. (   )

2. 다음 속담의 (   ) 안에 알맞은 말을 넣으시오.

   ① 고기는 씹어야 맛이고 (   )은 해야 맛이다.
   ② (   ) 내어 주며 앉으라 한다.
   ③ 산이 높아야 (   )이 깊다.
   ④ 비 온 뒤에 (   )이 굳어진다.

3. 다음 (   ) 안에 알맞은 말을 보기에서 골라 넣으시오.

   [보기] 부산 왜곡 일소 인두겁 헤살 호도

   ① 집에 들어서자, 식구들이 음식을 준비하느라 (   )하였다.
   ② 언론이 진실을 (   )해서는 안 된다.
   ③ 그는 우리가 하는 일마다 (   )을 놓고 다닌다.
   ④ 그는 언론의 보도를 거짓이라며 (   )에 부쳐 버렸다.

4. 다음 (   ) 안에 알맞은 말을 보기에서 고르시오.
   [보기] 踏襲 不可思議 福不福 不世出 不條理

   ① 과거를 (   )하는 것만으로는 발전할 수 없습니다.
   ② 황 선생님은 우리 사회의 (   ) 현상에 대해 날카롭게 지적하였다.
   ③ 세상에서 가장 이해하기 힘든 일곱 가지 일들을 세계 7대 (   )라고 한다.
   ④ 충무공 이순신 장군은 (   )의 영웅이시다.

主義는 주된 뜻, 인간 사회의 주된 생각이나 구성원들이
지향하는 주장이나 이념.

世界主義(세계주의) 국가나 민족의 이해를 초월하여 온 세계인들의 안녕과 평화를
우선으로 하는 주의.

民族主義(민족주의) 민족의 독립, 통일, 발전을 우선으로 하는 주의.

合理主義(합리주의) 사물을 합리적 이성으로 파악하려는 주의.

頹廢主義(퇴폐주의) 19세기 말의 유럽의 세기말적 경향으로, 기성의 사회도덕을 무시하
며 병적인 경향을 나타내어 일시적, 육체적 향락을 추구하는 주의.

浪漫主義(낭만주의) 18세기 말에서 19세기 초까지 유럽에서 일어난 주의로, 고전주
의·합리주의를 반대하고 자유·개성 따위를 중시함.

國粹主義(국수주의) 자기 나라 전통의 것만을 우월하다고 여기고 그것을 유지, 발전
시켜 나가려는 배타적인 주의.

理想主義(이상주의) 현실을 무시하고 도덕적, 사회적 이상만을 추구하는 주의.

形式主義(형식주의) 내용, 실질보다 형식을 중시하는 주의. 문학을 내용이나 사상보
다 언어 형태의 면에서 분석하는 입장.

普遍主義(보편주의) 모든 사물은 개별적으로 성립할 수 없고, 보편적인 일반성에 참
여함으로써 그 의의를 얻는다는 주장.

絶對主義(절대주의) 진리, 가치는 조건에 따라 상대적으로 변하지 않고 절대적이라
고 주장하는 주의.

相對主義(상대주의) 모든 진리나 가치는 그 기준·조건에 따라 상대적으로 정해진다
고 하는 주의.

全體主義(전체주의) 개인의 모든 활동은 전체, 즉 민족이나 국가의 존립·발전을 위
하여만 존재한다고 여기는 주의.

利他主義(이타주의) 타인의 행복과 복지를 행동의 목적으로 하는 주의. ↔ 利己主義(이기주의)

功利主義(공리주의) 개인의 행복과 유익을 주된 목적으로 삼는 주의.

物質萬能主義(물질만능주의) 물질, 돈이면 무엇이든 다 할 수 있다고 여기며 정신보
다 물질적 쾌락을 중시하는 주의.

拜金主義(배금주의) 돈을 최고로 여기는 주의.

享樂主義(향락주의) 향락을 인생의 목적으로 삼는 주의.

○ 君子三樂 _ 군자삼락

맹자가 말한 군자의(君子) 세 가지(三) 즐거움(樂).

맹자는 이렇게 말하였다.

"君子에게는 三樂이 있으니,

부모가 모두 생존해 계시며 형제가 탈이 없는 것이 一樂이요,

위로 하늘에 부끄럽지 않으며 아래로 사람들에게 부끄럽지

않은 것이 二樂이며,

천하의 영재를 얻어서 교육하는 것이 三樂이다.

천하에 왕 노릇 하는 것은 三樂에 들어있지 않다."

| 君 임금 군
| 樂 즐거울 락

○ 梁上君子 _ 양상군자

들보(梁) 위의(上) 군자(君子).

도둑을 점잖게 이르는 말.

후한(後漢) 사람 진식(陳寔)의 집에 도둑이 들어와 들보 위에 숨었다.

진식이 이를 보고도 못 본 척하고 아들과 손자를 불러서 曰,

"무릇 착하지 않은 사람이라도 본래부터 그러한 것은 아니다. 평소의

잘못된 습관이 성격으로 형성되어 악하게 되는 것이니, 저기 梁上의

君子가 바로 그런 경우이니라."

도둑, 아니 梁上君子는 크게 놀라 들보에서 내려와 이마를 조아리고

잘못을 빌었다.

이로 인해 梁上君子는 도둑을 점잖게 이루는 말로 쓰이게 되었다.

| 梁 들보 량
| 君 임금 군

○ 讀書三昧境 _ 독서삼매경

三昧는 산스크리트 Samādhi의 음역. 어떤 것에 몰두한 경지.

책을 읽는 데 정신을 몰입한 경지.

"철수는 방학 내내 讀書三昧境에 빠져 시간 가는 줄 모르고

지냈다."

| 讀 읽을 독
| 書 책 서
| 昧 어두울 매
| 境 경지 경

o 萬頃蒼波 _ 만경창파
한없이 넓게(萬頃) 일렁이는 푸른(蒼) 물결(波).
"저 萬頃蒼波에 배 띄워라. 푸른 파도를 건너자 ♫."

萬 일만 만
頃 이랑 경
蒼 푸를 창
波 물결 파

o 생쥐 발싸개만하다
물건이 몹시 작거나 좁다.
"요렇게 생쥐 발싸개만한 것을 뭐에 쓰려고 사 왔니?"

o 죽 쑤어 개 좋은 일 시킨다
애써 일하여 엉뚱한 사람을 이롭게 하다.
"힘써 일으킨 회사가 남의 손에 넘어가다니, 죽 쑤어 개 좋은 일
시킨 꼴이야."

o 호락호락하다
만만하여 다루기 쉽다.
"정신 바짝 차리고 우리가 호락호락하지 않다는 것을 보여 줘."

o 기염氣焰을 토하다
氣焰은 타오르는 불꽃, 열렬한 기세.
대단한 기세를 펴다.
"우리 팀은 이번 시즌에 9전 연승을 거두는 기염을 토했다."

氣 기운 기
焰 불꽃 염

o 문외한 _ 門外漢
어떤 분야의(門) 밖에(外) 있는 사람(漢).
어떤 분야에 지식이나 조예가 없는 사람.
"이 분야에 門外漢인 제가 주제넘게 한 말씀
드리겠습니다."

門 문 문
外 바깥 외
漢 놈 한

o 나락 _ 奈落
산스크리트 naraka에서 온 말.
지옥.
"짧은 시간이었지만 마치 奈落에 떨어진 기분이었다."

奈 어찌 나
落 떨어질 락

○ 漁夫之利 _ 어부지리

어부(漁夫)의(之) 이익(利).

둘이 다투고 있는 사이에 제삼자가 취하는 이익.

강가에서 조개 한 마리가 살을 내놓고 햇볕을 쬐고 있었다.
이때 도요새가 날아와 조개의 살을 쪼자 조개는 입을 닫아서
도요새의 부리를 물었다. 도요새 曰, "오늘도 비가 오지 않고 내일도
비가 오지 않으면 말라 죽을 조개 하나가 있을 걸."
조개도 지지 않고 曰, "흥! 오늘도 부리를 빼내지 못하고 내일도 빼내지
못하면 굶어 죽을 도요새가 있을 거야."
이렇게 서로 버티는 사이에 지나던 漁夫가 둘을 잡아 버렸다.
그래서 생긴 말이 漁夫之利, 둘이 다투고 있는 동안 제삼자가 얻는
이익이다.

漁 고기잡을 어
夫 사내 부
之 ~의 지
利 이로울 리

○ 易地思之 _ 역지사지

입장(地) 바꾸어 놓고(易) 생각함(思).

김건모의 노래 〈핑계〉, "내게 그런 핑계 대지마, 입장 바꿔
생각을 해봐 ♪." 입장 바꿔 생각하는 것이 바로 易地思之이다.
地는 처한 입장, 처지를 뜻한다. 우리 속담에 '내 배가 부르면 종놈
배고픈 것을 알지 못한다'는 말이 있다. 사람은 누구나 제 본위로
생각하고 행동하기 때문에 남의 입장을 미루어 헤아리지 못하기
마련이다. 모든 사람들이 易地思之 할 수 있다면 정말 살맛나는 세상이
될 것이다.
易地思之를 易之思之로 표기하기도 한다.

易 바꿀 역
地 입장 지
思 생각할 사
之 그것 지

○ 賣鹽逢雨 _ 매염봉우

소금을(鹽) 팔러 나서자(賣) 비를(雨) 만남(逢). 매우 운수가 사나움.
"아들놈이 소금을 팔러 나왔는데 비가 쏟아지네."
"賣鹽逢雨군요."

賣 팔 매
鹽 소금 염
逢 만날 봉
雨 비 우

o 明鏡止水 _ 명경지수
맑은(明) 거울처럼(鏡) 맑고 잠잠한(止) 물(水).
흔들림이 없는 맑고 고요한 심경.
"明鏡止水를 대하니 마음마저 맑아지는구나."

明 밝을 명
鏡 거울 경
止 그칠 지
水 물 수

o 지척咫尺이 천리라
咫尺은 아주 가까운 거리.
가까이 살면서도 멀리 사는 것처럼 왕래가 적다.
"지척이 천리라고 이웃에 살면서도 얼굴 뵙기 힘들군요."

咫 짧은길이 지
尺 자 척

o 처삼촌 무덤 벌초하듯
정성 없이 건성으로 일을 하다.
"처삼촌 무덤 벌초하듯 건성으로 하지 말고, 정성껏 하게나."

o 긴가민가하다
'기연(其然)가, 미연(未然)가'의 준말.
그것이(其) 그러한지(然) 그렇지(然) 아니한지(未) 아리송하다.
"장자가 나비 꿈을 꾼 것인지, 나비가 장자 꿈을 꾸고 있는 것인지
긴가민가하네."
깅가밍가하다(×).

o 날개 돋치다
상품이 아주 잘 팔리다.
"우리 회사의 신제품이 날개 돋친 듯 팔려 나가고 있습니다."

o 남상 _ 濫觴
술잔의(觴) 술이 넘치기 시작함(濫).
사물의 시초. 효시(嚆矢).
"김시습의 금오신화는 우리나라 한문소설의 濫觴이라고 일컬어진다."

濫 넘칠 남
觴 술잔 상

o 낭패 _ 狼狽
狼과 狽는 모두 상상의 동물. 狼은 앞발만 있고,
狽는 뒷발만 있어 둘이 의지해야 온전히 다닐 수 있음.
곤경이나 어려운 처지.
"밤늦은 시간에 막차도 놓치고 택시도 서지 않으니 참으로 狼狽인걸."

狼 이리 랑
狽 이리 패

合縱連橫 _ 합종연횡

전국시대에 행하던 외교방책인 합종책(合縱策)과
연횡책(連橫策)을 합친 말.
여러 나라나 단체 등이 이익을 좇아 이리저리 연합함.
전국시대의 칠웅은
진(秦) · 초(楚) · 연(燕) · 제(齊) · 한(韓) · 위(魏) · 조(趙).
서쪽의 강대국 진나라가 나머지 여섯 나라를 노리고 있는 형국이었다.
이때 소진(蘇秦)은 合縱策(합종책)을, 장의(張儀)는 連橫策(연횡책)을
들고 나왔다. 소진의 合縱策은 여럿 나라가 분열하면 결국 진나라의
먹이가 될 것이니, 縱(세로, 남북)으로 合(연합)하여 진나라에 대항하자는
정책이다. 장의의 連橫策은 여섯 나라가 각각 진나라와 橫(횡: 가로, 동서)으로
동맹을 맺어 안전을 도모해야 한다는 정책이다. 오늘날 合縱連橫은 시세나
이익에 따라 연합하거나 멀리하는 형국을 부정적으로 일컫는 말로 쓰인다.

合 합할 합
縱 세로 종
連 이을 연
橫 가로 횡

懸頭刺股 _ 현두자고

상투를(頭) 매달고(懸) 넓적다리를(股) 찌름(刺).
졸음을 참으며 학업에 힘씀.
한(漢)나라의 손경(孫敬)이란 사람은 공부하다가 졸리면
대들보에 상투를 묶고 공부하였다. → 懸頭
전국시대 합종책으로 유명한 소진(蘇秦)은 책을 읽다 졸리면 송곳으로
넓적다리를 찔렀는데 피가 발꿈치까지 흘렀다고 한다. → 刺股
두 사람은 독한 방법을 써가며 공부한 것인데, 후에 모두 성공하고 명성을
얻었다. 懸頭刺股는 이처럼 졸린 것을 참아가며 학문에 정진한다는 말이다.
가난함에도 불구하고 열심히 공부하여 성공한다는 뜻의 말은?
螢雪之功(형설지공)이다.

懸 매달 현
頭 머리 두
刺 찌를 자
股 넓적다리 고

天佑神助 _ 천우신조

하늘이(天) 돕고(佑) 신이(神) 도움(助).

天 하늘 천
佑 도울 우

"위기에 처했던 회사가 天佑神助로 되살아나 지금은 세계 굴지의 기업이 되었다."

神 신 신
助 도울 조

o 換骨奪胎 _ 환골탈태
뼈대를(骨) 바꾸고(換) 태를(胎) 바꾸어(奪) 새로운 모습이 됨.
용모가 환히 트이고 아름다워져서 전혀 딴 사람이 됨.
"오랜만에 만난 김 씨는 換骨奪胎하여 완전히 딴 사람처럼
보였다."

換 바꿀 환
骨 뼈 골
奪 바꿀 탈
胎 태 태

o 저승길이 대문 밖이다
사람은 언제 죽을지 모른다.
"저승길이 대문 밖이라더니, 아주 건강하시던 분이 밤새 그만
돌아가셨다오."

o 병 주고 약 준다
해를 입히고 나서 도와주는 척 하다.
"나를 비방하던 사람이 이제 와서 위로하려 들다니 병 주고 약 주는
꼴이군."

o 어우러지다
여럿이 조화되어 한 덩어리가 되다.
"교사와 학생, 학부모가 한데 어우러져 즐거운 시간을 보냈다."

o 어지간하다
그다지 뛰어나지는 않지만 보통은 되다.
"성적이 어지간해야 대학에 지원서라도 내볼 게 아니냐?"

o 불야성 _ 不夜城
밤중에도 대낮같이 환하고 번화한 곳.
"학생들의 탐구열로 도서관은 不夜城을 이루었다."

不 아니 불
夜 밤 야
城 성 성

o 불우 _ 不遇
좋은 기회를 만나지(遇) 못함(不). 가정이 안정되지 못하고 가난함.
"최 회장은 어린 시절 不遇하였지만 피땀 흘려 노력하여
크게 성공하였다."

不 아니 불
遇 만날 우

o 白眉 _ 백미

여럿 가운데서 가장 뛰어남.

촉(蜀)의 마량(馬良)은 유비(劉備)의 참모로 지략이 뛰어난
인물이었다.

그의 형제가 다섯이었는데 자(字)에 모두 상(常) 자를 넣었기에
사람들이 마씨오상(馬氏五常)이라 불렀다. 오 형제 모두 뛰어났는데
그 중에도 마량이 뛰어났으므로 사람들이 曰, "그 중에서 白眉가
제일이다."라고 하였다.

마량의 눈썹에 흰털이 섞여 있어 그를 白眉라고 불렀던 것이다.

이로 인해 여럿 중에 가장 빼어난 사람, 좋은 사물을 白眉라고 부르게
되었다.

| 白 흰 백
| 眉 눈썹 미

o 伯仲之勢 _ 백중지세

백중(伯仲)의(之) 형세(勢).

세력이 엇비슷해 우열을 가리기 어려운 형세.

伯은 첫째 즉 맏이요, 仲은 둘째 즉 버금이다.

伯仲之勢는 누구를 첫째로 하고 누구를 둘째로 할지 우열을
가리기 어려운 형세를 뜻하는 말이다. 줄여 伯仲勢라고도 한다.

유사한 말로 難兄難弟(난형난제), 莫上莫下(막상막하)가 있다.

難兄難弟: 누구를 형이라 하고 누구를 동생이라 말하기 어려움.

莫上莫下: 비슷하여 위도 없고 아래도 없음.

| 伯 맏 백
| 仲 버금 중
| 之 ~의 지
| 勢 형세 세

o 十匙一飯 _ 십시일반

열 사람이(十) 한 숟가락씩이면(匙) 한 그릇의(一) 밥을(飯) 이룸.

여럿이 힘을 합치면 한 사람을 돕기 쉬움.

"마을 사람들은 十匙一飯으로 쌀을 모아 불우이웃을 도왔다."

| 匙 숟가락 시
| 飯 밥 반

o 阿鼻叫喚 _ 아비규환

불교에서 말하는 아비지옥(阿鼻地獄)과
규환지옥(叫喚地獄).
심한 고통으로 울부짖는 참상을 형용하는 말.
"화재현장을 달려가 보니 阿鼻叫喚의 생지옥을 방불케 했다."

阿 아첨할 아
鼻 코 비
叫 부르짖을 규
喚 부를 환

o 물고기도 제 놀던 물이 좋다

익숙한 곳, 고향이나 고국이 좋다.
"물고기도 제 놀던 물이 좋다고, 오랜만에 고향에 돌아오니 아주
행복합니다."

o 고양이 쥐 생각

강하고 위협적인 사람이 약한 사람을 겉으로 위하는 척하다.
"자네가 어쩐 일로 호의를 베푸는가? 고양이 쥐 생각해 주는 꼴이군."

o 부아가 나다

부아는 허파. 치밀어 오르는 화.
속으로 화가 치밀어 오르다.
"김 영감은 할멈의 잔소리에 부아가 나서 자리를 박차고 일어섰다."

o 부여잡다

붙들어 잡다.
"어사또 목이 메여 춘향 손을 부여잡더니 눈물이 듣거니 맺거니."

o 상투적 _ 常套的

항상 습관으로 하는.
"큰돈을 벌게 해주겠다고 꾀는 것이 사기꾼의 常套的인
수법입니다."

常 늘 상
套 덮개 투
的 ~하는 적

o 섭렵 _ 涉獵

다양한 곳을 다니면서(涉) 많은 것을 찾음(獵).
두루 경험하고 맛봄.
"성장기에 고전을 두루 涉獵하면 정신적으로 크게 성장한다."

涉 건널 섭
獵 사냥할 렵

o 藥房甘草 _ 약방감초
약방의(藥房) 감초(甘草).
남의 일에 참견하기 좋아하는 사람.
藥房은 藥을 파는 房이다.
甘草는 콩과에 속하는 다년초로서 그 뿌리가 달콤해서 甘草라 한다.
甘草는 약성분들을 조화시키고 쓴맛을 덜어주기 때문에 여러 약
처방에 두루 쓰인다. 때문에 남의 일에 참견하기 좋아하여
이런 저런 일에 참견하는 사람을 일러 藥房의 甘草라고 하는 것이다.

藥 약 약
房 방 방
甘 달 감
草 풀 초

o 羊頭狗肉 _ 양두구육
양의(羊) 머리를(頭) 걸어 놓고는 개고기를(狗肉) 팖.
겉으로는 그럴 듯하게 내세우나 속은 그렇지 아니함.
제(齊)나라의 영공(靈公)이 궁녀들에게 남장을 시키기를
즐겨하니, 온 나라에 남장이 유행하였다. 영공이 궁 밖 여자들은
남장을 못하도록 명하였으나 따르지 않았다.
안자(晏子)가 충고하기를, "궁중에서 남장을 즐기면서 궁 밖에서는
금지하시니 이는 마치 정육점에서 羊頭를 걸어 놓고
狗肉을 파는 것과 같습니다." 하였다.
이에 궁중에서도 남장을 금지시키니, 남장 유행은 곧 사라졌다.
이에서 유래한 羊頭狗肉은 겉으로는 그럴 듯하지만 속은 그렇지
아니하다는 뜻이다.

羊 양 양
頭 머리 두
狗 개 구
肉 고기 육

o 本末顚倒 _ 본말전도
근본과(本) 말단의(末) 위치가 서로 뒤바뀜(顚倒).
"이념이란 인간을 위한 수단인데, 이념 때문에 인명을
경시한다면 本末顚倒이지요."

本 근본 본
末 끝 말
顚 거꾸로 전
倒 넘어질 도

o 東奔西走 _ 동분서주

동으로(東) 달리고(奔) 서로(西) 내달림(走).
매우 바삐 움직임.
"그는 회사를 살리기 위해 東奔西走하여 결국 재기에 성공하였다."

東 동녘 동
奔 달릴 분
西 서녘 서
走 달릴 주

o 주머닛돈이 쌈짓돈
쌈지는 담배, 돈, 부시 따위를 싸서 가지고 다니는 작은 주머니.
주머니의 돈이나 쌈지의 돈이나 매한가지임.
가족의 돈은 내 것 네 것 가릴 것 없이 가족 전체의 돈임.
"여보. 주머닛돈이 쌈짓돈이니 당신이 밥값을 지불해요."

o 죽도 아니고 밥도 아니다
이것도 아니고 저것도 아니고 어느 모로나 쓸모가 없다.
"모임의 성격을 분명히 해야 해. 자칫 죽도 아니고 밥도 아니게 될 수 있어."

o 굼뜨다
행동이 느리다.
"그 사람이 비록 행동이 굼뜨기는 해도 성실한 데가 있어서 좋더라."

o 귀추歸趨가 주목되다
歸趨는 일이 되어가는 방향.
일이 어떻게 돌아갈 지 마음이 쓰이다.
"금번 금리 인하 조치로 인해 시장의 흐름이 어찌 될 지
귀추가 주목된다."

歸 돌아갈 귀
趨 달릴 추

o 각색 _ 脚色
본래 중국의 연극에서 분장, 배우의 역할을 뜻하던 말.
소설이나 이야기를 가지고 영화나 연극의 각본으로 만듦.
"이번 영화 작품은 훌륭한 소설을 脚色한 것이라서 몹시
기대된다."

脚 다리 각
色 빛 색

o 각축 _ 角逐
동물들이 뿔로 받고(角) 서로 쫓으며(逐) 맹렬히 싸움.
비등한 팀끼리 승부를 가리기 위해 벌이는 경쟁.
"전국대회의 우승을 노리고 많은 팀들이 角逐을 벌이고 있다."

角 뿔 각
逐 쫓을 축

머리에 쏙! 넣기

1. 다음 뜻을 가진 한자성어를 보기에서 고르시오.

[보기] 十匙一飯 讀書三昧境 梁上君子 漁父之利 易地思之

① 책을 읽는 데 정신을 몰입한 경지. (　)
② 들보 위의 군자, 도둑을 점잖게 이르는 말. (　)
③ 둘이 다투는 사이에 제삼자가 취하는 이익. (　)
④ 입장을 바꾸어 생각함. (　)

2. 다음 속담의 (　) 안에 알맞은 말을 넣으시오.

① 죽도 아니고 (　)도 아니다.
② 주머닛(　)이 쌈짓돈.
③ 고양이 (　) 생각한다.
④ 처삼촌 (　) 벌초하듯 하다.

3. 다음 (　) 안에 알맞은 말을 보기에서 골라 넣으시오.

[보기] 기염 날개 호락호락 부여잡더니 부아

① 정신 바짝 차리고 우리가 (　)하지 않다는 것을 보여 줘.
② 우리 팀은 이번 시준에 9전 연승을 거두는 (　)을 토했다.
③ 신상품이 (　) 돋친 듯 팔려나갔다.
④ 어사또 목이 메여 춘향 손을 (　) 눈물이 듣거니 맺거니.

4. 다음 (　) 안에 알맞은 말을 보기에서 고르시오.

[보기] 不遇 角逐 不夜城 涉獵 常套的

① 전국대회의 우승을 노리고 많은 팀들이 (　)을 벌이고 있다.
② 성장기에 고전을 두루 (　)하면 정신적으로 크게 성장한다.
③ 큰돈을 벌게 해주겠다고 꾀는 것이 사기꾼의 (　)인 수법입니다.
④ 최 회장은 어린 시절 (　)하였지만 피땀 흘려 노력하여 크게 성공하였다.

可(가)는 '~할 수 있다' '~해도 된다'
不可(불가)는 '~할 수 없다' '~해서는 안 된다'

可視(가시) 볼 수 있다.

可望(가망) 바랄 만 하다.

可知(가지) 알 수 있다.

可恐(가공) 두려워할 만 하다.

可變(가변) 변할 수 있다.

可用(가용) 쓸 수 있다.

可聽(가청) 들을 수 있다.

可謂(가위) 말할 수 있다.

不可缺(불가결) 뺄 수 없다.

不可避(불가피) 피할 수 없다.

不可侵(불가침) 침략해서는 안 된다.

不可缺(불가결) 빠질 수 없다.

不可分(불가분) 나눌 수 없다.

不可測(불가측) 헤아릴 수 없다.

不可抗力(불가항력) 사람의 힘으로는 어찌할 수 없는 힘.

不可不(불가불) 하지 않을 수 없다.

不可思議(불가사의) 사람으로서는 생각하거나 의논조차 할 수 없다.

부록

색인

공부하다 모르는 것이 있을 땐 이 색인을 이용하여 찾으면 됩니다.
각 단어의 앞에는 ☐칸이 있습니다.
한 번 본 것은 ◪, 두 번 본 것은 ⊠를 하여 학습효과를 높입시다.

한자성어

속담